Die Quellen des Göttlichen

Nacheiszeitliche Gottesvorstellungen und ihre biologischen Ursprünge

Johann Siegfried Mohr

Die Quellen des Göttlichen

Nacheiszeitliche Gottesvorstellungen und ihre biologischen Ursprünge

Wissenschafftplus Akademie und Verlag

1. Auflage 2014

c/o Wissenschafftplus Akademie und Verlag
Akademie und Verlag
Dr. Stefan Lanka
Am Schwediwald 42
88085 Langenargen

www.wissenschafftplus.de

Gestaltung: Anke Kassin
Umschlagmotiv: Wissenschafftplus
Druck: Druckerei Rüss, Potsdam

ISBN 978-3-937342-26-9

Wissenschafftplus Akademie und Verlag 2014

INHALTSVERZEICHNIS

EINFÜHRUNG – ANLEITUNG ALS EINLEITUNG

Diese Anleitung dient dazu, dem Leser den vom Autor in diesem Buch gehobenen Schatz zugänglich zu machen. Die uns bekannte Geschichte der Menschheit liegt unter der hier erstmals vorgenommenen Einbeziehung der Biologie als geschichtlicher Dimension bei Kollektiv-Konflikten und ihrer Kultur stiftenden Rolle wie ein offenes Buch vor uns. In verständlicher Sprache für jeden, der die Biologie versteht und „biologisch" lesen kann.

Da das biologische Leben offensichtlich seit langem und sehr stabil existiert und schon viele Katastrophen nicht nur überstanden, sondern daraus in immer großer Vielfalt und Schönheit hervorgegangen ist, kann gefolgert werden, dass die Grundlagen einfach sind.

Diese Anleitung macht ihnen die vom Autor verwendeten Bezeichnungen biologischer Begriffe verständlich. Es gelingt dadurch, weil die Grundlagen des Lebens einfach und deswegen darstellbar sind und wir die richtigen Worte hierfür gefunden haben.

Natürlich ist es für das Verständnis hilfreich, die in Schulen und Universitäten gelehrten Gut-Böse-Kampf-Modellvorstellungen über die Entstehung und Natur des Lebens als falsch erkannt zu haben. Wer daran glaubt, dass das sog. Böse sich aus dem Gesunden entwickle, stärker werde als das Gesunde (Krebs) und auf Wanderschaft gehen könne (Infektionshypothesen), glaubt auch an die offizielle Geschichtsschreibung als eine Aneinanderreihung von Gut-Böse-Episoden und sieht nicht die tatsächliche Entwicklung und die Chancen, die wir haben.

Selbstorganisation

In der Tat entsteht Leben durch Vorgänge der Selbstorganisation aus der vierten Phase des Wassers, die überall da entsteht, wo flüssiges Wasser Kontakt zu etwas anderem findet. Diese vierte Phase des Wassers, ein den Strom ohne Widerstand leitendes Fluidum, ist von der Physik bestens untersucht und hat ganz andere Eigenschaften als das flüssige Wasser.

Dieses Fluidum ist in Form der Oberflächenspannung sicht- und messbar. Es entsteht überall dort, wo im flüssigen Wasser Oberflächen gebildet werden. Dies geschieht z.B. im Herzen durch Verwirbelung und im Zellkern, dem Herz unserer Zellen, durch Schleifenbildung im ständigen Auf- und Abbau der Zellkernsubstanz (DNA).

Alles biologische Leben entsteht aus dieser Substanz, die gleichzeitig Energie-, Bau- und Informationssubstanz des Lebens ist. Alles was wir tun, unser Verhalten und die jeweilige Art unserer Wahrnehmung dienen dazu, immer im Energiefluss zu bleiben und, wenn alles stimmt, den Energiefluss durch Vermehrung zu mehren.

Da dieses Fluidum immer den Zusammenhalt sucht und findet, denn Wasseroberflächen gibt es überall und besonders in der Luft, in der z.B. unzählbar viele Röllchen förmige Bärtierchen leben, ist bewiesen, dass der Zusammenhalt, die Symbiose die Grundlage des Lebens ausmacht und nicht das Wegnehmen, das Zerstören, der Kampf.

Prinzipien des Lebens

Um im Energiefluss zu bleiben, d.h. immer an dieses Fluidum zu gelangen, benötigen wir und alle Lebensformen daher die Aufnahme von Energie und Energieträgern, die Gewinnung von Kraft daraus, die Abgabe der Energieträger und die Abgrenzung des Lebensbereiches, unseres Reviers, in dem das alles gewährleistet ist.

Unser Verdauungstrakt ist entsprechend dieser Gegebenheiten aufgebaut und durch die Energieflüsse der Nerven im Gehirn abgebildet. Das erklärt, dass Traumata, die immer einen existentiellen Energiemangel bedeuten, im Gehirn erkennbar sind, uns in Alarm versetzen, uns anders ticken, ja auch ausrasten lassen.

Besonders Traumata in Bezug auf die vier Grundlagen des Lebens, erstens über Energieträger verfügen, zweitens Energieträger verwerten, drittens Energieträger ausscheiden können und viertens Territorium hierfür besitzen, verändern uns Menschen, ohne dass es den Betroffenen auffällt. Nur Außenstehende sehen, dass sich Wahrnehmung und Verhalten des Betroffenen zum Teil extrem verändert haben. Als Betroffener selbst merkt man das nicht, da die Biologie in einer solchen

Alarmsituation nur solche Dinge ins Bewusstsein vorlässt, die unserem Überleben in einer solchen Trauma-Situation dienen.

Geschieht nun vielen oder allen Menschen das Gleiche, z.B. durch eine planetare Katastrophe, Krieg und Hunger, verändern sich alle Menschen in kurzer Zeit auf die gleiche Art und Weise. Die Vorstellungen und Einstellungen der Menschen werden dadurch die Gleichen. Das vorliegende Buch zeigt in einer nie dagewesenen Fülle auf, wie und welche solcher Ereignisse große Kulturen hervorbrachten und auch wieder verschwinden ließen.

Vorstellungen von Gott und dem Bösen

Kollektives Leiden erzeugt kollektive Vorstellungen von Gott und Göttern, die den Menschen strafen, bis daraus etwas eigenständig Böses, der Teufel, der Erreger und die Metastase wurde. Diejenigen, die diese Deutungen vornahmen und anderen als Erklärung gaben oder aufzwangen, wurden zu Priestern und Religionsstiftern.

Das im Buch exzellent aus der Biologie dargestellte Leben der wichtigsten Religionsgründer erklärt, warum sie so wurden und warum sie ihre Botschaft erzählten. Dieser aktiven, manischen Priesterklasse ging und geht es um Macht, um den Duldenden und Depressiven die als subjektiv wahr empfunden Vorstellungen über Gott und das Böse aufzudrängen und Ungläubige durch Zwang zu brechen.

Schon 1954 hat der Historiker und Soziologe Rosenstock-Hussey festgestellt und gewarnt, dass sich diese Priesterklasse besonders gerne als Wissenschaftler tarnen, um ihre autoritären Vorstellungen als moderne Erkenntnisse zu popularisieren. Jeder, der einem universitären Wissenschaftler die Beweis-Frage nach der Existenz einer Metastase, eines Erregers oder eines Krankheits-Gens stellt, erkennt an der Wut des Gefragten, dass hier kein Wissen, sondern schlechtes Gewissen herrscht.

Kennen wir dagegen die Mechanismen und Regeln, die in Gang gesetzt werden, wenn wir in einen biologischen Alarm und besonders in vielfache Alarmsituationen geraten, verstehen wir uns selbst, den anderen und die Geschichte besser oder überhaupt erst. Alles hat seine Ursache und wir müssen nicht mehr urteilen, da es das Böse in der Biologie nicht gibt. Die Menschheit hat durch die Globalisierung dieses Wissens eine einmalige Chance, die es davor nicht gab: Ein Leben in Harmonie für alle.

Begrifflichkeiten

Wenn wir feststellen, dass jede Lebensform einen Stoffwechsel benötigt, um neben der Herstellung von Molekülen für das Leben immer einen Unterdruck aufrecht zu erhalten, um das Energie-Fluidum anzuziehen und das weniger dichte und dafür voluminösere flüssige Wasser auszuscheiden, haben wir das erste Prinzip des Lebens verstanden: Ernährung.

Das zweite Prinzip ist der Schutz, welcher sich in Form von dickeren Membranen bei Bakterien bildet, wenn sie diese benötigen. Bei uns sind es die Lederhaut und die Beutel, in denen sich wichtige Organe befinden. Die Energie, die in diesen Lederhäuten gebildet wird, wird über die Nerven ins Kleinhirn geleitet. Dort finden wir die Anordnung aller Lederhäute im Menschen wieder. Diese beiden Prinzipien reagieren bei einem Trauma, historisch als DHS bezeichnet, weiblich-aufnehmend: Zuerst mit Funktionssteigerung und wenn das nicht reicht, mit Zell- und Gewebsneubildung.

Das dritte Prinzip ist die Bewegung, um Oberfläche und damit Energie zu gewinnen. Alle wesentlich daran beteiligten Strukturen wie Muskeln und Knochen sind über die Nerven im Großhirn abgebildet. Das vierte Prinzip ist das des Kontakts: Kontakt halten und Kontakt vermeiden, um im Energiefluss zu bleiben und natürlich nicht selbst gefressen zu werden. Alle äußeren und inneren Häute und die Sinnesorgane dienen diesem Prinzip.

Bei einem Trauma (DHS), welches durch ein unvorhergesehenes und existentielles Ereignis eintritt, welches mich oder die meinen betrifft, reagieren diese beteiligten Organe und Gewebe männlich-gebend: Durch Funktionsminderung bis hin zu Zell- und Gewebsabbau. Diese vier Funktionen sind auf der Großhirnrinde (Kortex) in vier Bereichen, jeweils auf dem rechten, männlichen und auf dem linken, weiblichen Kortex abgebildet.

Ist nun eine oder mehrere Funktionen auf der männlichen Großhirnrinde in Alarm und überwiegt den Alarmzustand der Funktionen auf der weiblichen Großhirnrinde, wird der Mensch dadurch weiblich-aufnehmend gestimmt, was als depressiv bezeichnet wird. Dies kann so stark sein, dass der Mensch nicht mehr in der Lage ist etwas zu tun. Umgekehrt gilt dies, wenn die Funktionen auf der linken, der weiblichen Großhirnrinde stärker betroffen sind. Der Mensch kann in einer solchen Situation nur noch die weniger belastete, in diesem Fall die männliche Großhirnrinde benützen und wird manisch, über-männlich, bis hin zur Raserei.

Da der Mensch aufgrund seiner im Vergleich zu anderen Säugetieren dramatisch verkürzten Schwangerschaft eine Reifezeit von 21 Jahren aufweist, kann es in dieser Zeit zu Entwicklungsstopps kommen, die auch als Retardierung bezeichnet werden. Ab dem Zeitpunkt, wo in diesen vier entscheidenden Großhirnbereichen, die auch als Revierbereiche bezeichnet werden, links und rechts gleichzeitig ein Trauma aktiv ist, ist die emotionale Entwicklung gestoppt.

Wird eines dieser Traumen gelöst und kommt kein neues hinzu, kann die emotionale Reife weitergehen, wobei im Normalfall und besonders bei Männern, die optimale Reife nicht mehr erreicht werden kann. Durch eine Schwangerschaft vor dem 21. Lebensjahr können Frauen ca. 4 Jahre emotionaler Reife nachholen.

Das Positive am Entwicklungsstopp ist, dass die Menschen kindhaft oder jugendlich aussehen und sich so verhalten. Das Negative ist, dass sie unter Stress sich wie Kinder im entsprechenden Alter verhalten. Und: Die mangelnde emotionale Reife wird durch „intelligentes" Verhalten kompensiert, mit dem scheinbares Wissen und damit Autorität vorgegeben wird. Solche Art von Intelligenz, gepaart mit Wahnvorstellungen, erklären die Entstehung und Entwicklung unserer Gut-Böse-Glaubens- und Wissenschafts-Systeme und unsere Geschichte.
Es ist klar und wird im vorliegenden Buch anhand vieler Fakten deutlich gemacht, dass sich eingebildete Wissenschaft und tatsächliche Wissenschaft nicht mögen und erstere die wirkliche Wissenschaft bekämpft. Kulturen bleiben offensichtlich nur solange erhalten, bis die Eingebildeten die Gebildeten besiegt und wirkungslos gemacht haben. Das Ersticken der Wirtschaft und gesellschaftlichen Lebens durch Überregulierung in unserer heutigen Zeit ist sichtbares Alarmzeichen für viele, obwohl sie die Lösung nicht sehen, da sie die biologischen Ursachen noch nicht kennen.

Einbildung gegen Bildung

Im vorliegenden Buch benützt der Autor die Begriffe Revier- und Schreckangst, sexueller und Verlust-Konflikt, Identität- und Revier-Angst-Konflikt, Reviermarkierungskonflikte und die Bezeichnungen für die Eigenschaften, wenn die jeweils auf der Großhirnrinde gegenüber liegenden Bereiche gleichzeitig aktiv sind: Schwebekonstellation, postmortale Konstellation, biomanische Konstellation, etc.

In Hinblick auf die Notwendigkeit aller Lebewesen zur Energie-Aufnahme, Energie-Verwertung, Energieträger-Ausscheidung und Revier-Markierung, werden diese Begrifflichkeiten verständlich und ermöglichen uns ein Verstehen unseres Lebens, unserer Geschichte und unserer Aufgabe, die sich daraus ergibt: Das Leben aufrecht zu erhalten und es hierfür zu mehren. So steht es auch in der Bibel, die darum angeführt werden darf, weil sie stellenweise eine biologisch reflektierte Urkunde darstellt, wie der Autor begründen wird.
Ist bei einem Menschen die rechte, die männliche Großhirnrinde in Betrieb, löst ein Trauma der Energieversorgung einen sog. Revier-Angst-Konflikt aus, ein Trauma der Energieverwertung oder Sexualität einen Revierverlust- oder sexuellen Verlust-Konflikt, ein Trauma der Energieträger-Ausscheidung einen Revier-Ärger-Konflikt und ein Trauma der Markierung einen Reviermarkierungs-Konflikt. Ist bei einem Menschen die linke, die weibliche Großhirnrinde in Betrieb, wird ein Trauma der Energieversorgung keinen Revierangst-Konflikt auslösen, sondern einen Schreckangst-Konflikt, da weibliche Säugetiere nun einmal aus dem männlichen Revier heraus versorgt werden und so ein Trauma als ein den ganzen Menschen betreffenden Schreckangst-Konflikt wahrgenommen wird.

Sind beide dieser Traumata gleichzeitig aktiv, resultiert eine Schwebekonstellation, da das betroffene Säugetier bzw. Mensch in einer solchen Situation de facto verloren hat, weil er nicht mehr an die Energieversorgung heran kommt. Beim Menschen entstehen in der manischen Version dieser Konstellation die Vorstellungen des Geistigen, des Leichten, des Schwebens, des über den Dingen stehen und eben die gefürchtete Einbildung, die, wenn sie zu Dogmen werden, sehr gefährlich wird, da sie mit der Realität nichts zu tun hat.

In der depressiven Version entstehen die Vorstellungen und Bilder des ewigen Abstiegs, des strafenden Gottes, der Hölle und eines Teufels. Menschen mit einer solchen depressiven Konstellation bilden das demütige Klientel derjenigen, die die Bilder von Gott und Teufel selbst oder in der Tradition von Religionen vorgeben. Der wahre Gott erschließt sich aus neutraler Sicht wohl nur dem, der die Biologie wahrnimmt, ehrt und das Leben als Geheimnis versteht, dem man sich mit Respekt annähern kann.

Todessehnsucht, gesteigerte Sexualität und Aggression

Ist auf der männlichen Großhirnseite die Funktion der Energieverwertung durch ein Trauma in Daueralarm geraten und gleichzeitig das entsprechende auf der linken Seite, welches dann in Alarm geht, wenn es zu keiner Sexualität kommt, entsteht die sog. postmortale Konstellation. In einer solchen Situation ist Leben und Vermehrung für ein Säugetier in der Natur nicht mehr möglich, sondern nur noch im Zoo oder als Mensch in einem Kulturraum. Alle Gedanken und Bilder dieser leider sehr häufigen Konstellation drehen sich um den Tod als rettende Erlösung.

Da ein männlich empfindendes Säugetier wie der Mensch zwei Möglichkeiten hat, auf diesem Energieverwertungs- und Sexualitätsbereich Traumata einzufangen, kann natürlich bei gleichzeitigem weiblichem und männlichem sexuellen Verlust-Trauma eine rein sexuelle Konstellation entstehen. Bei Frauen als Nymphomanie, bei Männern als Casanovamanie bezeichnet.

Da die Betroffenen, von ihrer Biologie her gesehen sexuell faktisch verloren haben, dreht sich deren Lebensinhalt zwar vordergründig nur um Sex und sexuelles Gehabe, aber eben nur vordergründig. In Wirklichkeit geht es ihnen um die Besiegung des Geschlechtes, welches sie besiegt hat. No woman no crime, sagen die einen, no men no war, die anderen, aber beide kriegen. Während die Traumata der Energieaufnahme mit Gefühlen der Angst einhergehen, die der Energieverwertung und Sexualität mit Gefühlen der Vernichtung, gehen die der Energieträger-Ausscheidung mit Gefühlen des Ärgers einher. Die Bedeutung dieser Funktion, ohne die ja gar nichts aufgenommen und verwertet werden kann, wird klar, wenn wir sehen, dass von diesem Zentrum der männlichen Großhirnrinde gleich vier abführende Mechanismen in Alarmzustand versetzt werden: Eine abführende Magenfunktion, die Leber-Gallengänge, der Zwölffingerdarm und die Ausführungsgänge der Bauchspeicheldrüse.

Auf der weiblichen Großhirnrinde ist von hier das Rektum abgebildet, was in der Urfunktion, dem Urmund, dafür verantwortlich war, was in den Organismus hineinkann und hinausgeht. Dieser Ärger betrifft mich als Ganzes, meine Identität. Sind beide Funktionen durch zwei Traumata in dieser jeweils männlichen und weiblichen Funktion der Energieträger-Abgabe aktiv, resultiert eine unglaubliche Aggression, da ein solcher doppelter Ärger ab einer bestimmten Intensität nicht mehr beherrschbar ist. Hiermit haben wir das wesentliche Repertoire, um den Menschen, sich selbst, den anderen und die Geschichte zu erklären.

Der springende Punkt

Ein ganz wesentlicher Punkt, vor allem für die Erklärung plötzlich auftretender individueller und gesellschaftlicher Ereignisse, wie Stimmungsänderungen, Hysterie, spontane Entstehung neuer Sichtweisen und Einstellungen, ist das Verständnis dessen, was der Autor des vorliegenden Buches, der Terminologie Dr. Hamers folgend, als Heilungskrise bezeichnet. Diese Krise, auch als Epi-Krise, von epileptoid, bezeichnet ist eine automatisch auftretende Alarmreaktion des Körpers, der Wahrnehmung und des Verhaltens, die durch Mangelzustände im Gehirn ausgelöst wird.

Wird ein Trauma aufgelöst oder durch eine neue Lebenssituation irrelevant, schalten sich das Alarm-Programm ab und das Regenerationsprogramm an. Durch mehrere Faktoren kann es hierbei zu einem existentiellen Energiemangel der beteiligten Nervenzellen im Gehirn kommen, die zuvor in Alarm und im Alarmstoffwechsel waren. Hierbei werden von ihnen Alarmzustände ausgelöst, die größer sein können als das Alarm-Programm durch das auslösende Trauma (DHS)!

In der Sichtweise des Autors kann dies in gesellschaftlichen Verband zu größten Irritationen führen, bis hin zur individuellen und kollektiven Ablehnung alles dessen, was bisher akzeptiert und für wahr angenommen wurde. Löst nun eine Kultur kollektive Traumata, wie sie im Buch dargestellt werden und wie sie leicht verstehbar vielfach nach Beendigung eines jeden Krieges aufhören, können kollektive Heilungskrisen entstehen, die die alte Kultur beenden und eine neue beginnen lassen, sprich es entsteht Neues.

So ist es auch hier die Biologie, die Geschichte schreibt und mit dieser Anleitung können nun auch biologische Laien in den vollen Genuss kommen, den die Lektüre der nachfolgenden Seiten bietet. Ein Beispiel als Lernkontrolle: Die Rock-Musik. Können Sie jetzt schon verstehen und anderen erklären, warum und wie sie entstand und entstehen musste? Wenn nicht, dann wird das Lesen nun umso spannender und Sie werden auch sich in der Beschreibung der einen oder anderen Vorgänge wiederfinden.

Wer die „Quellen des Göttlichen" gelesen hat, ist befreit von Aberglauben und kann den Weg zu sich und den anderen finden, den Ausgangspunkt für menschliches Leben, für eine erträgliche Leichtigkeit des Seins. In diesem Sinne ist das Buch von Johann Siegfried Mohr eine Erlösung von den Erlösern. Dabei zu sein, wenn die Menschheit aus der Höhle (Hölle) steigt, ist etwas Besonderes. Die Nachwelt wird uns für die Verbreitung dieses Wissens danken.

Dr. rer. nat. Stefan Thomas Josef Lanka

EINLEITUNG

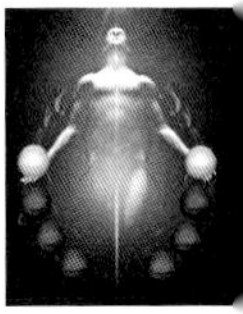

Der originellste jener vierundzwanzig philosophischen Meister, die im Mittelalter die Frage *Was ist Gott?* zu beantworten suchten, fand die Formel: „Gott ist die unendliche Kugel, deren Mittelpunkt überall und deren Umfang nirgends ist“[1].

Wieviel Leid wäre der Menschheit der letzten Jahrtausende erspart geblieben, hätte man diese statt die Formeln der religiösen Fanatiker gelehrt und vorgelebt!

Das religiöse Bedürfnis entsprechend konditionierter Menschen, abhold geometrischen Überlegungen wie letztlich jeglicher vernunftmäßiger Einsicht, scheint sich als ein Irrationales zu allen geschichtlichen Zeiten und eben mit äußerster Unduldsamkeit unter Menschen auszuleben, sodass die literarische Gestalt des *Nathan der Weise* ein blasses Konstrukt darstellt, das einer rationalisierenden Ethik entspricht, nicht aber der Realität religiöser Gefühlswelten. Dorthin gehören vielmehr die bestürzenden Aggressionen solcher Theologen wie Martin Luther, der gegen die aufständischen Bauern im Anhang seiner *Ermahnung zum Frieden* und im *Sendbrief von dem harten Büchlein wider die Bauern* mit aller blutrünstigen Schärfe tobte und zum Thema der Hexenverfolgung verkündete: „mit Hexen und Zauberinnen soll man keine Barmherzigkeit haben. Ich wollte sie selber verbrennen“, wie er in seinen *Tischreden*[2] schrieb. Ähnlich einige Jahrhunderte zuvor Thomas von Aquin, der ebenso für das reinigende Feuer bei Ketzerei plädierte[3].

Selbst der Arzt und Theologe Paracelsus zeigte kein Mitleid, „wenn Frauen nach „genügender Tortur“ gezwungen wurden, zu gestehen, dass sie Hexen seien“[4]. Ersichtlicherweise sind das eben keine Entgleisungen, sondern die Fahrbahn, auf der sich bislang der religiöse Fanatismus mit seinem Ausschließlichkeitsanspruch konsequent bewegt hat. Diejenigen, die als ‚Höhergestellte' sich standes- und berufsmäßig zuständig erachteten, ihren Mitmenschen, die sie davon abzuhalten trachteten, selber ihren Gott zu finden, seinen Begriff verbindlich auszulegen, konnten immerhin auf etwas aufbauen, was bei ihren Missionsobjekten vorhanden war, nämlich bestimmte biologische Grundlagen. Ohne diese wären die verordneten Inhalte Abstraktionen geblieben. Wie zu zeigen sein wird, werden auf dieser biologischen Grundlage verhaltens- und vorstellungsphysiologische Muster generiert, ähnlich wie sie die Verhaltensforschung von Konrad Lorenz bei den Angeborenen Auslöse-Schemata/Mechanismen (AAS/AAM) beschrieben hat. Spezielle Grundmuster liegen so den etablierten Hochreligionen wie auch anderen religiösen Formen zugrunde; dies macht ihre Stärke im Auftreten und zugleich die Schwäche ihrer Existenzberechtigung aus. Die Gefahr der im Buch aufgezeigten Erkenntnis könnte darin bestehen, dass der verblüffende Zusammenhang biologischer Bedingungen mit den herkömmlichen Gottesvorstellungen hinfort keinen ufo-artigen Gott und ebenso wenig irgendeinen Oberteufel mehr braucht, um endlich die Geschichte der Menschen schreiben zu können.

Eine solche Korrektur schafft jedoch zugleich gehörigen Platz zu Ehren jenes allerhöchsten Wesens oder Wesenheit, von dem/der wir bislang kaum rechte Vorstellungen haben bilden können. Ich kenne dazu keinen passenderen Ausspruch als den von J.S. Bach, den er seinem *Orgelbüchlein* vorangestellt hat: „Dem höchsten Gott allein zu Ehren/ Dem Nächsten, draus sich zu belehren". So möchte ich mir die Freiheit erlauben, als Anleihe die erste Hälfte gerne auch für meine Haltung mit in Anspruch nehmen zu dürfen; sollte mir das Anliegen der zweiten Hälfte bei einigen Lesern gelingen, dem Buch einige Freunde zu gewinnen, so wäre das ein schönes Geschenk.

WELTGESCHICHTE UND KULTURLEISTUNGEN

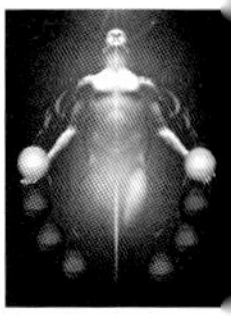

Die drei Achsenzeiten

Als erster Höhepunkt in der Menschheitsgeschichte, sofern sie bislang sichtbar geworden ist, präsentiert sich die chaldäische Hochkultur Mesopotamiens[Anm. 1]. Sie stellt im 3. Jahrtausend v.d.Z. mit ihren kulturellen Errungenschaften von Schrift[Anm. 2], Mathematik – bei der der Lehrsatz des Euklid von ähnlichen rechtwinkligen Dreiecken vorweggenommen ist[1] –, Astronomie, mit ihrem heliozentrischen Weltbild[2], Dichtkunst (*Gilgamesch*-Epos) und der staatlichen Organisation in Stadtstaaten ein Novum dar. Von dort aus verbreitet sich ihr Einfluss bis nach Indien und befördert u.a. auch die Entstehung der ägyptischen Hochkultur.

Der nächste große Schritt von weitreichender Wirkung keimt im griechischen Mittelmeerraum der Antike. An seinen Gestaden kommt es zur Ausbildung rational-abstrakter Fragestellungen und Antworten, die zu Systemen in der Philosophie – zunächst noch ungetrennt von Naturwissenschaften –, Wissenschaft und Poetik ab dem 6. Jh. v.d.Z. führen. Etwa gleichzeitig entsteht in Indien die Legendenbildung um das Leben Buddhas, deren schriftliche Dokumente allerdings nicht weiter als ins 4. Jh.v.d.Z. zurückreichen[3]. Vermutlich gelangte Kunde über diese religiösen Vorstellungen auf den Handelswegen bis in den ägyptischen und griechischen Raum, wo viele Philosophen lebten (Jonien) oder durch gezielte Reisen damit bekannt gemacht wurden, wie z.B. Pythagoras, Plato und andere[4].

Wiederum etwa zweitausend Jahre später kommt es in der sog. Neuzeit alsbald über Rationalismus und Aufklärung zur Epoche der Naturwissenschaften. Sie ist erstaunlicherweise begleitet von einem anwachsenden Heer der Weltreligionen.

Allen drei Inauguralleistungen, der chaldäischen Hochkultur, der griechischen Antike und der naturwissenschaftlichen Neuzeit, ist gemeinsam eine kolossale Steigerung der intellektuellen Fähigkeiten in Verbindung mit einem erhöhten religiösen Kult. Erst durch die Einrichtung eines Standes der (chaldäischen) Priesterschaft, die der Notwendigkeit zur eigenen täglichen Lebensversorgung enthoben und verfügbar war, um exakte allnächtliche Beobachtungen am Sternenhimmel durchzuführen, verlässlich zu protokollieren, Personal zu schulen und heranzuziehen und weitere technische Verfeinerungen auszubilden, war dieser Kulturfortschritt möglich gewesen. Gleichzeitig dienten alle gewonnenen Kenntnisse der Festigung der Macht. Es war Privileg der Priesterschaft, die Tempel, in denen der gewöhnliche Sterbliche nur zu Festzeiten den Göttern „begegnen“ konnte, zu hüten, dort die Naturalsteuer von jenen entgegenzunehmen, sie zu zählen und zu wägen, Saat- und Erntetermine aus den Sternen festzulegen, Feste als Tage der Götterbegegnung auszurufen, sowie heil- oder unheilbringende Prognosen bei gewissen Sternkonstellationen oder bei Sonnen- bzw. Mondfinsternissen zu verkünden.
Somit war die Priesterschaft, vor allem der Hohepriester, eine unabdingbare Funktion der königlichen Herrschaft, und deshalb war Königsherrschaft vom Anfang her Priesterfürstentum.

Daher begegnen wir noch in der griechischen Antike nicht selten der Tatsache, dass einige ihrer führenden Vertreter aus Philosophie und Dichtkunst dem Priesterstand entstammten

wie Heraklit oder Sophokles, oder dass Einflüsse und Wissen durch Kontakt zu Mysterienkulten vorhanden waren.
Sokrates, so er denn gelebt haben sollte, ließ sich eigener Aussage zufolge von der Priesterin Diotima aus Mantinea belehren.
In Platos Elternhaus gab es über die Mutter pythagoreischen Einfluss[5], er selbst hatte sich der *Atlantis*-Erzählung, die sein Vorfahr Solon bei einem Ägyptenaufenthalt von der dortigen Priesterschaft gehört hatte, angenommen. Laut O. Fischer war er ehedem in Heliopolis, dem ägyptischen On, Schüler der Sonnenmysterien gewesen[6].
Parmenides schilderte in seinem Lehrgedicht eine phantastische Reise zur Lichtgöttin, von der er eine Offenbarung über die Wahrheit erhielt.
Aristoteles lernte bei seinem Ägyptenaufenthalt den Isiskult kennen.
Auch Orpheus, Dädalus, Homer, Lykurg, Pythagoras und Demokrit[7] erwarben in Ägypten aus solchen Quellen Erfahrungen und Kenntnisse, die mehr oder weniger deutliche Spuren in ihren Auffassungen hinterlassen haben.
Buddha wiederum, der historisch nicht fassbar ist, entstammte der Legende nach einem Königshaus, und seine Geburt wurde seinem Vater von brahmanischen Traumdeutern als eine außergewöhnliche verkündet.

Die weltumspannende Ausbreitung der sog. Hochreligionen seit der Neuzeit mit ihrer Vorbereitung im Mittelalter mutet im Kontrast zur aufblühenden Naturwissenschaft eher paradox an. So könnte man versucht sein, in diesem doppelten Auftreten von Intellekt und speziellen Religionsformen ein janusartiges Phänomen zu sehen, das eine gemeinsame Wurzel aufweist. Dies ist die eine vorläufige Arbeitshypothese; die zweite: dass jenen sich steigernden Kulturereignissen etwas voranging, was sie gezündet hatte. Aber was käme da in Frage? Wenn etwas auf der Hand gelegen hätte, wäre es sicherlich schon entdeckt worden. Man darf sich jedoch nicht blenden lassen von einem scheinbar linearen Verlauf der Geschichte, a mache b und im gleichen Stil mache c ebenso d. Dem Rätsel kommt man eher auf die Spur, wenn eine katalytische Auslösekraft gesucht wird. Deren Auswirkung kann zeitlich mehr oder weniger versetzt auftreten und müsste an der Affinität der Phänomene, die zwischen Ursache und den Folgeerscheinungen besteht, ihren gesetzmäßigen Zusammenhang enthüllen.

Um das Jahr 7553 v.d.Z. etwa schlug ein siebenfach geteilter Komet in die Ozeane der Erde ein und verursachte eine weltweite Mega-Katastrophe mit langandauernden, verheerenden Auswirkungen in allen Bereichen der Natur. Solche (Kometen-)Impakte, wie sie von Geologen genannt werden, übersteigen die an sich schon heftigen Meteoriteneinschläge wie z.B. den im Nördlinger Ries vor ca. 14,7 Millionen Jahren mit einer Sprengkraft von etwa dreihunderttausend Hiroshima-Bomben[8] um ein Unvorstellbares. Die hauptsächlich in die Meere einstürzenden Feuersonnen ließen die Erde erbeben, entfesselten auf lange Zeit Vulkanismus, verbrannten an Land organische Materie, Pflanzen, Tiere und Menschen und schmolzen mit ihrer nuklearen Hitzewirkung Gestein und Metalle, verkochten in den Ozeanen die Meereslebewesen, erzeugten riesige Flutwellen, die dauerhaft Land überflutet hielten, verdunkelten auf Monate die Atmosphäre, sorgten für einen jahrelang anhaltenden Winter, produzierten erhebliches Gift (z.B. sauren Regen) und trugen über Strahlenschäden und Treibhauseffekt zu einer weitreichenden Veränderung der planetaren Lebensbedingungen bei.

Zu diesem spektakulären Ergebnis kam der Wiener Ordinarius für Geologie, Alexander Tollmann mit seiner Frau, der Geologin Edith Tollmann, nachdem sie die bahnbrechende Impakt-Forschung des Physik-Nobelpreisträgers L.W. Alvarez zusammen mit geologischen Belegen als Grundlage für das Verständnis der weltweiten Überlieferungen der über 250 bekannten Sintflutberichte genommen hatten und ihre These 1993 veröffentlichten. So durch naturwissenschaftliche Fundierung der harmlosen Stellung geschichtsloser Mythologie enthoben, lesen sich die Sintflutmythen nun als dokumentarische Zeugnisse einer weltumspannenden Katastrophe. Ob Europa, Asien, Amerika, Afrika, Australien – überall berichten die Überlieferungen im wesentlichen übereinstimmend von der Sintflut, sei es in den Mythen der Germanen *(Edda)*, der arischen Inder *(Veden)*, der *Bibel* der Semiten, dem *Gilgamesch*-Epos in sumerischer und akkadischer Schrift, bei verschiedenen Indianervölkern Nord-, Mittel- und Südamerikas, bei afrikanischen Eingeborenen und den australischen Aborigines. Über neuntausend Jahre lang blieb die Erinnerung an diese tiefgreifenden apokalyptischen Ereignisse in den Überlieferungen eingeprägt, bis selbst dieses Grauen als historisches Ereignis der Welt der Tatsachen entschwand und im Nachhinein als Dichtungsmythen einer in Bildern vorstellenden frühen Menschheit missverstanden wurde.

In jener gnadenlosen Zeit überlebte offensichtlich nur ein Rest von Menschen, z.T. so vereinzelt, dass in manchen Sintflut-Mythen von wenigen Stammelternpaaren (Noah mit seiner Frau sowie seinen drei Söhnen samt Schwiegertöchtern; ähnlich bei den Lappen; Deukalion und Pyrrha) bzw. Stammvätern wie Manu (ähnlich bei den guyanaischen Indianern der Makusen), die Rede ist und bei den Tieren von einzelnen Vertretern der Gattungen gesprochen wird. Erst allmählich im Verlauf von mehreren Jahrzehnten bis einigen Jahrhunderten regenerierte sich die schwer geschädigte Natur, die durch Sporenbildung und andere Resistenzformen für die Flora Möglichkeiten zu überleben fand. Von der damaligen Weltbevölkerung, die auf 1–5 Millionen Menschen veranschlagt wird[9], überlebten das Grauen nur wenige und trotz der in Anatolien entdeckten zweitältesten Stadt der Welt, Catal Hüyük, ca. 6385 v.d.Z., brauchte es zu den Anfängen der Zivilisation und Population im Nahen Osten um 5200 v.d.Z.[10]

einen Erholungszeitraum von etwa ein- bis zweitausend Jahren; das sind gut 30 bis 60 Generationen üblicher Rechnungsart. So berichten die rumänischen Zigeuner in Erinnerung an ihre indische Urheimat von den Folgen der Sintflut: „Mühe und Qual war von nun an ihr Leben; dazu kamen auch noch Krankheit und Tod, so dass sie sich nur langsam vermehrten, und viele, viele tausend Jahre sind seither verflossen, bis die Leute wieder so zahlreich waren, wie sie einst gewesen und noch gegenwärtig sind“ [11].

*

Mitte des 13. Jahrhunderts v.d.Z bauten die Bewohner vieler bedeutender Siedlungen des griechischen Festlandes ihre Schutzmauern um ihre Ansiedlungen aus und sicherten ihre Trinkwasserversorgung. Jedoch gab es nicht nur Bedrohung und Plünderungen von der See her zu befürchten, wie von den Seevölker-Angriffen auf Ägypten während der Zeit Ramses III. um 1195 v.d.Z. berichtet wird, sondern auch eine Serie von Erdbeben ca. 1225–1175 v.d.Z. im östlichen Mittelmeerraum, „der zahlreiche mykenische, anatolische, zyprische und levantinische Städte zum Opfer fielen“ [12].

Zum Ende des 13. Jahrhunderts v.d.Z. erfolgte im gleichen geographischen Bereich des östlichen Mittelmeeres zum Nahen Osten einschließlich Mesopotamiens „ein Klimawandel mit steigenden Temperaturen und einer ausgesprochenen Dürreperiode, die fast hundert Jahre anhielt und die Versorgungskrise zuspitzte“ [13].

Schließlich brach um 1159 v.d.Z. noch der isländische Vulkan Hekla aus, woraufhin „ein achtzehn Jahre währender nuklearer Winter“ [14] folgte, was sich nicht allein auf die britischen Inseln mit einem Bevölkerungsrückgang um die Hälfte auswirkte und dort das Hochland gänzlich entvölkerte, „sondern dessen Auswirkungen bis nach China spürbar waren“ [15]. Während der Pharao Merneptah um 1208 v.d.Z. stolz verkündete: „Ich ließ Getreide auf Schiffen transportieren, um das Land Hatti am Leben zu erhalten!“, hatte Ägypten nach dem Ausbruch der Hekla „größte Schwierigkeiten bei der Versorgung“ [16] seiner eigenen Bevölkerung. Wie sich aus den Papyrus-Texten und Inschriften aus dem Königstempel von Medinet Habu in Theben seines Nachfolgers Ramses III. ergibt, waren Naturkatastrophen aufgetreten mit nie zuvor erlebten Auswirkungen: „Sehet doch, es ist geschehen, was in fernen Zeiten nicht geschehen ist“ [17]. Nicht nur die Libyer und Hethiter waren betroffen, auch „der Nil [war] vertrocknet und das Land der Ausdörrung verfallen“ [18], „…Oberägypten ist zu einer leeren Wüste geworden… Alle Ortschaften sind zerhackt… Die Residenz ist in einer Minute zusammengestürzt“ [19]. Nach Jahren „ohne Hirten“ mit innenpolitischen Unruhen und Wirren stellte dann Ramses III. die Stabilität im Inneren und als siegreicher Feldherr gegen die Seevölker auch im Äußeren wieder her. Von deren Kriegsgefangenen erfuhren die Ägypter, dass sie „von den Inseln und Festländern am Weltmeer im fernsten Norden“ kamen, wo „ihre Wälder und Äcker vom Feuer geröstet und zu Asche gemacht“ worden seien. „Sie hatten vor sich ein Flammenmeer“ [20].

Dort, in Mittel- und Nordeuropa, „verbrannten Wälder und Moore, das Grundwasser und der Wasserspiegel von Flüssen und Seen sanken tief ab“ [21]. Die Städtemauern der Siedlungsgebiete des östlichen Mittelmeers wie die bronzezeitlichen Steinwälle in Deutschland zerschmolzen von der Hitzewirkung der katastrophalen Ereignisse. Infolge von Missernten, Boden- und Pflanzenvernichtung, versiegenden Quellen, absinkendem Grundwasser, Abwanderungen, Hungerkatastrophen, bürgerkriegsartigen Überfällen, Epidemien usw. kam es zu drastischem Bevölkerungsschwund.

Die Bevölkerung des griechischen Festlandes scheint im „Verlauf des 12. und 11. Jahrhunderts [v.d.Z.]… um 75% geschrumpft zu sein“ und im „gesamten östlichen Mittelmeerraum rechnet man mit einem Bevölkerungsrückgang um etwa die Hälfte“[22].

Diesen über vierhundert Jahre reichenden Zeitraum voller Nöte, in dem sich ökologische wie kriegerische Verwüstungen überregional, wenn auch mit verschonten Gegenden wie z.B. Boiotien, Euboia oder Thessalien[23], zutrugen, bezeichnet man als das ‚dunkle Zeitalter'.

Erst ab dem 8. Jh. v.d.Z. stieg, nach botanischen Untersuchungen[24] zu urteilen, der Olivenanteil am Pflanzenmaterial wieder an und weist damit auf eine wieder anwachsende landwirtschaftliche Erschließung und Erholungsphase hin. Wenngleich der Archäologe Zangger eine Klimakatastrophentheorie zur Erklärung des ‚dunklen Zeitalters' als überholt ablehnt und als Gründe fehlerhafte landwirtschaftliche Maßnahmen und politische Umwälzungen anführt[25], bestätigen seine Argumente die „problematischen“ Auswirkungen, die das ‚dunkle Zeitalter' ausmachen.

Wie steht es mit dem Auftreten Buddhas? Das ‚dunkle Zeitalter' kann schwerlich trotz der bis Asien reichenden Auswirkungen zu seiner Erklärung beitragen. Sollte die Zeitgleichheit, die zu dem Begriff „Zeitachse“ Anlass gab, rein zufälliger Natur sein? Dennoch könnte eine gewisse Gemeinsamkeit gegeben sein. Ähnlich den eroberungslüsternen Seevölkern drangen etwa ab 1500 v.d.Z. die indoeuropäischen hellhäutigen Arya ins nördliche Pandjab ein. Mit ihrer berittenen Streitmacht, die über Kampfwagen verfügte, und durch ihre überlegene Kriegstechnik (Eisenwaffen) unterwarfen sie die autochthone, dunkelhäutige Bevölkerung und zerstörten deren hochentwickelte Stadtkulturen.

Im Industal war zuvor eine Hochkultur entstanden, mit fruchtbarem Schwemmland, dessen Boden nur aufgeritzt[26] und nicht umgepflügt zu werden brauchte, und kunstvoll eingesetzten Entwässerungstechniken. Die Blütezeit dieser Hochkultur lag um 2500 v.d.Z. mit den Zwillings-Hauptstädten Mohenjo-Daro und Harappa im Industal; etwa um 1750 v.d.Z. war sie zusammengebrochen. Um 500 v.d.Z. endete die arische Expansion, die schließlich bis in die Gangesebene vorgedrungen war. Sie war „ein allmähliches Vordringen mehr oder weniger lose zusammenhängender Stammesverbände"[27], die sich auch gegenseitig ihre Beute abjagten. Den adligen Kriegern zur Seite standen Priester (Brahmanen) über dem eigenen Volk; die Besiegten wurden zur vierten Kaste, den Hörigen, erklärt, rechtlosen Sklaven. Später sonderten die Brahmanen aus den Angehörigen der Dschungelstämme, die in den Städten ihren Lebensunterhalt suchten, die Parias, die Unberührbaren ab[28].

Nach Ansicht von H. Göttner-Abendroth flüchteten viele der Bewohner vor den Eroberern mit Schiffen entlang der Westküste Indiens oder über die Flüsse des Indus und des Ganges bis ins Gangesdelta, was sie aus der konzentrierten Verbreitung der älteren matriarchalen Kultgottheit Kali an den Orten Kalikut und Kalkutta schließt[29].

Jedoch gibt es für den gewaltsamen Untergang der blühenden Induskultur durch die arischen Eroberer nur bruchstückhafte archäologische Zeugnisse, die sich so interpretieren lassen, vielmehr stützen sich diese Überlegungen hauptsächlich auf das älteste literarische Dokument Indiens, den *Rigveda*, in dem die Arier ihre Wanderungen und Kämpfe verherrlicht haben. Inzwischen hat sich durch detektivische naturwissenschaftliche Kleinarbeit ergeben, dass die Einwohner von Mohenjo-

Daro einen jahrhundertelangen, verbissenen Kampf gegen die „Wellen eines gewaltigen Sees“ [30] führten, die gegen ihre Häuser schlugen und sie zu steten baulichen Höherlegungen ihrer Wohnhäuser zwangen. Letztlich unterlagen sie den Naturgewalten und wanderten fort. In einem großen „Abschnitt der Küste des Arabischen Meeres“ [31] waren nämlich tektonische Verwerfungen erfolgt, die das Land anhoben und aufwarfen, das „dem Indus den Weg zum Meer versperrte und seine Fluten zu einem großen, tiefen See aufstaute, der sich langsam … stromauf in Richtung Mohenjo-Daro ausdehnte“ [32] und es unterspülte.

Doch auch „das Gegenteil dessen […], was Mohenjo-Daro zum Verhängnis wurde [trug sich zu], während dieses Gefahr lief, in den Fluten zu ertrinken, wurde Kalibangan aus Wassermangel verlassen“, da der nahe gelegene Fluss Ghagger „seinen Lauf völlig geändert“ und die Stadt „buchstäblich aufs Trockene“ [33] gesetzt hatte. So scheinen Naturkatastrophen vereint mit den kriegerischen Invasionen der Aryans den dramatischen Untergang der Induskultur besorgt zu haben.

Grund für beide Expansionsbewegungen der Seevölker wie der Aryans war wohl Überbevölkerung, von der im ersten Gesang der *Mahābhārata*, dem anderen großen literarischen Werk der Eroberer, berichtet wird.

*

Nachdem etwa zwischen 800–1300 günstige klimatische Bedingungen im mittelalterlichen Europa herrschten, die auf Grönland Apfelplantagen und Weizenfelder, in England und im Ostseeraum Olivenanbau ermöglichten[34], kam es Anfang 1300 zur „kleinen Eiszeit“ mit Kälte und sintflutartigen Regenfällen während der Erntezeit[35]. Infolge der schweren Missernten brach 1348 die große Pest aus, der in vier Jahren geschätzte fünfundzwanzig Millionen Menschen zum Opfer fielen, knapp ein Drittel der europäischen Gesamtbevölkerung.

Um einen erheblichen Teil ihrer Arbeitskräfte gebracht, wie in England, wo ihr um die fünfzig Prozent ihrer Bauern hinweggerafft wurden, griff der größte Grundbesitzer im Mittelalter, die Kirche, zu einem rabiaten Mittel, um in Zukunft über einen ausreichenden Arbeiterpool verfügen zu können. Sie rottete alle Möglichkeiten aus, die eine Konzeption zu verhindern wussten, Schwangerschaften abzubrechen vermochten oder, als ultima ratio, die Maßnahme der Kindstötung unter der Geburt vorzunehmen (Engelmacherin) – mit den Möglichkeiten zusammen auch ihre Anwender. Gemeint sind die Hebammen (weisen Frauen) und die drogenbereitenden umherziehenden Quacksalber, die als der Hexerei verdächtig bzw. sie ausübend ab 1360 verfolgt wurden. Seit altersher Vorrecht der Frau, über ihre Schwangerschaft selbst zu entscheiden, wurde nun zunächst von der Kirche die physische Vernichtung des tradierten Wissens darüber und der Hebammen in persona durchgeführt, was mit der *Hexenbulle* von Innozenz VIII. päpstlich angeordnet und im *Hexenhammer* ausführlich niedergelegt wurde. Schließlich zogen auch die weltlichen Mächte ab 1507 nach mit Kodices, die Geburtenkontrolle mit Todesstrafe sicherzustellen. Schätzungsweise 100 000 bis neun Millionen Frauen und auch

Männer sollen unter der Anklage der Hexerei umgekommen sein. Der Terror dauerte bis Ende des 18. Jahrhunderts. Die Bevölkerung wurde unter Androhung derselben Strafe genötigt, jeden Verdachtsfall zu melden, andernfalls wurde Mittäterschaft unterstellt. Misstrauen und Denunziation wurden so über Jahrhunderte herangezüchtet. Den Hinrichtungen beizuwohnen war Pflicht für alle Einwohner des betreffenden Ortes. Die Nichtteilnahme hätte unvermeidlich den gefährlichen Verdacht der Mittäterschaft geschürt, der fast zwangsläufig Marter und Hinrichtung zur Folge gehabt hätte.

Die Inquisition als rivalisierender Gegenschlag gegen religiöses Sektierertum, besonders gegen die Katharer, breitete sich zeitgleich aus; 1275 erfolgte im Katharer-Zentrum Toulouse die erste Hexenverbrennung[36]. 1310 wurde die als Ketzerin verurteilte Marguerite de Porete in Paris verbrannt, deren Schrift *Der Spiegel der einfachen Seelen* bedeutenden Einfluss auf den ebenso des Ketzerverdachts angeklagten Dominikaner-Prediger und Theologie-Professor Meister Eckhart ausübte.

Sollte es tatsächlich Zufall sein, dass jene Katastrophen größeren zeitlichen wie räumlichen Ausmaßes dem Zustandekommen der erwähnten kulturellen Gipfelpunkte vorangegangen sind? Lässt doch schon der große Abstand von ca. 5000 Jahren zwischen dem Impakt und der chaldäischen Kultur jeglichen vermuteten Zusammenhang auf den ersten Blick als allzu abenteuerlich erscheinen. Doch immerhin weiß auch der Begründer der historischen Klimaforschung z.B. über das Aufkommen neuer Religionen zu sagen, dass es „vor allem begünstigt wird, wenn traditionelle Lebensweisen, gefestigte Sitten und Gebräuche zusammenbrechen“[37]. Sicherlich gehören außer der katalytischen und inhaltlichen Auslösefunktion noch weitere Bedingungen diesen besonderen komplexen Kulturereignissen an, die erst später näher ausgeführt werden können.

Wenn plötzlich bei den Chaldäern eine speziell ausgerichtete Hochreligion entsteht, bei den Griechen die Anfänge der Philosophie, in der Neuzeit die Naturwissenschaft, und davor immer katastrophale Ereignisse beobachtet werden können, wie einmal das Impakt-Ereignis mit der Sintflut, dann das ‚dunkle Zeitalter' im Mittelmeerraum und schließlich die große Pest im Mittelalter, gefolgt von der jahrhundertelangen Terrorwelle gegen die Bevölkerung, so hat wohl eine wenig sichtbare Keimphase unterschiedlicher Dauer zwischen Auslösekatastrophe und der Manifestation jener Kulturinhalte gelegen, die schon bei den Griechen von Aristoteles als solche erkannt worden ist! Ganz konkret zu den hier interessierenden Ereignissen schrieb er: „Nach den Verheerungen der großen Flut sahen sich die am Leben gebliebenen Menschen zunächst genötigt, über ihren Lebensunterhalt nachzudenken"[38]. Dies Nachdenken blieb zunächst davon bestimmt, den Lebensunterhalt zu organisieren. Doch so, wie „das Ziel des Krieges der Friede" ist, so ist das Ziel „der Geschäftigkeit die Muße"[39]. Muße bedeutet bei Aristoteles die von Arbeit freie Zeit, die gewonnen wird, indem wir unsere Muße daran geben, wörtlich: „wir sind unmüßig, um Muße zu haben." Die eingetretene Phase der Muße bestimmte er in seiner *Nikomachische(n) Ethik* bekanntermaßen als die produktive Voraussetzung zum Philosophieren. Ebenso ist ihm die Muße Voraussetzung der Eudaimonia, der Glückseligkeit, genauer: des richtigen Geistes/Denkens.

Entweder bedarf es einer Zeit, in der die betroffenen Menschen Ruhe (Muße) finden, sich von der vorangegangenen Katastrophe einigermaßen zu erholen und sich entsprechend zu organisieren; das musste nach der gewaltigen, globalen Sintflut mit dem Untergang ganzer Völker naturgemäß länger dauern, als es nach dem partiellen ‚dunklen Zeitalter' im mediterranen Bereich oder dann im Mittelalter nötig war. Oder aber es gab eine davon nicht existentiell betroffene Gruppe in der Gesellschaft, deren Wohlergehen ungefährdet blieb und somit keinerlei unmittelbare Not litt. Das war im Mittelalter der Adels- und Gelehrtenstand.

Mit diesem von Aristoteles gelieferten Schlüssel zum Verständnis können wir nun an den nächsten Schritt der Aufgabe herangehen, die Affinität der Phänomene zwischen den vermuteten Auslöse- und den Kulturereignissen aufzudecken.

Der gestirnte Himmel Babylons

Von Henoch, einem der Schreiber des *Alten Testaments*, wird berichtet, wie sich der Beginn des Sintflutszenarios zugetragen hat: „Henoch schaut am Ende des Himmels sieben Sterne wie große, brennende Berge." Der siebengeteilte Kometenkopf, der am Himmel einen Schweif bildete und wie eine siebenköpfige Schlange oder Drachen imponierte, wird so auch in vielen Sintflutmythen benannt. Die Geologen Tollmann halten den Vergleich für wohlbegründet, denn „die unterschiedlichen Luftströmungen im unteren Teil der Atmosphäre deformierten den Schweif des Kometen, nachdem er zugeschlagen hatte, rasch zu einer zackig gewellten Linie, sodass die Menschen, die das schaurige Schauspiel überlebten, diese Schlange des deformierten Kometenschweifes noch eine zeitlang am Himmel beobachten konnten. So wurde die Schlange ein für allemal zum Symbol des Unheils"[40].

Durch die Aufdeckung dieses Zusammenhangs bekommt die griechische Auffassung noch zur Zeit Homers für Wind (ouros) plötzlich einen realen Bezug, „da man sich alle Winde schlangenschwänzig und in einer Berghöhle hausend vorstellte"[41]. Doch weit vor Homer war der Uräus (ouraios) die königliche Schlangengöttin Unterägyptens[42].

Wenn aufgrund ältester Funde einmal von einem solaren Jahresgott, der das Jahr ordnet und bestimmt, aber auch von einer mütterlichen, lunaren Kraft, die den Jahresgott gebiert, ausgegangen werden kann – wobei letztere in Schweinedarstellungen und Mondsichel (Stierhörner) dokumentiert ist[43], deren Herkunft in unterschiedlichen geographischen Zonen lokalisiert wurde – , so dürfte mit der schockartigen Prägung auf das Schlangen/Drachenschweifbild am Himmel auch eine

Verlagerung zugunsten des solaren Weltbildes eingeleitet worden sein, denn „die Schlange bzw. der Drachen als Verkörperung des Bösen nahm den Kampf mit der Sonne, dem Symbol oder Gott des lebenserhaltenden Guten, auf und besiegte sie zunächst zum Entsetzen der Zuschauer, weil sie rasch in dem Impaktstaub verschwand, der den Himmel verdunkelte und der Impaktnacht weichen musste. Aber sie unterlag nur vorübergehend, denn am Ende, nachdem das ausgeschleuderte Material und der Staub der Erde zurückgefallen waren, drang sie wieder durch, gewann die Oberhand und erwies sich als der stärkere Gott, als der Sieger über das Böse“[44]. Auf der Folie dieses realistischen und zugleich symbolhaft abgelaufenen Geschehens lässt sich der Kampf zwischen Licht und Finsternis im persischen Zoroastrismus bis zum Kampf Michaels mit dem Drachen als fortgeführtes Thema aus diesem Urmuster erkennen. Schließlich sollte sich etwa im 2. Jahrtausend v.d.Z. die Umwendung vom älteren, lunaren Aspekt der Gottheit zum solaren, und damit dem männlich-patriarchalen, durchzusetzen beginnen. Am herausragenden Beispiel Echnatons wird darüber noch berichtet werden.

Auf keinen Fall konnte die damals überlebende Menschheit behaupten, alles Gute komme von oben. Das entsetzliche Grauen war durch Vorboten am Himmel zu sehen gewesen, bevor es auf die Erde gefallen war und sein unvorstellbares Vernichtungswerk in Gang gesetzt hatte. Also musste primär für die Zukunft eine ununterbrochene Beobachtung des Himmels eingerichtet werden, um eventuelle erste Anzeichen abnormer Erscheinungen (z.B. Kometen) zu melden und rituelle Vorkehrungen dagegen als Katastrophenschutz getroffen werden. Diese letztgenannte Funktion erfüllten die in alten Zeiten vielfach und weltweit ausgeführten Opferungen.

Im Unterschied zu den Ausgrabungen von Jericho, der ältesten Stadt der Welt (9000 v.d.Z), fand J. Mellaart in den anatolischen Stadtresten von Catal Hüyük, dessen älteste bislang erschlossene Schicht inzwischen auf das Jahr 6385 v.d.Z. datiert wird, von den gewöhnlich Hausbestatteten separate Begräbnisräume in den Heiligtümern vor, mit Grabbeigaben für eine Priesterschaft versehen, sowie Kultbauten für entsprechende Zeremonien, in deren Mittelpunkt die ‚Große Göttin' gestanden haben soll. Es passt also ganz gut, die Einrichtung eines gesellschaftlich bevorzugten Standes tausendeinhundert Jahre nach der Sintflut archäologisch bestätigt zu finden. Eine Priesterschaft muss nicht erst zu der Zeit organisiert worden sein, ihre unabdingbare Rolle nach dem unheilvollen Himmelsgericht ist jedoch aufgewertet.

Die dazu ausersehenen weiblichen und männlichen Rekruten bildeten bei den Chaldäern die unmittelbar zum hohepriesterlichen König aufschließenden Priester, die eine Differenzierung ihrer Funktionen der Weissagung, astronomischer Beobachtung von Planeten und des Tierkreises, Beschwörungen, der Tempelprostitution bis hin zu den militärisch hohen Posten erfuhren. Die Sternwarten waren auf den hohen Türmen zu Babylon errichtet, vor allem der Zikkurat, einem Stufenturm, dessen fünf oder sieben Stockwerke den Planeten entsprachen und auf denen bei den Festen der Gott zur Erde herab- und später wieder zum Himmel aufstieg. Nach den sieben Planeten als Erscheinungsformen der großen Götter wurden die Wochentage benannt und mit jedem Neumond begann ein neuer Monat. Gerade bei den Chaldäern war der Glaube fest verwurzelt, dass die Götter ihre Absichten durch Zeichen am Himmel, aber auch z. B. in der Eingeweideschau, kundtaten, die von kundigen Experten, den Priestern, dechiffriert werden mussten. Gegebenenfalls waren abwehrende, d.h. besänftigende

Opferungen vorzunehmen, auch Menschenopfer, zumeist von Gefangenen, die erst in späteren Zeiten durch Tieropfer ersetzt wurden. Aus einer Keil-Inschrift ca. 2500 v.d.Z. in Lagasch, nördlich von Ur, wird von Tausenden Leichen von Feinden berichtet, die in großen Haufen gestapelt lagen und zuvor in den Tempeln geopfert worden waren[45]. Auch die rituelle Königstötung oder einer Ersatzperson wurde als Opferung durchgeführt und später abgelöst vom Tieropfer. So wurde „bei den babylonischen Neujahrsfeierlichkeiten (nur noch) ein Schafbock im Tempel des Marduk geopfert, nachdem der Oberpriester dem König die Insignien abgenommen und ihm dabei einen Backenstreich versetzt hatte“, was seinen Ausdruck in einem sumerischen Kulttext findet: „Das Lamm tritt an die Stelle des Menschen, er hat ein Lamm für sein Leben gegeben“[46].

Ebenso sehr wie die Sternenbeobachtung und ihre Deutung zum vorrangigen Amt der Priesterschaft, der sogenannten Tafelschreiber, gehörten, ebenso sehr praktizierten sie das Geschäft des Heilens mit magischen Methoden und werteten durch Geheimhaltung und Spezialisierung ihre Künste auf, als der anfänglich noch gegenwärtige Existenzbedarf der Priesterschaft allmählich im Bewusstsein der Gesellschaft zu verblassen drohte.

In diese vollständige Sternen- oder Astralreligion der Chaldäer waren Leib und Seele des Menschen hineingespannt. Nach dem Tod wurde der erstarrte Leib nach ihrer Auffassung in ein Fixsternbild versetzt, während die Seele einem Wandelstern zukam. Wie im Irdischen der Mensch lebt, solange Leib und Seele zusammenhalten, lebte der an den Himmel versetzte Mensch, solange sein ‚leibliches' Sternbild mitsamt dem ‚seelischen' Planeten über dem Horizont sichtbar blieb; beim Untergang von Sternbild und Planeten starb er, um bei deren Aufgang wieder aufzuerstehen. Papke, der dieses Weltbild der Chaldäer beschrieben hat, verweist darauf, dass die astronomischen Tatsachen teilweise schon nach einem halben Jahr am Himmel verändert standen, sodass verfrüht eine ‚leibhaftige' Auferstehung resultierte, was zu Änderungen Anlass gab: aus der ‚Auferstehung' wurde ‚Wiedergeburt' als Seelenwanderung in ein Neugeborenes[47].

Besondere Auszeichnung bei führenden chaldäischen Helden bedeutete deren Vergöttlichung schon zu Lebzeiten durch ein ‚Versetzen' an den Himmel. „Sie waren die Männer, die an den Himmel traten, die am Himmel leuchtend erschienen“[48], heißt es von den Helden Sumers. So erging es dem historischen Herrscher von Uruk, Gilgamesch, der an den Sternenhimmel versetzt wurde und allein aus astronomischen Gründen zu zwei Drittel Gott und zu einem Drittel Mensch war[49].

Vielsagend daher auch der Name des persischen Religionsstifters Zoroaster (griech. Zarathustra), der „Leuchtestern“ bedeutet. Und im *Buch Daniel* 12, 3 wird angeführt: „Die Lehrer aber werden leuchten wie des Himmels Glanz…und wie die Sterne immer und ewiglich“[50]. Noch zur Zeit der *Evangelien*-Niederschriften scheint diese Astral-Projektion lebendig gewesen zu sein, wenn Lukas (10, 20) den 72 Jüngern sagen lässt, „dass eure Namen im Himmel (ein)geschrieben sind“, wobei in diesem Fall auch umgekehrt eine Personifizierung astraler Bilder/Vorgänge (z.B. die 72 Jahre pro 1 Grad der Präzession) in Erwägung zu ziehen wäre.

Diese Ehre der Vergöttlichung wurde auch den Wanaktes zuteil, den Inhabern des Königstitels bei den Minoern oder minoisierten Mykenern Mitte des 2. Jahrtausends[51]. Sämtliche von ihnen, die übers Meer in andere Gegenden fuhren, einschließlich ihrer Gefolgschaft, wurden „gleichzeitig als verschwindende Vegetationsgötter verehrt“, was sich laut Duerr „nur so erklären lässt, dass es sich um Wanaktes handelte, in denen sich jeweils der ‚sterbende', d.h. ins Jenseits reisende und dort wiederkehrende Paredros (Geliebter) der Großen Göttin inkarnierte"[52]. Indem solche Helden damit einen astralen Leib erhielten, standen sie Modell für die spätere esoterische Bezeichnung des Astralleibes.

Mit dem Schritt zur Astralreligion war eine Abkehr von den Gottesvorstellungen vollzogen worden, die weit in die Frühzeit des auftauchenden Cro-Magnon-Menschen zurückreichen. Diese waren zum einen als lunare Symbolik mit Flut und Ebbe, vitalisierenden und stockenden Kräften, dem achtundzwanzigtägigen Menstruationszyklus der Frauen erlebbar und den entsprechenden Phasen des zunehmenden Mondes, des abnehmenden Mondes sowie des Neumondes (= Schwarzmond) zugehörig. Entscheidend hierfür war die (weibliche) Übertragung des biologischen Uterus-Zyklus, der dreiphasig ist, indem er einmal die Bildung einer neuen Schleimhaut (Proliferation), dann den Eisprung (Ovulation) mit möglicher Einnistung (Nidation) und schließlich das Ausstoßen der nicht mehr benötigten Schleimhaut (Sekretion und Menstruation) umfasst, auf den ihn steuernden Mond-Zyklus, denn die Erde war nach alter Anschauung der Uterus des Kosmos. Wäre der ovarielle Zyklus dafür Pate gestanden, hätte dies zu einer vierfachen Einteilung der Phasen führen müssen, wie sie der Mond sichtbar vorführt (plus Vollmond), denn der ovarielle Zyklus besteht aus der präovulatorischen Phase der Eireifung, dann der Ovulation, dann der prämenstruellen Phase, wenn das Gelbkörperhormon und das Östrogen rapide abfallen und letztendlich der menstruellen Phase[53]. Als solcher jedoch von der Frau nicht erlebbar, gehörte es somit zur ältesten Tradition, die drei (uterinen) Phasen des Mond-Zyklus als Mond-Wechsel-Phasen der Einteilung der Zeit zugrunde zu legen, wie übrigens damit im

Zusammenhang vielfach auch das Jahr trotz seiner vier Jahreszeiten dreigeteilt wurde[54], während die Vier zur Zahl des Raumes wurde, wie es in der sumerischen Königshymne von Schulgi heißt: „Ich bin der Herr der vier Weltgegenden“[55].

Eine andere archaische Zeit- und Schöpfungsordnung sah in dem sinnlichen Erscheinungsbild der Sonnenwanderung im Jahreslauf die solare Symbolik des sterbenden und wiederauferstehenden Jahressohnes, des Geliebten (Paredros) und gleichzeitigen Sohnes der Muttergöttin.

Nach dem Impakt nun wandte sich die Wahrnehmung der Chaldäer am Himmel den unwandelbaren, Sicherheit versprechenden ewigen Gesetzen der Sterne zu, deren regelmäßige Bewegung sogar Voraussagen verkünden ließ. Damit waren die beiden Planeten Mond und Sonne vom astralen Tierkreis-Firmament überhöht worden. Seine künstlerische Krönung erfuhr das neue religiöse Weltbild des Astralgeschehens in der Ausgestaltung eines dichterischen Epos, dem die abenteuerliche Wanderung zweier Helden durch den gesamten Tierkreis als Kompositionsgeheimnis zugrunde liegt, dem in elf (!) Gesängen verfassten *Gilgamesch*-Mythos. (Der chaldäische Tierkreis bestand lange Zeit nur aus elf Sternbildern, bevor aus den überdimensionalen Scheren des Skorpions die Waage als zwölftes Sternbild abgetrennt wurde.[56 und Anm. 3])

Entschlüsselt hat dies der Physiker und Keilschrift-Entzifferer W. Papke, der die Hohepriesterin Encheduanna, die Tochter des Herrschers Sargon, für die Urheberin des dichterischen Werkes hält, das – durch Rekonstruktion der astronomischen Daten – ziemlich genau um das Jahr 2340 v.d.Z. von ihr geschaffen worden sein muss. Diese Technik des astralen Mythos hat dann Schule gemacht bis hin zu den Griechen, bei denen u. a. der Mythos des ins Meer abstürzenden Ikaros, der sich bei seinem Flug mit den angeklebten Federn der

Sonne zu sehr genähert hatte, „der im Laufe des April und im Anfang des Mai in Sonnennähe verschwindende Orion“[57] ist.

Ein weiterer Bezug zum Impakt-Geschehen liegt in dem Ereignis, als die jahrelange Dunkelheit der Welt vom durchbrechenden Licht wieder erhellt wird und sich der vertraute tägliche Rhythmus wieder einstellt. Das Licht, von dem alles Leben auf Erden abhängt (Photosynthese, Vitamin D-Bildung), erhält in seinem existentiellen Kampf mit der Finsternis den Rang einer menschheits- und weltgeschichtlichen Wende und bekommt damit eine göttliche Qualität. Dies dürfte erklären, warum die Lichtbringer aller Religionen so selbstverständlich gute, göttliche Mächte darstellen und z. B. die erste Tat des wenige Tage jungen Lichtgottes Apollon ist, die Pythonschlange (!) zu töten, ein Muster, das variiert auch der Tötung des Drachens durch Jahwe[58] zugrunde liegt, wie beide Tollmann[59] bemerken, oder dem Kampf Michaels mit dem Drachen[60].

Ebenso wie die Lichtbringer wird der am „Ende der Sintflut und des Sturzregens“[61] aufleuchtende Regenbogen zum göttlichen Symbol für die Überlebenden und hat nicht nur im *Alten Testament* als Zeichen des Bundes von Gott und Mensch seine überragende Bedeutung hinterlassen, sondern ist weltweit als göttliches Gütesiegel empfunden worden.

Im Hinblick auf die Kultur der Chaldäer sind also erstaunliche Auffälligkeiten zu bemerken, die einen inhaltlichen Rückbezug zu der ungeheuren Impakt-Katastrophe aufweisen. Diese charakteristischen Reminiszenzen bestehen, wie wir gesehen haben, zum einen in der ununterbrochenen Himmelsobservation, um abnorme astronomische Abläufe frühzeitig erkennen zu können und durch besänftigende rituelle Opferungen göttliche Vermittlung und Schutz zu erstreben.

Zum Erfolg dieser Maßnahmen bedurfte es einer freigestellten Klasse von Menschen, die sich zu dieser Spezialisierung geeignet machte im Status der Priesterschaft. Nirgendwo in der bekannten Menschheitsgeschichte findet sich dermaßen eine aus tiefem Angsterleben betriebene, hypertrophierte Sternenobservation und -deutung wie bei den Chaldäern.

Weiterhin weist der Sintflutbericht aus dem *Gilgamesch*-Epos, richtig verstanden, dokumentarische Belege vor. Eine wichtige Tatsache ist, dass diese aufeinander bezogenen Verhältnisse nicht schon zu Beginn der chaldäischen Entwicklung vorhanden waren, sondern sich erst einstellten, als die Bevölkerung des fruchtbaren Zweistromlandes genügend Wohlstand durch kunstvolle Bewässerungstechniken, Domestikation, sowie weitausgreifende Handelsbeziehungen (bis nach Indien) und gesellschaftliche Organisation in den städtischen Machtzentren erreicht hatte, was als aristotelische Zeit der Muße zu verstehen ist. Dies macht erst ihre kulturelle Besonderheit aus, denn die von den Chaldäern so ausgeprägt betriebene Himmelsobservation war weder eine ausschließlich ihnen zukommende noch erstmalig dort anzutreffende Einrichtung, wie u.a. die im Niederbayerischen Schmiedorf-Osterhofen errichtete Sternwarte beweist, die auf das Alter von 4800 v.d.Z. datiert wird[62].

Im unmittelbaren östlichen Mittelmeerraum, der Levante, weist möglicherweise „ein Bruch von unbekannter Dauer“[63], der die Entwicklung der älteren, akeramischen Periode in Syrien und Palästina, die – nach ungeeichten Daten – von 8500–7500 v.d.Z. angesetzt wird, von der späteren, präkeramischen nach 7000 v.d.Z. datierten, auf diesen weltweiten Einschnitt hin. Hingegen könnten hier durch vorübergehend günstigere Bedingungen frühzeitigere kulturelle Fortschritte erzielt worden sein als bei den Chaldäern, doch gibt es hierzu nur ungenügend Informationen.

Die Diagramme sind lediglich als visuelle Hilfsmittel für den Leser gedacht und nur annähernd mit greifbaren historischen Daten extrapoliert.

Chaldäische Kultur

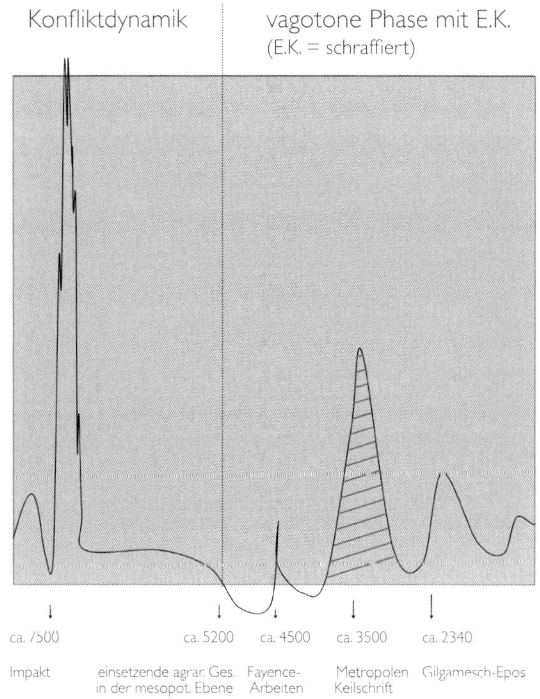

Das Schema nimmt nur auf die chaldäische Kultur im Zweistromland Bezug; (alle Zeitangaben liegen v.d.Z.). Die lange Verzögerungsphase bis zum Beginn der Erholung kommt durch die erst ab dem 6. J.Tsd. aus den Vorbergen (Höhenschutz!) in die Ebene vordringende Besiedlung Mesopotamiens zustande, sodass günstigere geographische Verhältnisse anderswo auch frühere kulturelle Entwicklungen erwarten lassen und etwaige zukünftige archäologische Entdeckungen nicht in Widerspruch zu dem Zustandekommen der spezifisch chaldäischen Hochkultur stehen würden.

Die Elemente der vorsokratischen Philosophie und das Wesen der griechischen Tragödie

Gibt es auch zwischen dem ‚dunklen Zeitalter' und dem Aufblühen der Philosophie im griechischen Raum um das Mittelmeer einen erkennbaren Zusammenhang? Dieser vollzogene Schritt zum Intellektualismus ist bis heute nicht entschlüsselt worden. „Der Ursprung der griechischen Philosophie selbst liegt im Dunkeln"[64].

Die heutzutage politisch abgeteilten Anrainerparzellen rund um das Mittelmeer lassen kaum die Vorstellung aufkommen, dass man, gleich wo man sich rund ums Mittelmeer in der Antike befand, „trotzdem in ein und derselben Natur blieb"[65]. Diese einheitliche, subtropische Natur mit ihrer natürlichen Formation, dem Südlandswald, war einst „reich und gesegnet". Verschont von der Eiszeit, war sie das Paradies und damit die Welt überhaupt. Darüber hinaus gab es höchstens unsichere Kolonien oder höchst unglaubwürdige Naturen außerhalb. Und Afrika begann erst südlich des Atlasgebirges.

Infolge radikaler landwirtschaftlicher Bodenbearbeitung ohne wirksame organische Düngung[Anm. 4] verarmten die ausgemagerten Böden immer mehr und wurden danach, nur noch als Grassteppe tauglich, von Viehherden überweidet, sodass eine massive Erosion des Bodens die Folge war. Aus dem ehemaligen Paradies war ein landwirtschaftlicher Leichnam durch Humusvernichtung geworden[66]. Damit startete allerdings eine Kaskade ineinandergreifender ökologischer Prozesse: Rodungen der Wälder, Verkarstung der Böden, Absinken des Grundwasserspiegels, Trockenheit des Klimas, Winderosion, Stürme, Stromverkürzungen, besonders in Griechenland selbst mit seinen ungünstig langen Flüssen und der starken Verlandung.

Finden auf diese Weise die Bauern keine Anbaumöglichkeit mehr, setzt Landflucht ein. Dem waren die sanitären Einrichtungen antiker Städte nicht gewachsen, sodass durch Zusammenballungen von Menschen und infolge von Hungersnöten sehr schnell Epidemien ausbrachen. Kommen dann noch Kriege und Zerstörungen durch die Seevölker und weitere Naturkatastrophen (Vulkanismus, Erdbeben) dazu, so liegen alle Elemente miteinander im Streit: sengende Hitze, Stürme, sintflutartige Regenfälle, vertrocknete Erde, brennende Wälder und Pflanzen. Somit gehen aus dem elementaren Streit Not und Epidemien über einen Zeitraum von vierhundert Jahren hervor.

Interessanterweise beginnt bei Thales von Milet die Naturphilosophie mit der Entstehung der Welt aus dem Element Wasser.
Anaximenes wiederum setzt dafür das Element Luft, während Heraklit das Feuer als das ursprüngliche Element bestimmt.

Bei dieser einfachen Auflistung der Elemente bleiben die Anfänge der griechischen Philosophie nicht stehen. Mitte des 6. Jahrhunderts v.d.Z. führt Anaximander in seinem – dem ersten erhaltenen – Satz von Philosophie und Wissenschaft zu den gegensätzlichen Elementarzuständen aus: „Sie geben einander Recht und Genugtuung, wie es sich gehört und nach der richterlichen Anordnung der Zeit“[67].

Zu bemerken ist daran, wenn auch vornehm und abstrahierend formuliert – wie es zum Grundzug der Philosophie und Wissenschaft gehört –, dass die im kriegerischen Widerstreit liegenden Parteien der Elemente von der Zeit als Richterin abwechselnd ihr Recht zugebilligt erhalten. D.h. jeglicher Zustand eines beherrschenden Elementes, der durch ein Übermaß ein Leiden an der Einseitigkeit seines Regiments im Gefolge haben kann, wird beendet durch Wechsel zu einem anderen Zustand, der das Übermaß aufzuheben hilft und den Ausgleich herbeiführt. Dies erfolgt in zeitlicher Hinsicht, die selbst zwar außerhalb der elementaren Zustände zu stehen scheint, aber durch ihre Zeitdauer vergrößernden oder verkürzenden Effekt hat und durch die Vornahme des Wechsels quasi das Ganze in der Hand hält. Somit wird die (für uns) abstrakte Zeit zum Akteur und als moralische Institution angesehen.

Von Anaximander ist weiterhin als Fragment überliefert: „Anfang und Ursprung der seienden Dinge ist das Apeiron (das grenzenlos-Unbestimmbare). Woraus aber das Werden ist den seienden Dingen, in das hinein geschieht auch ihr Vergehen nach der Schuldigkeit; denn sie zahlen einander gerechte Strafe und Buße für ihre Ungerechtigkeit nach der Zeit Anordnung“[68].

Die moralische Sichtweise Anaximanders über die seienden Dinge, die er mit den Begriffen von Schuldigkeit, gerechter Strafe und Buße in Zusammenhang herbeibringt, unterscheidet sich kaum von der religiös aufgefassten, moralischen Schuld der Chaldäer, die „das Wort der Götterversammlung, die Menschheit zu vernichten“, in Abhängigkeit von den Göttern, ihrem irdischen Repräsentanten sowie seinen priesterlichen Helfern hielt, ist aber im Bezugspunkt verschieden: nicht ein Gott oder Götter als oberste Instanz, sondern das richterliche Walten der Zeit.

Für den schon erwähnten Heraklit ist der Streit (der ursprünglich von den Elementen ausging) und „Krieg aller Dinge Vater und König.“ Doch die aus dem Streit hervorgegangene Vielheit gehört einer ursprünglichen Einheit an: „Gut und Übel ist eins.“ Dementsprechend ist „Gott […] Tag Nacht, Winter Sommer, Krieg Frieden, Sattheit Hunger. Er wandelt sich aber gerade wie das Feuer, das wenn es mit Räucherwerk vermengt wird, nach dem Duft eines jeglichen heißt.“

Aus dem behaupteten Zerwürfnis in Extreme durch Widerstreit und Krieg und ihrer ersehnten Wiederherstellung der verlustig gegangenen Einheit hört man schon ein leicht resignatives Arrangement mit den resultierenden krass-einseitigen Daseinsbedingungen durch, die für ihre heftige Natur nun auch noch ihre natürliche Rechtfertigung erhalten: „Auch der Gerstentrank zersetzt sich, wenn man ihn nicht umrührt“[69]. Gerade die Vergänglichkeit unseres Daseins, seine Veränderlichkeit und nicht einklagbare Schutzlosigkeit vor den elementaren Gewalten der Natur der äußeren wie inneren Welt bilden bei Heraklit und anderen griechischen Philosophen „das vielleicht tiefste Motiv bei der Entstehung der Wissenschaft“[70].

Aristoteles, der die so wichtige Phase der Muße für die Überlebenden der Sintflut wie für die Entstehung der Philosophie erkannt und benannt hatte, steuerte auch zu den bei den Griechen zu hoher Kunst geführten Tragödien, die an besonderen Plätzen angelegten Natur-Theatern aufgeführt wurden, in seiner *Poetik* eine ‚Theorie' des Dramas bei. Danach sollen beim Zuschauer >phóbos< und >éleos< hervorgerufen werden, um ihn schließlich durch Katharsis zu läutern und zu bessern. Durch Lessings Übersetzung (wie auch bei nachfolgenden Übertragungen) wurden die beiden ersten Begriffe jahrhundertelang missverstanden, da er sie als Furcht und Mitleid interpretiert hatte. Genau genommen meinen sie jedoch den unmittelbar ergreifenden Schrecken und den quälenden Jammer[71]. Die in der griechischen Tragödie auf den Menschen zugeschnittene Erlebnis-Welt menschlicher Handlungen diente als Miniatur-Katastrophe/-Impakt künstlich hergestellter Art, die in einer reinigenden Lösung und Befreiung am Ende der Darstellung, beim Zuschauer wiederum eine unmittelbar erleichternde Wirkung erzielen sollte. Die angebliche moralische

Besserung war die Fiktion der Aufklärung und hat nichts mit der griechischen Tragödie gemein. Aristoteles lag wiederum mit seiner Theorie näher am wahren Sachverhalt, nicht nur im praktischen Sinne medizinischen Ausscheidens (Purgierens) störender Stoffe[72], was die Tragödie in der Katharsis beim Zuschauer auf der seelischen Ebene auslösen sollte, sondern er zeichnete, wie wir gleich noch erkennen werden, exakt das Muster dieses künstlich-künstlerischen Unternehmens nach, das auf der Bühne wiederholte, was der Mensch zuvor durch natürliche und menschliche Katastrophen erfahren hatte!

Ist daher nicht in der tragischen Sicht der Griechen, für die immer noch eine ‚Schuld' der Menschen am Unheil der Welt - oder beim noch so rationalen Hippokrates zumindest noch die ‚heilige Krankheit' der Epilepsie – übrig blieb, wie in ihrem philosophischen Ansatz der Entstehung der Welt aus den Elementen und ihrem Streit untereinander, trotz des intellektuellen Scharfsinns, die „elementare" Belastungsprobe des ‚dunklen Zeitalters' zu erkennen? Auch bei ihnen waren der Bericht vom Untergang Atlantis – ob er nun historischer Realität entspricht oder nicht – oder vom Sturz Phaetons Erinnerungsspuren an die chaotischen Zustände elementarer Katastrophen, die im Mythos festgehalten worden waren und auf ihre Weise zu einem denkerischen Gegenbild des Ganzen gebracht wurden: dem Kosmos der Welt, als der schön angeordneten – wie es die Chaldäer ihrerseits an den Sternen in ihren ewig gültigen Gesetzen zu ihrer eigenen Beruhigung ausmachten, weil ihnen „das Wort der Götterversammlung, die Menschheit zu vernichten" unaufhörlich nachhallte und einigen die Macht gab, die Mehrheit des Volkes in weisungsgebundener Abhängigkeit zu halten.

Griechische Kultur

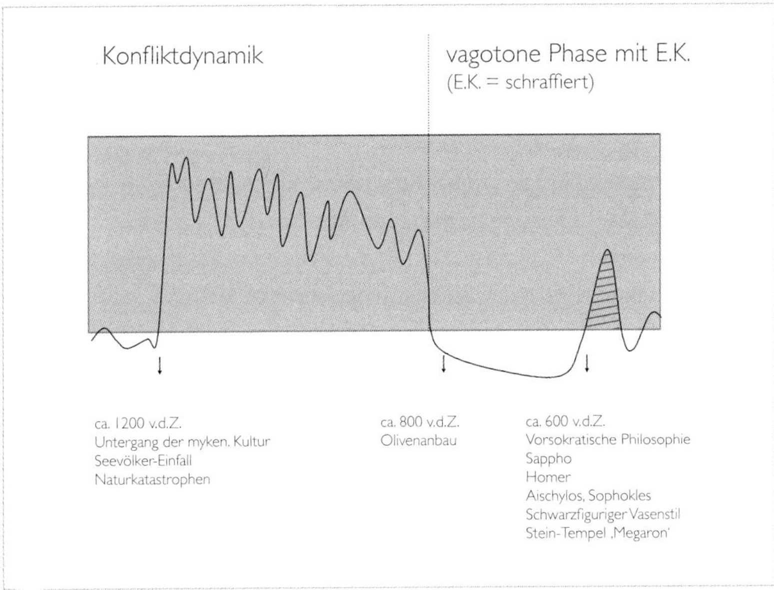

Der „Königsweg“ der aussichtslos Leidenden

Im Nordwesten Indiens taucht um die Mitte des 1. Jahrtausends v.d.Z., also im Ausklang der arischen Eroberungsperiode, die Buddha-Legende auf. Im Mittelpunkt seiner Lehre steht das Leiden: Geburt, Krankheit, Alter und die Unvermeidlichkeit des Todes. Anfang des Leidens sei das Begehren, dessen Vernichtung daher das Leiden verlöschen lasse. Vollzogen werden könne das mit seiner Lehre vom achtfachen Pfad.

Kernpunkte der jahrhundertelangen Unterdrückung und physischen Vernichtung durch die Aryans waren die durch die Geburt unabänderbare Zugehörigkeit zur rechtlosen vierten Kaste sowie die Wegnahme jeglicher Lebensfreude und damit eines unmittelbar erlebbaren Lebenssinnes. Das dürfte wohl sein Echo gefunden haben in der resignierenden Zurückweisung des Lebens, das nur Leiden brachte und mehrte. Die Wegbeschreibung, die ein ‚erleuchteter' Prinz denen zur Orientierung wies, die im ‚Königsweg' nach innen schließlich die Lebensverneinung praktizierten und in einem Nirwana ihren kompensatorischen intellektuellen Lebenssinn am Ziel sahen, lässt deutliche Anklänge an die historischen Folgen der unterdrückten autochthonen Bevölkerung erkennen.

Überraschenderweise bekam eines der Elemente, ähnlich wie bei der vorsokratischen Philosophie, im Buddhismus besonderes Gewicht und lässt auch hier eine traumatische Erfahrung damit, entweder aus der arischen Eroberungszeit oder vielleicht doch noch in Beziehung zum ‚dunklen Zeitalter', vermuten. In der *Heiligen Schrift von den vier Versammlungen*, dem *Catusparisatsutra*, belehrt Buddha die ihm ergebenen Mönche: „Alle Dinge, die es gibt, brennen sämtlich. Was heißt das: alles brennt? Das Auge brennt; die Gestalt brennt; das durch das Auge bewirkte Bewusstsein brennt; die durch das Auge bewirkte Berührung brennt; auch die Empfindung… brennt.

Dasselbe wie für das Auge gilt auch für Ohr, Nase, Zunge, Leib und Verstand.

Durch welches Feuer brennen sie? Durch das Feuer der Begierde brennen sie, durch das Feuer des Hasses brennen sie, durch das Feuer der Verblendung brennen sie. Sie brennen derart auch durch Geburt, Alter, Krankheit, Tod, Kummer, Klage, Trübsinn und Sorge. Diese alle bewirken Leiden“[73].

Konsequenterweise liegt auch das buddhistische Ziel im Erlöschen des Feuers: „Was soll man aber unter Nirwana verstehen? Weil das Leiden zu Ende ist, nennt man es Nirwana. Es ist, wie wenn ein Feuer erlischt und dann klar und kühl wird. Darum predige ich diesen Satz: Wenn man alle Skandhas (=Eigenschaften[Anm. 5]) von sich zu tun vermag, dann erlangt man, weil Leidenschaft und Leid aufgehört haben, die volle Ruhe (nirvāna)“[74].

Um bei seinen Zuhörern einen erfolgreichen Gesinnungswandel hervorzurufen, arbeitete Buddha, außer mit seinen magischen Zauberkräften mit den „übernatürlichen Kräften der hinweisenden Predigt und der Belehrung“[75]. Seine dabei eingesetzte gezielte Frage- und Antwortmethode, wie er sie z. B. bei der ‚*Bekehrung des Königs Bimbasāra*' anwendet, erinnert stellenweise an die von Platon wiedergegebene seines Lehrers Sokrates. Ebenso intellektuell gelagert ist, in Polarität zu dem Wesen spirituell-meditativer Versenkung, Buddhas zentrale Betonung logischer Schlüsse, bei denen Konklusionen – wie in seiner ‚*Predigt über Entstehen und Vergehen in Abhängigkeit*'[76], im Sinn von: ist das, dann ist auch das – Gerüst und Hauptbestandteil seiner Predigt darstellen.

Der reformerische Impuls des Buddhismus stützte sich in dieser Phase der Durchsetzung und des Arrangements folgerichtig auch auf Änderung der Gewaltmaßnahmen der Herrschenden: er wie der aufkommende Jainismus durchbrachen „die Kastenunterschiede, schafften das erbliche Priestertum ab, erklärten Armut zur Voraussetzung für Erleuchtung und vertraten die Auffassung, Verbindung mit dem Göttlichen sei eher durch Meditation als durch die Opferung von Tieren zu erreichen. Mit ihrer Verurteilung von Gewalt, Krieg und Grausamkeit und ihrem Mitleid für menschliches Leiden nahmen diese beiden religiösen Bewegungen Schlüsselelemente des Christentums vorweg“[77]. Um den Terrainverlust an den buddhistischen Rivalen aufzuhalten, verkündete der brahmanische Hinduismus nun die Lehre des ahimsa, der Gewaltlosigkeit gegen jegliche Heiligkeit des Lebens.

Buddhistisches Kulturereignis

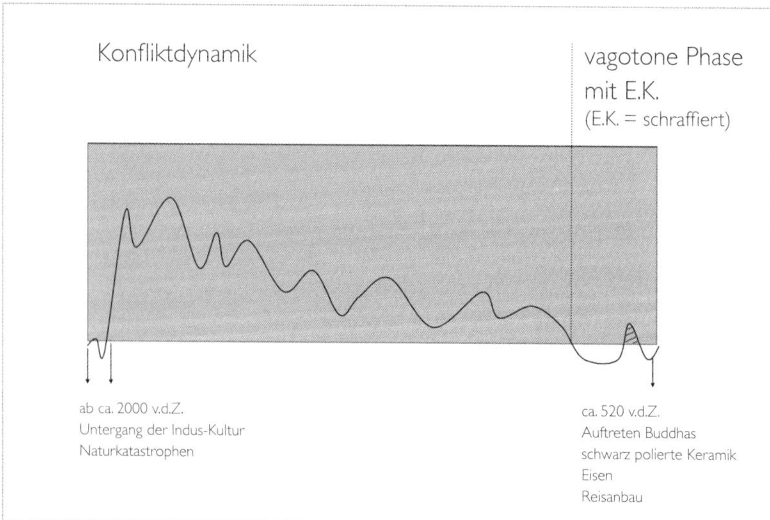

Welche inhaltlichen Beziehungen können die Entstehung der neuzeitlichen Naturwissenschaft und das Aufblühen der Hochreligionen mit den Ereignissen und Folgen der großen Pest mit ihren millionenfachen Toten in Europa und der anschließenden Terrorisierung der Bevölkerung durch Hexenverbrennung und Inquisition vorweisen?

Zum erstenmal traf nun in geschichtlicher Zeit eine (bzw. mehrere) anhaltende Katastrophe auf eine hochorganisierte Menschheit, die nicht mehr größtenteils durch Tod verschwand, wie nach dem Impaktereignis, oder als Sklaven oder Flüchtlinge wie in Nordindien ausfiel, sondern in gesellschaftlich erhaltener Form der Reibung auf Dauer ausgesetzt blieb. Vorreiter des Terrors gegen die Bevölkerung war der Vatikan, der zunächst um die Vormachtstellung gegen die weltlichen Herrschaftsansprüche kämpfte, um dann mit der weltlichen Gefolgschaft auch die juristische und exekutive Staatsfunktion an seiner Seite zu haben. Selbst geistige Einflüsse, die seine Herrschaft hätten gefährden können, wie sie über den arabischen Einfluss an der ersten Universität des Abendlandes in Paris zutage traten, wusste er mit Gewalt abzuwehren und durch die originäre intellektuelle Leistung Thomas von Aquins zu integrieren.

Der 1272 gestorbene Franziskanerprediger Berthold von Regensburg hatte mit seiner polemischen Verdrehung der Bedeutung des Wortes Sintflut – was mittel- bzw. althochdeutsch allgemeine, sehr groß, lang andauernde Flut hieß – zu Sündenflut die moralisierende Auslegung der in Abhängigkeiten haltenden Kirche vorgeführt, was dann im allgemeinen Sprachgebrauch erst im 16. Jh. auftauchte[78].

Als in der Mitte des 14. Jahrhunderts die Pest auftrat, kam es neben der eingeübten moralisierenden Schuldzuweisung schnell zu der Vorstellung eines Kontagiums, d.h. einer „giftigen Anklebrigkeit“[79], die durch Anhauchen oder Anfassen eines betreffenden giftigen Gerätes durch Anhaftung von einem zum anderen Menschen übertragen werden sollte. Auch der ‚blaue Dunst‘ der Mittlerrolle spielenden Luft (blau-schwefelige Flamme) geisterte in der phantasievollen Wahrnehmung des Mittelalters herum.

Bei der naturwissenschaftlichen „Aufklärung“ der Pestursachen erklärte 1657 Athanasius Kircher, ein Universalgelehrter, bei den mikroskopischen Untersuchungen des Blutes „vermiculi pestis“, also Pestwürmchen gesehen zu haben. Wenngleich diese vermutlich amöboide Leukozyten[80] waren, die er bei der schwachen, nur eintausendfachen Vergrößerung seines Mikroskops gesehen haben konnte, ging es mit der Suche nach Überträgern in Mikrobereichen weiter. Von naturwissenschaftlicher Seite kommend, führte das weitgehend zu einer Entdämonisierung von Krankheiten als Strafe Gottes und der folgerichtigen Entmythologisierung in der Theologie als neuem intellektuellen Anspruch. Dass aber damit die alten Erklärungsmuster gänzlich überholt gewesen wären, war nicht eingetreten. Auch der sich aufgeklärt dünkende, moderne Mensch hält an dem Glauben fest, Krankheit als Strafe oder Bußleistung zu empfinden, wie es der Pest von 1679 durch den Arzt Freiherr von Mannagetta zugeschrieben wurde. Wo finden sich zu all diesen Vorgängen die geforderten Affinitäten wieder?

Die „giftige Anklebrigkeit“ lässt sich in der Ära naturwissenschaftlicher Biologie und Medizin in der Erregertheorie seit Pasteur und Ehrlich als herrschende Auffassung wiedererkennen.

Verbrennung menschlicher Leichname der von der Pest dahingerafften Bevölkerung wie Verbrennung lebendiger Menschen zur Läuterung ihrer verstockten Seelen der als Hexen oder Häretiker diffamierten Opfer finden ihren Widerschein in den naturwissenschaftlich untersuchten Verbrennungsvorgängen der Physik und Chemie der Neuzeit! Ohne die Dampfmaschine hätte keine industrielle Revolution stattgefunden. Ohne die chemischen Erkenntnisse zur Oxidation, der Bedeutung des Sauerstoffs und des Wasserstoffs bei den Verbrennungsvorgängen, hätte Lavoisier nicht die alchemistische Phlogistontheorie verabschieden und das neue Zeitalter der wissenschaftlichen Chemie einleiten können. Makaber genug, dass seine Frau 1783 „den Beginn der neuen Chemie durch eine feierliche Verbrennung der Bücher“[81] der alten Phlogistontheoretiker einleitete.

Der millionenfach anfallende gewaltsame Tod im späten Mittelalter findet dann seine Mittelpunktstellung wieder in dem Interesse an der wissenschaftlich geübten Sektion und Autopsie an Toten. Gegen Ende des 18. Jahrhunderts stiegen Paris und Wien zu den führenden medizinischen Hochschulen auf, weil sie vor allem durch ihre neuen pathologischen Grundlagen objektivierbare Daten gegenüber spekulativen Heil“künsten“ vorweisen konnten. In Deutschland schuf Rudolf Virchow mit seinen pathologischen Untersuchungen die Grundlagen seiner >Zellularpathologie<, die dann ab 1858 das Konzept einer neu verstandenen Krankheitsauffassung lieferte.

Die massenhaft vorgeladene Bevölkerung als Zeugen der Verbrennungen und zu ihrer eigenen Abschreckung vor dem Verlassen des von der Kirche vorgeschriebenen Weges findet ihren Reflex in der massenhaften Propaganda der Buchdruck-Technik. Dazu war allerdings nötig, die lateinische

Gelehrtensprache mit der Volkssprache auszutauschen und „dem Volk aufs Maul zu schauen", wie es Luther bei seiner Übersetzung der *Bibel* unternommen hatte. Paracelsus nutzte diese Chance auf dem Gebiet der Medizin, um seiner Auffassung mehr Jünger gegenüber dem Bollwerk der von der medizinischen Realität abgehobenen Lehrmedizin zu verschaffen.

Kultur der Neuzeit

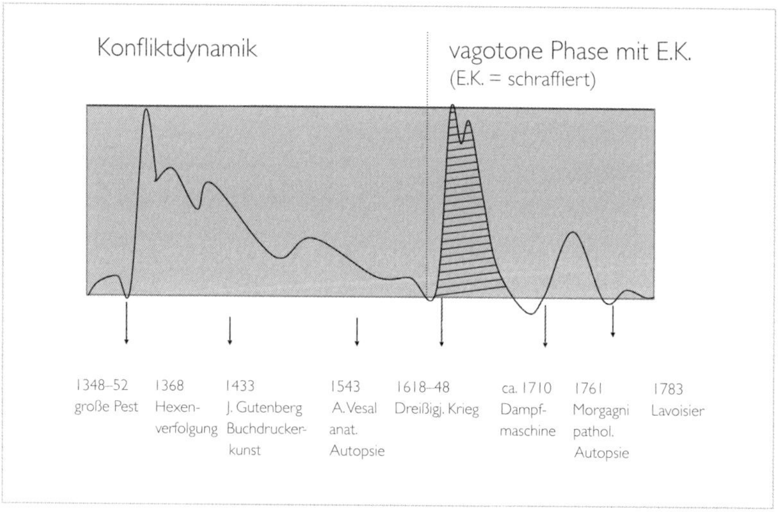

Kein klarer Typus mehr vorhanden, da nicht mehr alle Menschen in etwa gleichermaßen von der Terrorwelle betroffen sind und ein Wohlleben ganzer Gesellschaftsklassen möglich war.

Daher nach m. M. eine stärkere Differenz zwischen den Vorläufern wie Gutenberg und Vesal und der späteren „industriellen" Auswertung und Verbreitung.

Wenn der gezeigte geschichtliche Ablauf stimmig ist, der nicht lineare, sondern essentielle Beziehungen durch zum Teil weit auseinanderliegende zeitliche Räume aufdeckt, indem ein aristotelischer Zwischenschritt der „Muße" zwischen Ursache und der folgenden Manifestation als Kulturleistung zu plazieren ist, was ist dann die Antwort auf die Kreuzzüge, den ungefähr einhundert Jahre dauernden Krieg gegen die Bevölkerung Frankreichs zur Ausrottung der Albigenser und der Katharer im 13. Jh., Napoleons Verheerungen in Europa, die Kriege gegen die Indianer Nordamerikas usw.? Da diese Arbeit jedoch keine weiteren geschichtlichen Untersuchungen unternehmen will, sondern ein anderes Thema verfolgt, mag als Antwort eine aktuelle Bezugsetzung zur Probe ihrer methodischen Tauglichkeit angeführt werden.

Nachdem es die Kriegsgeneration des 2. Weltkrieges in Deutschland geschafft hatte, die materiellen Schäden der zerbombten Städte durch deren Wiederaufbau zu beseitigen und es in den Sechzigerjahren zu einer wirtschaftlichen Wohlfahrtsphase unter der sozialen Marktwirtschaft Ludwig Erhards kam, brach im Jahr 1968 die sog. Jugendrevolte mit ihren Krawallen los, die vor allem von den intellektualisierten Studenten ausging. Ihre Anführer beriefen sich auf Marx und Mao, auf Herbert Marcuse, einem ehemaligen Husserl-Schüler in den USA, sowie auf den Frankfurter Universitäts-Soziologen Th.W. Adorno, einen hochintellektuellen Professor, der sich selbst unter der Überschrift *„Treibhauspflanze"* in seinen *Minima Moralia* persifliert hatte.

Zur gleichen Zeit beginnend, dann in den Siebzigerjahren unter vielen intellektuellen jungen Leuten verstärkt auftretend, erfolgte eine bis heute prosperierende esoterische/spirituelle Ausrichtung, die – nicht ganz unvorbereitet – etwa mit der Rezeption der *Lehren des Don Juan* von Carlos Castaneda ab dem Jahr 1972 Fuß fasste. Seither sind Meditationstechniken, Yoga, buddhistische Lehren, spirituelle Meister des Ostens u.a.m. bei uns sehr gefragt.

Wiederum finden sich also abrupt einsetzende Veränderungen im Bewusstsein der Nachkriegsgeneration mit intellektuell-spiritueller Radikalisierung. Diese charakteristische Ausrichtung gibt den Fingerzeig, um die rätselhaften Phänomene aufzudecken. Was liegt ihnen zugrunde?

Besonders an der veränderten Musikkultur der Nachkriegsgeneration lässt sich wohl ein deutlicher Bezug zu den Kriegsereignissen heraushören, d.h. erkennen. Über Deutschland wurden zwischen 1940 bis 1945 etwa 1,35 Millionen Tonnen Bomben abgeworfen[82], deren infernalische Licht- und Heuleffekte die todbringenden Detonationen begleiteten. In Dutzenden von Städten und an weiteren strategischen Orten war die Bevölkerung Deutschlands diesem Inferno ausgesetzt.

Als Ende der Sechzigerjahre elektrisch verstärkte und verzerrte Instrumente im ‚Hard Rock' zum Einsatz kamen, wurden bei extremer Lautstärke mit entsprechend ausgerüsteten Gitarren und Hammond-Orgeln Effekte produziert, die wie späte Ausgeburten des Bombardements anmuten. Niemand Geringerer als Jimi Hendrix, legendärer Gitarrist dieser Zeit, zerhackte in seiner grandiosen Woodstock-Version die amerikanische Nationalhymne ganz bewusst und genial mit an Bombenabwürfe und Maschinengewehrsalven erinnernden Klanggeräuschen, wobei in diesem Fall das Vietnam-Trauma der USA hineinge'spielt' hatte.

Die englische Musikgruppe „Deep Purple" produzierte 1970 auf ihrem Album *In Rock* ebenfalls technisch verzerrte

Geräuschszenarien, die ein spätes Echo jenes grauenvollen Getöses erschufen durch die meisterhaft in Szene gesetzten Klangmanipulationen des Gitarristen Ritchie Blackmore und des Organisten Jon Lord.

Keith Emerson, virtuoser Keyboarder bei „The Nice" und später bei „ELP", traktierte seine Orgel mit Messern, deren Tasten damit festgeklemmt wurden und einen schrillen Dauerton hören ließen, oder erzeugte durch Schaukeln der Orgel, was deren Hallkette an den integrierten Lautsprecher aufschlagen ließ, explosionsartige Geräuschcluster.

Die auffällige Begeisterung des jungen Publikums aus allen früher kriegsbeteiligten Nationen (Deutschland, England, Frankreich, Japan; [die UdSSR hatte einen Ausnahmestatus aufgrund ihrer politischen Struktur]) für diese aggressiv-militanten musikalischen Ausdrucksmittel, die bei Live-Auftritten der Rockbands mit den Feuerwerks-Effekten der ‚Licht-Orgeln' noch gesteigert wurden und von Keith Emerson mit dem Abfeuern von Kanonenkugeln zum Abschluss der Bühnen-Show beim Isle of Wight-Festival 1970 zu einem kaum mehr zu überbietenden Eindruck getoppt wurden, war überwältigend und wird kaum anders verständlich als durch diesen reflexartigen Rückbezug, der scheinbar kathartisch durchlaufen werden musste. Es weist die Nachkriegsgeneration als Kinder ihrer Zeit aus, deren Erbschaft aus den Kriegsjahren stammt.

Inzwischen ist auch diese musikalische Episode überholt. Es wundert aber nicht, dass damals die ältere Generation dieses musikalische Bombardement vehement ablehnen musste!

Rockmusik stellte einen zwar wesentlichen Bestandteil der ‚neuen' Subkultur dar, doch war sie nur ein Ausschnitt der gesellschaftlichen Veränderungen jener Zeit. Mit der Politisierung des Alltags und der Wissenschaften, wie sie von der

Studentenbewegung auch in die Hochschulen getragen und von der APO als „Marsch durch die Institutionen" propagiert und erfolgreich durchgeführt wurde, erfolgte reflexartig die Wiederaufnahme der politischen Ideologisierung und Indoktrinierung der Staatsbürger zur Zeit des 3. Reichs. An ihr scheiterte Adorno, der infolge der Auseinandersetzungen mit seinen fordernden Studenten, die sein Fakultätsterritorium besetzt hielten, bis er sich genötigt fühlte, endlich die Polizei zum Räumen zu rufen, bald darauf verstarb.

Wie ein Phönix aus der Asche tauchte als militant-politische/ideologische Organisation entsprechender Verbände der Dreißiger- und Vierzigerjahre dann mit dem Ende der Sechzigerjahre die RAF mit ihren Terroraktionen auf.

Scheinbar im Widerspruch zu den hier aufgezeigten Affinitäten zeigten sich in breitem Ausmaß auch gegenteilige Züge: apolitische, anti-autoritäre und spirituelle Tendenzen waren im Kommen. Ließen sich diese nicht eher als psychologische Kontrastbilder deuten, denn über den massenhaften Einsatz von Drogen oder die Propagierung spiritueller Ideen ist in der Geschichte der Dreißiger-/Vierzigerjahre kaum etwas auszumachen!

Die auch in Europa grassierende Hippie-Bewegung mit ihrer „flower-power", die mit Marihuana und harten Drogen eingeleitete „Bewusstseinserweiterung" einer sich auch musikalisch in der sog. psychedelischen Musik manifestierenden Ausrichtung, die spirituelle Botschaft der Transzendentalen Meditation – zunächst von den „Beatles" ihrem Millionen-Publikum weltweit vorgestellt – und anderer Gurus und esoterischen Weltanschauungen: dies alles ist keineswegs eine so neuartige Entwicklung, wie sie auf den ersten Blick den Anschein hat. Vielmehr erkennen wir nun ein verwandtes Phänomen wieder, wie es vorhin an der indischen Geschichte nach der vollständigen Unterdrückung der autochthonen Bevölkerung durch die Aryas beschrieben worden ist. Auf dem so präparierten Boden der Psyche kultivierte der neu entstandene Buddhismus die Flucht ins Nirwana als die einzig angemessene Verheißung einer sonst leidvollen Existenz.

War nicht nach den Jahren des „totalen Krieges“ mit dem Preis von „blood, sweat and tears“ – wie sich nach Churchills Formel eine amerikanische Rockgruppe benannte – auch die totale Aussichtslosigkeit und das drohende Ende der eigenen Existenz wie der eigenen Familienangehörigen für die überlebende Kriegsgeneration eine erschütternde Erfahrung gewesen, die sich ähnlich wie damals im Indien des 1. Jahrtausends v.d.Z. mit der Verlagerung des Lebensschwerpunktes ins Jenseits nun in der politischen wie gesellschaftlichen Apathie und „Bewusstseinserweiterung“ reaktiv umsetzte? Lässt sich daher nicht wie Begleitmusik nach Kriegszeiten planmäßig eine Zunahme an spirituellen Bedürfnissen und diese befriedigende spirituelle Meister, Gurus und Strömungen beobachten?

Wie Querschläger schlugen unvermutet in den Endsechzigerjahren Projektile aus der gerade eine Generation früher liegenden Weltkriegszeit ein, vor denen abzuducken und auszuweichen keine Chance für die „Kinder dieser Zeit“ bestand. Wie sang Ian Gillan von „Deep Purple“ seiner Generation zu: „… bullets flying, taking toll. …bow your head, wait for the ricochet“!

Da innerhalb einer Generation der Wiederaufbau der materiellen Zerstörungen weitgehend geschafft wurde und eine entsprechende Normalisierung des gesamten Lebens (Muße) wiederhergestellt worden war, verkürzte sich das Auftreten kulturell gestaltender Bestandteile als Ausgeburten des Kriegsszenarios nun auf etwa zwanzig bis dreißig Jahre!

Mithin ist dies eine der Folgen einer hochorganisierten Menschheit, dass die Wunden, die ihr zugefügt werden oder die sie sich vielmehr selber zufügt, sich schneller schließen.

Deutsche Nachkriegs-Subkultur

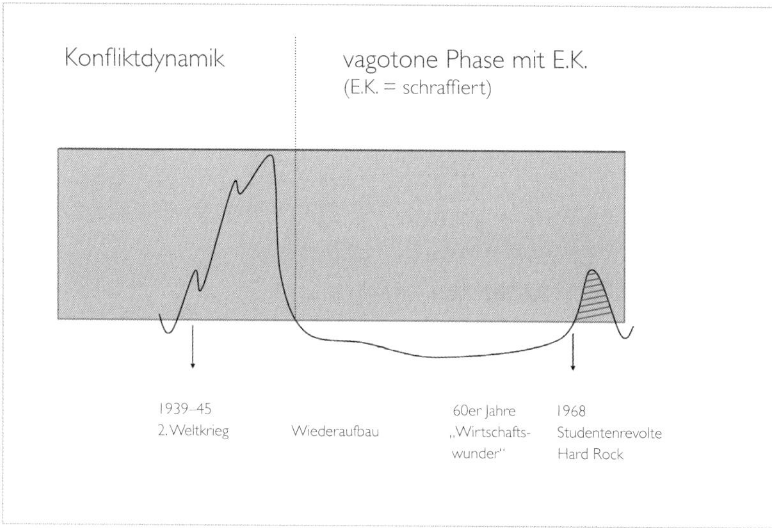

Als Fazit dieser ungewohnten Betrachtungsweise geschichtlicher wie kulturgeschichtlicher Abläufe sind erstaunliche Übereinklänge zeitlich weit auseinanderliegender Fakten und Phänomene sichtbar geworden, deren stichprobenartige Bestätigung auf nicht-zufällige Beziehungen hinweist. Der reflexartige Widerhall von Kometeneinschlägen auf der Erde in der chaldäischen Astrologie in dem zentralen und umfassenden Sinn, den er im Zweistromland innehatte und hier nur angerissen werden konnte – in diesem Zusammenhang könnte es von Bedeutung sein, wenn die Archäologie für den Vorderen Orient das Brennen von Tongefäßen nicht vor 7000 v.d.Z. festgestellt hat und hierbei etwa der ‚Katastrophen-Hochofen' in der Natur Pate gestanden hätte -; die Verheerungen im griechischen Mittelmeerraum durch den Aufstand der Elemente, verknüpft mit der folgenden Gewalt erobernder Flüchtlinge in der Entstehung der antiken Philosophie auf der Grundlage der zentralen Bedeutung der Elemente und ihres Streites miteinander; die millionenfachen Verbrennungen Pesttoter wie die hunderttausendfache Verbrennung lebender Fackeln in Anwesenheit der Volksmassen im späten Mittelalter für die Bedeutung der Sektion, der chemischen Verbrennungsvorgänge und der massenwirksamen Buchdruckerkunst in der Neuzeit scheint nur dem nicht einzuleuchten, der lineare Geschichtsbetrachtung gewöhnt ist und durch Außerachtlassen katalytisch wirksamer Geschichtsprozesse sich um das Verstehen ihrer Zusammenhänge bringt.

Die morphologische Struktur der Geschichte, auf die Oswald Spengler aufmerksam gemacht hat, zeigt bei den vorgenommenen Analysen einer kosmisch-planetaren Katastrophe, terrestrisch-überregionaler Verheerungen und eines machtpolitischen Terrorsystems ihr verborgenes Muster immer deutlicher auf. Auf ein katastrophales Geschehen mit meist jahrhundertelanger Auswirkung folgt in der Phase der Konsolidierung, die Aristoteles als Muße erkannt hat, eine produktive Leistung, die wir mindestens als Kulturleistung bezeichnen müssen, in den beschriebenen Fällen sogar die Stufe der Hochkultur erreicht. Mit dieser geschichtlichen Abfolge erkennt jedoch der mit den Grundlagen der GNM Vertraute mühelos das zugrunde liegende Muster: dem Ereignis eines kollektiv wirksamen Konfliktes durch eine Mega-Katastrophe folgt gegebenenfalls eine Phase der (vagotonen) Erholung (Muße), in der als geschichtliche Besonderheit plötzlich ein kultureller Anfang aufblitzt, der nichts anderes als die analoge epileptoide Krise darstellt.

Während im medizinischen Bereich meist die Frage der Konfliktlösung anzustreben ist, im Biographischen die Auswirkungen der Konflikte und Konstellationen auf das individuelle Verhalten Gegenstand des Interesses sind, bedeutet bei der geschichtlichen Betrachtung vornehmlich die analoge epileptoide Krise den Hauptakzent. Sie, die den Schrecken im medizinischen Geschehen darstellen kann, indem sie oft über Leben und Tod entscheidet, stellt im geschichtlichen Ablauf den mehr oder weniger kulturschöpferischen Neubeginn scheinbar aus dem Nichts heraus dar! Daher also weht der Wind des sogenannten Zeitgeistes. Sein schöpferischer Atem wie seine gesellschaftliche Rezeption d'accord entstammen der gesetzmäßigen Abfolge kollektiver Konflikt-Abläufe. Analog zu einer epileptoiden Krise in biologischen Maßstäben treten auch im geschichtlichen Ablauf die im Konfliktgeschehen thematisch gebundenen Ereignisse in modifizierter Form in einer Steigerung und Konzentration als kulturelle oder subkulturelle Phänomene reflexartig wieder ans Licht. Alle beschriebenen historischen Beispiele führen diese Muster eindeutig vor.

Das erhellt mit einem Schlag die scheinbar voraussetzungslosen Anfänge kultureller Leistungen, wie es andererseits deren Verblassen und ihren Untergang erklären kann. Denn all diese sonst ephemeren Kulturleistungen können nur künstlich am Leben erhalten werden durch die einzigartige Fähigkeit des Menschen zur Tradierung: Gedächtnis, Weitergabe durch praktische und mündliche Lehre, schriftliche Niederlegung. Ja, es scheint eine der Qualitäten der Zivilisation zu sein, solche dem allmählichen, natürlichen Verfall preisgegebenen Kulturleistungen zu erhalten, allerdings in manchen Fällen, wie bei den Mythen, um den Preis ihres Verstehens. Somit ist der natürliche Niedergang von Kulturerrungenschaften wie der Untergang ganzer Kulturen scheinbar ein pflanzenhaft ähnlicher des Aufblühens und Vergehens, doch zeigt der größere Abstand geschichtlicher Betrachtung dessen eigentliches Muster auf, das nun mit Fug und Recht als konfliktphysiologisches bezeichnet werden darf.

Wie die Traumphase die epileptoide Krise im Wach-Schlaf-Rhythmus darstellt, in der die Tagesereignisse zwangsläufig hochkommen und verarbeitet werden, so stellen die vorgeführten originären Kulturleistungen, die übereinstimmend als die Grundlagen menschlicher Zivilisation anerkannt sind, nichts anderes dar als die analogen epileptoiden Krisen auf dem geschichtlichen Boden der Menschheit. Daher gibt es keinen qualitativen Unterschied mehr in der Betrachtung zum Verständnis eines Individuums oder der Gesellschaft bzw. einer Kultur: in beiden Fällen liegen Konfliktmuster als prägende und kreative Mechanismen zugrunde. Die Frage Spenglers zu Beginn seiner >Morphologie der Weltgeschichte<:

„Liegen … allem Historischen allgemeine biographische Urformen zugrunde?" kann damit bejaht werden. Dennoch braucht nicht jede Kulturleistung auf Kollektiv-Konflikte zurückgehen, hier werden Einzeluntersuchungen Aufschluss geben.

Am stärksten müssen diesen Zusammenhang, den wir erst mit den Mitteln, die Hamers Erkenntnisse bereitgestellt haben, exakt formulieren können, offensichtlich die alten Griechen empfunden haben, die damit eine beachtliche Kultur hervorbrachten, mit der wir uns noch heute intellektuell auseinandersetzen oder ihr in einigem nacheifern. Wenn sie auf ihrer Stufe das ahnende Erkennen der katalytischen Kollektiv-Konfliktmorphologie in ihren Tragödien als Miniaturhandlung künstlerisch ihrem Publikum vorführten, damit die Zuschauer dieses ‚altbekannte' Muster durch die Ergriffenheit des Schreckens und Jammers neu bei sich erlebten und mit der Lösung die seelische Entspannung durch die kathartische Krise wiedererlangten, so dürfte die Einrichtung der Theateraufführungen im alten Griechenland den göttlichen Tribut an das allüberall wirkende Grundmuster gezollt und gleichzeitig auf der Bühne menschlichen Schicksals höchste Kunst und Seelenhygiene bei ihren Zuschauern vereint haben. Aus dem Miterleben der griechischen Tragödie sollte die Kraft zum (Weiter-)Leben geschöpft werden, indem auf der seelischen Ebene das Lebensprinzip en miniature durchlaufen wurde – auf diesem Hintergrund wird das Wissen um den Tragödiendichter Sophokles als Mysterienpriester in ein anderes Licht gerückt.

Dieses künstlerische Niveau kann daher als biologisch vorbildlich und als lebenspraktisches Ideal belegt werden. Danach erneut zu trachten wäre die Aufgabe einer sich mit den wissenschaftlichen Mitteln der GNM selbst verstehenden

Kunst und Kunstgeschichte, die nun den morphologischen Ansatz in Anwendung bringen muss.

An der Begriffsbildung, die Aristoteles in seiner *Poetik* zu einer grundsätzlichen Theorie des Dramas entwickelt, fällt die Genauigkeit und Übereinstimmung mit den von Hamer beim Konfliktgeschehen beobachteten Phasen und besonders bei der epileptoiden Krise auf. Dabei entspricht die bildhafte aristotelische Ausdrucksweise des dramaturgisch inszenierten Bühnengeschehens, das er immer vor Augen hat, mit dem von ihm eingebrachten Begriff der „Schürzung einer Verwicklung“[83], der Phase des konfliktaktiven Verlaufs ab dem DHS. „Schürzung“ bedeutet wohl wie beim Anziehen einer Schürze deren Verschnürung, Verknotung, Raffung, Engerbinden. So spricht Aristoteles von der „Schürzung des Knotens“[84] – eine recht passende Metapher. Die nachfolgende Phase bezeichnet er gleichlautend wie in der GNM als „Lösung (einer Verwicklung)“ bzw. der Verknotung. Der entscheidende Wendepunkt, also die epileptoide Krise, wird im Zusammenhang der Tragödie von Aristoteles „Peripetie“ genannt, d.i. „der Umschlag dessen, was man tut, in sein Gegenteil…“[85]. Dieser einschneidende Moment, dessen biologischer Vorlauf natürlich bei der erfolgten Konfliktlösung ansetzt, wird auf der obersten Zacke der epileptoiden Krise manchmal im dramatischsten Sinn zum allerentscheidenden „Umschlagpunkt“[86] für den Patienten, d.h. zum Maß, ob bzw. dass er ‚über dem Berg ist‘. Wenn dabei in physiologischer Hinsicht die zunächst hochgefahrene Sympathikotonie in der abfallenden Zacke wieder in die Vagotonie übergeht, spürt der Patient u.a. bis in seine Körpertemperatur hinein den „Umschlag dessen, was (sich) tut, in sein Gegenteil.“ Übrigens hat Hamer den Begriff >Peripatie< seit längerem zur Bezeichnung der epileptoiden Krise verwendet.

Jetzt dürfte vollends klar geworden sein, dass der aristotelische Gedanke ein speziell auf die griechischen Verhältnisse zugeschnittenes Ergebnis formulierte, bei dem der historische Stellenwert und das ursächliche Wesen der Tragödie jedoch noch nicht erkannt und miteinbedacht worden waren, obwohl ihr Charakter von Aristoteles präzise erfasst worden war. Die für die Chaldäer, Nordindien etc. geltenden Kollektiv-Konflikte hatten ihre aufgezeigten eigenen Folgen, wobei das Muster bleibt, das Ergebnis jedoch durch das Konflikt-Szenario modifiziert wird.

Die Untersuchung der geschichtlichen Abläufe kann mit der These schließen, dass auch ihnen das Urmuster biologischer Konfliktverläufe, also die beiden ersten von Hamer formulierten Naturgesetze, zugrunde liegt, wobei im Unterschied zur einzelbiographischen Situation hierbei Kollektiv-Konflikte auftreten und als Besonderheit die analoge epileptoide Krise mit ihrem Aufblitzen von Kulturleistungen im Mittelpunkt steht.

Erst mit der vollumfänglichen, konfliktbiologischen Entdeckung Hamers ist die aristotelische Theorie des Dramas, wie gezeigt wurde, vollständig. Das hat weitere Auswirkungen. Aus der normativ-ästhetischen Theorie der Tragödie ist ein naturwissenschaftlich fundiertes System geworden. Dieses System wiederum erweist sich unter Einbeziehen historischer Ereignisse größerer kollektiver Konfliktszenarios als ebenso taugliches naturwissenschaftliches Instrumentarium, das nun auch der Geschichtswissenschaft zur Verfügung steht, ihre Analysen und Erklärungen erweiternd fundieren zu können.

Damit haben wir ein Rüstzeug gewonnen für die noch weiter zu ergründenden Fragen, ob allein die Fähigkeit des Tradierens ausreicht, um religiöse Vorstellungen zu erhalten, und außer den Megakatastrophen noch andere (Konflikt-) Ereignisse zum Verstehen der unterschiedlichen Gottesvorstellungen seit den Chaldäern in Betracht zu ziehen sind.

BIOLOGISCHE GRUNDMUSTER

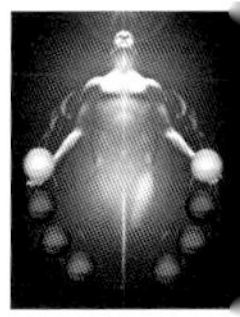

Das utopische Revier

Wodurch soll der aufgezeigte Zusammenhang zwischen Ereignis und inhaltlicher Folge, der sich als konfliktmorphologische Urform entpuppt hat, über Generationen hinweg lebendig verknüpft geblieben sein? Reichen von einer Priesterschaft tradierte Mythen und Göttervorstellungen aus, um über mehrere Tausende von Jahren diese Vorstellungen am Leben zu erhalten?

Je mehr eine Gesellschaft autoritär-hierarchisch organisiert ist, desto weniger wird ein Verblassen solcher Inhalte zugelassen, da mit Abweichungen von der Doktrin die Vormachtstellung der Herrschenden bedroht wird. Aber auch das würde selbst bei der herrschaftsausübenden Priesterkaste vor einer allmählichen Erstarrung ihres Wissens nicht bewahren helfen, was selbstverständlich auch stattgefunden und zu häretischen Erneuerungen auf ideologischem Gebiet geführt hat, die manchmal zum Tod ihres Inaugurators oder zur Revolution führten. Doch das Entscheidende liegt auf der entgegengesetzten Seite: das grundlegende Bedürfnis der Menschen nach den etablierten Gottesvorstellungen. Es bedarf ja nur geringen Druckes von Seite der oberen Kaste, ihm kommt das stärkere Verlangen der Menschen entgegen. Diese Ausgangslage gilt es nun aber gründlich zu analysieren, bevor sie vorschnell als conditio humana theologisch fehlgedeutet wird. Nur dann wird sich zeigen können, dass der fruchtbare Ansatz der beiden Tollmann von Impaktereignis und Kulturgeschichte, der die Außenseite aufzuzeigen vermag, zur Vervollständigung noch der inneren Wirkmechanismen bedarf.

Wie Aristoteles beachtenswert ausführte, dass nämlich „die Vorstellung der Menschen von Göttern einer doppelten Quelle [entspringt]: den Erlebnissen der Seele und der Anschauung der Gestirne“[1], so muss das nun auf das Dargestellte hin spezifiziert werden. Das bedeutet, dass es zur Aufrechterhaltung der vorgestellten Phänomene von astralem Götterbild, Intellekt und Philosophie sowie neuzeitlicher Naturwissenschaft und aufblühendem Spiritualismus einer biologisch-seelischen Basis bedarf. Diese findet sich in den von Hamer entdeckten Konstellationen, als den in der Persönlichkeits-Biographie so ungemein wirksamen und bestimmenden Doppelkonflikten im Großhirn-Cortex. Nur interessieren für die Untersuchung nicht die medizinischen Auswirkungen davon, sondern quasi der „psychische Mehrwert“ daraus, nämlich die jeweils typischen Verhaltensmuster, die daraus entspringen und nichts anderes als verhaltensphysiologische Zwänge bedeuten.

Für eine kulturgeschichtlich ausgerichtete Betrachtung kommen zunächst nur die Hauptkonstellationen in Frage, die Revierbereichskonstellationen mit ihrem „Übersinn“ *(Hamer)*. Mit „Übersinn“ ist gemeint, dass der jeweilige biologische Einzel-Sinn der beiden Programme aufgehoben ist in einem gemeinsamen, neuen Sinn, der nun über die Reichweite der einzelnen hinausgeht. Am besten lässt sich das analog am binokulären Sehen klar machen, wo in dem Moment, wenn im Verlauf der Entwicklung aus deutlich angelegten seitlichen Sehzellverbänden parallel liegende Sehachsen hervorgehen, auf dieser Stufe erstmals ein dreidimensionales Sehen erfahren werden kann. So kommt es auch im Fall der Konstellation zu einer neuen sinnvollen Funktion, die eine zuvor nicht vorhandene Kapazität erschafft.

Um jedoch Bedeutung und Wertigkeit dieses biologischen Kunstgriffs besser verstehen zu lernen, soll ihr Muster mit einer Konstellation im Großhirn-Marklager verglichen werden.

Würde ein Mann einen doppelten Verlust-Konflikt erleiden, von seiner Partnerin und von seinem Kind, organisch lokalisiert für den rechten und linken Hoden, was zu atrophierenden Nekrosen in den Hoden führte (interstitielles Programm), wäre nach einiger Zeit real eine tendenzielle Verminderung seiner Spermienproduktion vorhanden, nicht aber eine – wie man meinen sollte, da dort auch die Sexualhormone produziert werden – Reduzierung seines Testosteronspiegels!

Im Gegenteil tritt nun der biologische Übersinn in Kraft, sodass dieser Mann infolge gesteigerten Hormongehaltes seines Testosterons potenter als vorher auftreten würde, um damit zunächst den erlittenen Verlust seiner Partnerin wieder lösen zu können. Nach erfolgter Lösung setzt auf organischer Ebene eine Reparaturphase mit Schwellung und Entzündung ein, die eine weit verbesserte Spermienproduktion bringt („Luxusprogramm"). Das ermöglicht, zumindest sieht es die Natur so vor, das Zustandekommen von Nachwuchs mit der Folge, dass auch der zweite Verlust seine Lösung erhält, wiederum mit den gleichen Erscheinungen für den zuständigen zweiten Hoden.

Das gleiche Geschehen gilt analog für den doppelten Verlust-Konflikt einer Frau für den Ovarial-Bereich mit seiner Östrogenproduktion.

Was als natürlicher Ablauf den „Übersinn" der Omnipotenz biologisch sinnvoll zur Lösung hinführen soll, verliert ihn aber, wenn aus zeitlichen Gründen zuviel Konfliktmasse gebildet wurde; oder falls in der Kindheit die Eltern oder geliebten Großeltern gestorben wären und die Konflikte so nicht mehr hätten gelöst werden können. In solchen Fällen steht das zutage tretende protzig-pseudomaskuline Gebaren überschäumender hormoneller Potenz in schärfstem Kontrast zu dem infertilen Unvermögen.

Aus diesem objektiven Vortäuschen nicht vorhandener Tatsachen auf rein biologischer Folie betrachtet ist zu schließen, dass moralische Maßstäbe von der Natur nicht angelegt sind. Somit limitiert die Zeit – oder auch andere Umstände der Konfliktereignisse–, was als „Übersinn" von Natur aus vorgesehen ist.

Gelten diese Ergebnisse auch im Cortexbereich des Großhirns?

Bei der postmortalen Konstellation, die bei Rechtshändern aus einem männlichen Revierverlust-Konflikt und einem weiblichen sexuellen (Revierverlust)-Konflikt entsteht, resultiert ein mehr oder minder starker Vorstellungszwang darüber, was nach dem (eigenen) Tod sein könnte: eigene Begräbnisszenerien bis hin zu Handlungszwängen suizidaler Aktionen; die Neigung, sich mit Sterbenden oder Toten zu befassen auch als berufliche Tätigkeit im Hospiz oder als Bestatter; literarische Erzeugnisse oder Liebhabereien, wie der *Todesfuge* Paul Celans, der *Kindertotenlieder* Rückerts und deren Vertonung durch Gustav Mahler, *Der Tod und das Mädchen* in der musikalischen Fassung Schuberts u.a.m.; wissenschaftliche thanatologische Forschungen oder die populären Bücher von R. Moody, Kübler-Ross u.a. haben diese Thematik hoffähig gemacht und zeigen die weitreichende und tiefwurzelnde gesellschaftliche Grundlage an. Doch wie erklärt sich der spezifische „Übersinn" der postmortalen Konstellation?

Bei Eintreten eines Revierverlustes wird dieses dominierende Relais gesperrt, d.h. der Betreffende ist aus seinem Revier geworfen (ohne Mutter/ohne Vater/ohne Freunde/ohne Territorium/ohne Arbeit etc.; auch andere Personen können einen Revierverlust auslösen, wie Geschwister, Onkel, Nachbarkinder, Mitschüler, Lehrer etc.). Eine zusätzliche Folge des Erstkonfliktes erfolgt durch das Phänomen der biologischen Prägung auf die konfliktauslösende Person – meist die Mutter oder der Vater – , die paradoxerweise deshalb als Super-Chef ödipal geliebt wird, solange der Konflikt erhalten bleibt (Zweitwolf-Status mit ödipaler Bindung). Kommt es dann nach der Blockade des rechtscortikalen Revierrelais mit Absenkung der männlichen Hormone auch noch zu einem in der Folge weiblich erlebten weiteren Revier-Konflikt (meist sexueller Natur), ist mit dem Verlust des verbliebenen weiblichen Reviers keine biologische Revier-Ressource mehr vorhanden, sodass der „Übersinn" erstens ein fiktives „Revier" über-räumlich und über-zeitlich generiert, in der zweitens die Personifikation des Super-Chefs als absolut gesetzter Oberherr waltet; es ist die postmortale Welt, in welcher der höchste Chef thront und sich absolut auf seine Gefolgschaft verlassen kann. Es ist bestürzend zu erleben, wie wenig Lebenswille in solchen Menschen ohne vorhandenem biologischen Revier ist, die oftmals mit ihrer herausgekehrten Furchtlosigkeit dem Tod gegenüber andere beeindrucken können. Doch sie haben ja buchstäblich nichts zu verlieren und zu verteidigen, sind „Tote auf Urlaub" und wirken mit ihrer scheinbaren Toll-Kühnheit wie der erwähnte potenzprotzende, aber letzten Endes unfruchtbare Mann in Konstellation. Die Quelle ihrer Furchtlosigkeit vor dem Tod ist dieselbe, aus der bei ihnen unter entsprechenden Bedingungen auch suizidale Handlungen erfolgen können.

Nun gibt es noch einige Variationen derselben Konfliktrelais, wie die Casanova-Konstellation, als männlicher Nymphomanie, oder die Helden-Konstellation. Bei der letzten führt die absolute Furchtlosigkeit vor jedem Gegner, u. U. auch bei scheinbarer Übermacht (David-Goliath-Kampf) sogar oft zu einem Überraschungssieg, was in der Geschichte und im Kampfsport an Beispielen belegt werden kann.

Die postmortale Konstellation hat im Unterschied zu der des doppelten Verlust-Konflikts hinsichtlich des Übersinns keine zeitliche Limitierung, weil mit ihrem Eintreten die Konfliktmassen auf beiden Gehirnseiten nicht mehr weiter anwachsen, sondern annähernd auf dem Kontostand erhalten bleiben, den sie zu diesem Zeitpunkt des zweiten, konstellierenden Konfliktes erreicht haben. Denn ab diesem Moment bleiben die Konfliktwaagschalen auf beiden Seiten in etwa unverändert stehen, wodurch im Idealfall zeitlich nah beieinander liegender Doppelkonflikte eine für den Betreffenden gesundheitlich folgenlose Konflikt-Lösung möglich bleibt. Damit wäre(n) die postmortale Konstellation (bzw. auch die anderen Revierkonstellationen) sogar vollständig biologisch sinnvoll angelegt.

Für unseren Kontext ist nun maßgebend, an den von Hamer entdeckten konstellationsgesteuerten Verhaltensweisen des Individuums deren subjektiv erfahrene Umpolung zu objektivieren, wenn sie bei vielen bzw. kollektiv vorliegt, um an ihnen den Prototyp eines nun in der Zivilisation einsetzenden kulturellen Niederschlags erkennen zu können. So wird beispielhaft am postmortalen Typus der außer-irdische, d.h. Raum und Zeit enthobene Super-Chef als Gottesvorstellung projiziert auf einen allmächtigen Gott, dessen „Reich nicht von dieser Welt" ist. Zu seiner Ehre und zu seinem Ruhm gehen mit missionarischem Eifer streitende Herolde zuweilen furchtlos aus dem Leben, da sie einen festen postmortalen Revierplatz erwarten. Denn erst im Jenseits erwartet sie die wahre Anerkennung durch den Chef, zu dessen Rechten zu sitzen und all das im Überfluss zu erhalten, was ihnen im Leben versagt blieb, ihnen die religiöse Propaganda verspricht als spirituelle (Ein-)Lösung des doppelten Revierverlust-Konfliktes. Leben wird damit für ein Jenseitskonstrukt entwertet, dessen Aktionäre Besitzlose an Leben sind. Und ihr „Über-sinn“-Gott ist zugleich ein übersinnlicher.

Die postmortale Konstellation ermöglicht dem Betreffenden ein Überleben, indem es ihm seinen doppelten Revierverlust durch die projizierte Überhöhung seines Reviers bzw. Revier-Chefs an einen überraumzeitlichen ‚Ort' installiert. Mit Recht könnte das als „participation mystique“ bezeichnet werden. So wie das Verhalten des übermaskulinen Mannes eine Potenz vorführt, der von Tag zu Tag die biologischen Grundlagen der Fertilität schwinden und er in dem Extrem des Vortäuschens falscher Tatsachen eine wahnwitzige Groteske darzustellen beginnt, so stellt sich nun auch hier die Frage zur Funktion des „Übersinns“: Wahn oder Zugewinn und Antenne? Es konnte immerhin beim dreidimensionalen Sehen buchstäblich als Gewinn gesehen werden.

Nüchtern betrachtet wird hier aus dem ‚Nichts' eine Vorstellung erschaffen, die nach erfolgter Lösung sogleich wieder verschwindet. Ihr Intermezzo dient lediglich der Funktion, die verlorenen Reviere durch Todesmut und Tollkühnheit wieder zurückerobern zu können. Das wäre ihr möglicher Gewinn, sonst verbliebe nur passives Über-sich-ergehen-Lassen.

Ihr Inhalt jedoch ist wahnhaft, da er keinerlei Realitätsbezug aufweist. Er ist auch nicht zu untersuchen, wie bei einem sinnlich wahrnehmbaren Objekt, sondern bleibt eine „über-sinn-liche“ Erfahrung, die im Moment der Lösung vergeht.

Für diese Ortlosigkeit gibt es das Wort Utopie (u-topos), das Nirgendwo. Sollte eine derartige utopische Super-Chef- und „Premium“-Revier-Konstellation, als Gotteserfahrung auftretend, demjenigen als nachstrebenswertes Lebensideal erscheinen können, dem die dazugehörigen Konflikte fehlen und der ein natürliches Verhalten leben kann? Je kollektiver jedoch die postmortale Konstellation im gesellschaftlichen

Zusammenhang auftritt, desto bestimmender wird der Hang zu dieser „übersinn"-lichen Phantasmagorie favorisiert. Nicht die Existenz eines Gottes, einer Gottheit, wohl aber die Realität einer aus vorübergehenden biologischen Bedürfnissen kompensatorisch erzeugten Gottes-Vorstellung wird hiermit methodisch zurückgewiesen. Die Frage jedoch „Was Gott ist?" erhält über die mittelalterliche Problemstellung hinaus weiterhin ihre Legitimität und ihr Anliegen aufrecht.

Zugleich mit dem Moment der postmortalen Konstellation erfolgt bei allen Hauptkonstellationen im Großhirn-Cortex, also allen Revier- und sexuellen Revierthemen unterstehenden Doppelkonflikten eine markante Bewusstseinsveränderung, wobei der Betreffende eine Art Spaltung seiner Persönlichkeit erlebt und polarisiert wird, was ihn aus der Mitte seiner selbst ver-rückt, wie das konfliktspezifisch in seinem Verhalten zutage tritt. Mehr oder weniger stark wird nun vom Gehirn her die Fähigkeit des Intellekts forciert, sodass besondere Neigung und Vermögen auftreten können zur intellektuellen Aneignung auf allen möglichen Gebieten. Die auffallende ‚Gescheitheit' dieser Kinder, im Volksmund früher als „altklug" qualifiziert, kontrastiert ebenso auffällig mit dem Fehlen persönlicher Verantwortung (nicht nur) auf diesem Gebiet. Die mangelnde persönliche Reife, die mit dem Zeitpunkt der Konstellation zwangsweise zutage tritt, soll durch die forcierte intellektuelle Fähigkeit notdürftig kompensiert werden, dafür jedenfalls stellt die Natur diese Funktion bereit. Was für den einzelnen durchaus im Überlebensprogramm zweckmäßig und hilfreich funktionieren kann, erleidet fragwürdige Mißstände, wenn der Intellektualismus, wie heutzutage üblich, zur gesellschaftlichen Norm erhoben wird. Denn an Reife ist heute keine Bildung mehr ausgerichtet, ja sie ist sogar hinderlich zum Absolvieren der schon frühzeitig einsetzenden intellektuell-verbalisierenden Erziehungs- und ‚Bildungs'maßnahmen, nicht nur durch die etablierten Institutionen, denn sie sind schon im Wertekatalog der Eltern enthalten und werden mit Selbstverständlichkeit praktiziert.

Erstaunlicherweise tritt mit der Intellektualisierung ein weiteres Phänomen auf, das in den letzten Jahrzehnten, seit auch offiziell die Reife-Prüfung zum „Abitur" abgestiegen ist, massenhaft zu beobachten ist, die spirituelle Neigung. Was vordergründig Gegensätzlichkeit aufweist, ist biologisch betrachtet janusköpfige Einheit: Intellektualität und Spiritualität sind die beiden Seiten derselben Münze *(Hamer)*.

Wenn nun der vorhin als entscheidender Verständnisschritt genannte objektivierende Maßstab angelegt wird, ergibt sich aus dem bisher Gesagten ein neuer Ansatz, Kultur- und Religionsgeschichte begreifen zu können. Doppelkonflikte im Großhirn-Cortex bedingen bei kollektivem Auftreten in einer Gesellschaft deren Neigung, eine spezifische Gottes-Vorstellung auszubilden und für objektiv und allgemeinverbindlich zu halten, wie es ihrem Super-Chef zusteht. Die anerkannte Chef-Position in einem Tierverband lässt die menschliche Vorstellung Gottes als dem großen „Boss der gesamten Welt"[2], wie es von Indianern tatsächlich so ausgedrückt wurde, in analoger biologischer Konzeption verständlich werden. Zugleich wird eine Intellektualisierung des Lebens vorgenommen, die im gesellschaftlichen Maßstab betrieben lebensfeindlich angelegt ist und deren Ausgleich durch spirituelle Veranlagung suggeriert wird. Seit den geschichtlichen Nachrichten über die Chaldäer hat sich dieses zivilisatorische Grundmuster nicht wesentlich geändert. Seine Zuspitzung in die beiden gekennzeichneten Extreme allerdings ist an geschichtlichen oder biographischen Beispielen verfolgbar, von denen einige charakteristische im nächsten Kapitel analysiert werden sollen.

Noch ein Aspekt verdient Beachtung. Mit jeder vor dem 24. Lebensjahr erfolgten Revierbereichs-Konstellation wird wie gesagt die Ausreifung der Persönlichkeit gestoppt. Diese Retardierung hat die biologisch sinnvolle Funktion, das Eisen so lange heiß zu halten, dass es weiter geschmiedet werden kann, d.h. unterbliebe der Reifestopp, so würde die innere Weiterentwicklung eine Identifizierung mit der ehemaligen Situation, die zur Auslösung des Konfliktereignisses beigetragen hatte, u.U. nicht mehr zulassen, weil sich Perspektive und subjektive Wertigkeit geändert hätten. Es wäre dann, als ob sich zwei verschiedene Individuen darin nicht mehr treffen und verstehen könnten. Der so gewährleistete biologische Sinn der Retardierung erlebt aber bei der vorliegenden Thematik keinen eigenen Sinnbezug mehr: die unausgereiften ‚Adoleszenten' empfinden sich als Kinder Gottes, zu dem sie in wahrer Ehr-Furcht ins utopisch Überweltliche aufschauen. Der Große Hirte, der allmächtige Vater hat auf Gnade oder Zorn die Vollmacht über seine Herde. Seit Feuerbach und Freud sind die psychologischen Mechanismen daran aufgedeckt, sie waren aber nicht ausreichend, da sie die biologische Generierung der Gottes-Vorstellung nicht miterfassen konnten. Erst damit wird ihre Veranlassung, nicht bloß die Folgen, freigelegt und rangiert nicht mehr als kritische Einwendung sondern als substantielle Beweisführung.

Gott thront in weiter Ferne von seiner Schöpfung, doch ist sein Reich in der Gottes-Vorstellung „möbliert". Der im Firmament-Himmel residierende Allmächtige grenzt sein paradiesisches Reich der Glückseligkeit gegenüber seinen irdischen Kindern unzugänglich ab, denen für ihre bösen Taten und ihre Triebhaftigkeit nachtodlich Bewährungsstrafe im Fegefeuer oder die Dauerunterbringung in der Hölle bevorstehen. Woher kommt es zu dem dualen System von Himmel und Hölle, von Pein und Glückseligkeit? Wie kommt es zu den wissenden Auslegern, Deutern, Exegeten des Willens Gottes, die mit ihren theologischen Traktaten, Predigten und Kommentaren als Priester des Höchsten bis zu den Kirchenvätern avancieren? Woher stammt das starke Leidensbedürfnis der Gläubigen, ihre Selbstanklage (Hiob), Geißlertum und Märtyrertum? Woher kommt zugleich und scheinbar paradox ihr fanatisch-fundamentalistisches Gebaren, ihr Missionierungseifer, der weder vor heiligen Bäumen noch vor dem heiligen Leben eines jeden Menschen zurückscheut, wenn ihnen inquisitorische Machtbefugnis gegeben ist? Woher kommt das religiöse Auserwähltheitsgefühl eines Noah und Manu? Und woher stammt ihr zwanghaftes Einhalten von Ritualen, bei denen minutiöse Vorschriften zu erfüllen sind? Dafür lohnt es sich, die weiteren Hauptkonstellationen mit ihrer hormonellen Wirkung anzusehen.

Da wir fast bei jeder Revierbereichs-Konstellation ein Überwiegen der männlichen oder der weiblichen Hormonlage bemerken und eventuell messen können, kommt mit der geänderten Hormonlage eine Änderung der psychischen Verfassung ins Spiel: überwiegt der Konflikt auf der männlichen Seite durch die dort gelagerte Konfliktmasse, so ruft das eine mehr oder weniger starke Depressivität hervor, überwiegt er auf der weiblichen Seite, erzeugt dies entsprechend eine manische Gestimmtheit. Und wie jeder Depressive zurückgezogen, von Ängsten geplagt ist, sich rational nicht zugängliche Schuldvorwürfe macht und sich traurig durchs Dasein schleppt, während der Manische sich bestens mit seiner strotzenden Energie vergnügt, so schaffen sich objektivierend Himmel und Hölle/Fegefeuer auf hormoneller Basis. Die diesen biologischen Grundlagen entspringende finstere Unterwelt und die lichterfüllte himmlische Sphäre erscheinen als duales System, das in Zarathustras Lehre miteinander in unversöhnlicher Rivalität liegt. Eine solche Schwarz-Weiß-Ideologie führt zu ebenso extremen Formen bei ihren Anhängern. Gut-und-Böse-Kategorien entspringen als geistige Normierungen diesen biologisch gesteuerten Hormonlagen, bei denen der Depressive in seiner monotonen Schuldzuweisung an sich selbst in seinem mit „bradycarder" Zeitdehnung und Denkabfolge, nämlich zäh, grüblerisch und wiederkäuend vor sich gehendem Erleben eine gerechte Bestrafung für sein eingebildetes schlimmes Vergehen sieht, das ja seinen Zustand herbeigeführt haben muss, während der Manische sich im andauernden Hochzustand der Glückseligkeit mit sprunghaft vorauseilender „tachycarder" Zeitraffung und Denkgeschwindigkeit befindet.

Die gehobene Stimmung des Manischen fungiert zwar als duale Kontrastwelt zum Schattenreich des Depressiven, genügt aber bei weitem nicht, um in den Himmel ‚nach oben' zu gelangen. Das führt uns wieder ins Reich der Konstellationen zurück.

Allem Schweben über die profane, irdische Realität ins Reich der „Geister von Dschinnistan“, wie es Karl May einmal genannt hat, liegt die prämortale Konstellation zugrunde. Besonders diese Konstellation ist daher sehr spirituell, denn mit ihr ist wie von selbst eine ‚geistige Welt' vorhanden.

Der biologische „Übersinn“ verschafft so ein Überlegenheitsgefühl, oder ein Über-den-Dingen-Schweben, womit die (Revierangst/Schreckangst auslösenden) Dinge ihre Bedrohlichkeit verlieren. In einem sehr freien Sinne könnte man ihn als längerdauernde Übersprungshandlung ansehen. Die im Volksmund auch als im ‚Wolkenkuckucksheim-' lebend bezeichneten Vertreter sind sehr willkommene, da leichtgläubige und hörige Mitglieder religiöser bzw. esoterischer Bruderschaften. Nach Karl May, selbst ein prototypischer Vertreter dieser Konstellation, kann Menschheitsleid nur vermieden werden, „wenn man – fliegt. An hohen Bergen begann der Flug“[3].

Das Schweben nach oben, als Erfahrung eines Leichte-Gefühls, oder auch als Schweben ins Licht empfunden, löst bei ihnen ein unvergleichliches Erleben aus, das sich nur noch als Glückseligkeit auszudrücken vermag. Diese unbeschreibliche Glückseligkeitserfahrung – ein „Übersinn“-Kompensationsmechanismus bei Vorhandensein zweier Angstkonflikte (Revier-/Schreckangst) – wiegt bei ihnen so stark, dass sie ihnen lebenslang zur unauslöschlichen Orientierung wird, wobei „Licht“ und „Liebe“ ihr Evangelium sind. Vor allem beim Extrem der Nahtod-Erfahrung werden solche Erfahrungen beschrieben, wobei hier fälschlicherweise von „Nahtod“ gesprochen wird, der Betreffende de facto immer noch lebt, dies dokumentierend im eindrucksvollen Zeugnis seiner prämortalen Konstellation.

Es stellt sich allerdings die Frage, warum sich hier die Ausrichtung nach oben als das Kennzeichnende dieser Konstellation einstellt, wie das im Schweben des Traumerlebens, im hüpfenden Gehen, im nach oben weisenden Blick und eben in der geistigen Attitüde solcher Menschen zu beobachten ist. Zugrunde liegt ja ein doppelter Angst-Konflikt, je nach Händigkeit aus Revier- bzw. Schreck-Angst gebildet. Um nicht in psychologische Deutungen zu verfallen ist es sinnvoll, sich die entwicklungsgeschichtlich verschiedenen „Urformen der Angst-Konflikte“ und die damaligen realen Lebensbedingungen annähernd vorzustellen. So liefert das Althirn die existenziellen Ängste des Aus-seiner-Lebenswelt-vertrieben-Seins, der Todesangst und der Lebensangst im Sinne der Enge (= Angst); auf der Kleinhirnstufe ist in der Attacke gegen die Unversehrtheit des eigenen Leibes ein Angstmoment enthalten, was auch auf dem sozialen Niveau dieser entwicklungsgeschichtlichen Stufe im Sorge-Konflikt um Kind/Partner nicht ohne Angstfaktor zu denken ist. Schließlich finden sich im Großhirn-Cortex noch weitere Differenzierungen der Angst: einer von der Zukunft ausgehenden Frontalangst, die nun sogar die Zeit als biologische Dimension eines Konflikts umfasst. Der Angst-im-Nacken-Konflikt bringt von hinten nachsetzende Gefahr bis zur Verfolgung als räumliche Beziehung ins Spiel, verknüpft mit personenbezogenem Aspekt.

Nimmt man nun bei der Schreck- bzw. Revier-Angst die kollektiven Mega-Naturkatastrophen als Modell, dann erschließt sich ohne weiteres, dass einer früheren Menschheit von oben die größten Gefahren drohten: Blitz und Donner, Hagel, Orkane, Hurrikans, Regengüsse, Hitze, Schneefälle, Steinschlag in den Bergen, vulkanische Eruptionen und die Folgen der Einschläge von Meteoriten oder Kometenpartikel. Aber auch umgekehrt mag auf der Flucht vor der Überflutung oder feindlicher Gefahr die Rettung instinktiv richtungsweisend nach oben anvisiert worden sein, auf die Berghöhe oder einen Baum. Das dramatische Auftreten dieserart Gefahren war meist ohne Vorboten und kam unerwartet. Die Auswirkungen waren teilweise existenziell. Schutz im Freien gab es nicht. Naturgewalten dürften ohne Frage der frühen Menschheit aufgrund ihrer Unberechenbarkeit und Unausweichlichkeit die größte Bedrohung bedeutet haben – und überwiegend kamen sie von oben. Daher ist bei der von außen kommenden Schreck- und Revier-Angst-Konstellation die richtungsspezifische Haltung nach oben der Schlüssel für den umrissenen geschichtlichen Ursprung dieser Urform.

Aber selbst dann noch, wenn abseits von „höherer" (Natur-) Gewalt die beiden Angst-Relais bei Heranwachsenden gezündet werden, liegt in der Gewalt oder dem Schrecken der Größeren und Älteren, von denen meist die Konflikte ausgehen, die Richtung von oben mit vor.

Wenn wir heute weitgehend unsere unmittelbare Angst vor dem Schrecken von oben durch unsere meteorologische Nüchternheit und infolge zivilisatorischer Errungenschaften gegenüber solchen Naturphänomenen rationalisiert haben, so brauchen wir geographisch nicht weit zu gehen, um uns diese leicht wieder auslösbare, archaische Angst zu vergegenwärtigen. Zu dieser Furcht gegenüber der Naturgewalt gehört aber zugleich die ambivalente Ehr-Furcht vor der Erhabenheit des blauen Himmelszeltes, das das ungestörte Gedeihen des irdischen Lebens ermöglicht. Auch hierbei ist der Blick wachsam nach oben orientiert. Alle Himmelstiere, besonders die majestätischen oder mächtigen Exemplare wie Adler und Geier, aber auch alle als Zeichen und Vorboten zu künden scheinende Phänomene wurden dabei mit einbezogen.

Es wäre ein Missverständnis zu meinen, dass die „kehrseitige“ Intellektualität einen Schutz vor dem eingetretenen Realitätsverlust bieten müsste, wenn der Betreffende in prämortaler Konstellation sich dessen bewußt werden könnte. Doch weit gefehlt. Der Intellekt bleibt wie in Platons Höhlengleichnis in festgeketteten Leibern gefangen und sieht nur die Projektionsfläche der biologischen Akteure, die zu (miss)deuten seine Passion ist.

Daher hat diese Konstellation mehr oder weniger die Tendenz, sich „von oben“ auserwählt und beauftragt zu fühlen, anderen aus „höherer Vollmacht“ ihre perspektivische „Weltanschauung“ aufzudrängen, die ja nur zum Besten der anderen dient. Daher muss notfalls auch mit Gewalt nachgeholfen werden, wenn diese dem Guten so böswillig trotzen. Ihr Fanatismus hat blutige Geschichte geschrieben.

In Wirklichkeit hat sie nur ihre eigene Angelegenheit im („Über“-)Sinn, da sie darin einem biologischen Zwang unterliegt, legt es aber als ihr Recht aus, das andere hinzunehmen haben. Eine Auffassung „darüber“ hinaus, also „über“ die ihrige gestellt, kann es nicht geben und wird auch nicht zugelassen. Sie ist von sich überzeugt und will alle anderen (von sich) überzeugen. Ihre Liebe gehört dem Höheren, alles, was darunter ist, hasst sie abgrundtief als böse. Bei extremen Vertretern lässt sich dies deutlich nachvollziehen, sonst allerdings überwiegen abgeschwächte Varianten.

Sie bedient sich einer klassisch gewordenen, hochentwickelten Technik: der Umkehrung. Dabei verdreht sie das „Obere“ ins „Untere“, vertauscht Recht mit Unrecht und will alle anderen umkehren. Mit spitzfindiger Rhetorik und Argumentation beweist sie beliebig, dass das scheinbar Gute schlecht, das Schlechte aber gut sei. Diese raffinierte Technik bekam in der Philosophie den Namen Dialektik. Solange der zugrunde liegende Vorgang, den der philosophische Terminus im Auge hat, gewahrt bleibt, ist seine Verwendung berechtigt. Beim rein abstrakten, abgehobenen Gebrauch durch den prämortal konstellierten Typus setzt seine Inflation ein.

Somit bedeutet die prämortale Konstellation die potentiell gefährlichste für das Zusammenleben des zoon politikon. „Die Toren sagen in ihrem Herzen: ‚Es gibt keinen Gott'", zitiert Joseph Campbell aus den *Psalmen*[4] und fährt passend zu unserem Begriff des prämortalen Typus fort: „Es gibt jedoch Toren anderer Art, gefährlicher noch und ihrer selbst gewisser, die in ihren Herzen sagen und aller Welt verkünden: 'Es gibt keinen Gott außer meinem'"[5] – vor allem, wenn sie ihre Mission durchzusetzen verstehen, wie das nächste Kapitel zeigen wird.

Nur wenn eine der beiden vorigen Konstellationen oder beide zugleich vorliegen, generiert sich als „Übersinn"-Kompensation eine beim Menschen religiös interpretierte Welt-Anschauung in der beschriebenen Art. Nicht erzeugen die beiden Hauptkonstellationen Religion, geben allerdings durch ihre „Übersinn"-Konstruktionen des „utopischen Reviers" und der von „oben" erfolgenden Mission in menschlichen Zusammenhängen einen geeigneten Nährboden für spezielle religiöse Vorstellungen. Falls diese noch durch ein Weltuntergangs-Szenario geweckt werden, ist die Hinführung zu einer zentral religiös strukturierten Gesellschaft wie beschrieben zwangsläufig.

Da nun noch weitere Konstellationen angeführt werden, ist festzuhalten, dass nur im Fall, wenn eine der beiden vorhin dargestellten Hauptkonstellationen als Orgelpunkt ertönt, die nun folgenden Konstellationen damit eingefärbt werden, was ihnen allein genommen nicht zukommt.

All die Prediger und Exegeten, deren Geschäft das Auslegen ist, tun sich damit leicht, wenn sie die mythomanische Konstellation haben. „Im Auslegen seid frisch und munter!

Legt ihr's nicht aus, so legt was unter" lässt Goethe im *Faust* passend dazu sagen. Das Vermögen ihrer Stegreif-Einfälle, die das scheinbar Disparate miteinander in Beziehung setzen können, und ihre nie versiegenden Pseudodialoge füllen Bibliotheken.

Der „Übersinn" wiederum zeigt sich im Ideenreichtum an Einfällen, der dem Schachmatt dieses speziellen Konfliktdoppels ein Feuerwerk brillanter Einfälle verschafft, was unter seinen Zuhörern das faszinierende Gefühl aufkommen lässt, bei einem Erleuchteten zugegen zu sein. Dahinter steht allerdings die rein biologisch zu verstehende Strategie der Ablenkung, die ähnlich dem Verstellen der Vogelmutter funktioniert, die gebrochene Flügel mimt, um den Feind vom Nest wegzulocken. Der mythomanische Orator hingegen bedarf nicht mehr dieser realen Inszenierung, sondern nutzt seinen einfallsreichen Ideen- und Wortschwall wie Scheherazade mit ihren *Erzählungen aus den 1001 Nächten*, womit es ihr erfolgreich gelingt, ihrer vorgesehenen Hinrichtung immer wieder aufs neue zu entgehen und schließlich durch ihre Erzählkunst die Liebe des Königs, und damit ihr riskiertes Leben gewinnt.

Die autistische Konstellation begegnet der bei ihr sich markant zeigenden sozialen Isolation mit der Perfektionierung einer eigenen kleinen und damit überschaubaren Welt, die damit wieder beherrschbar wird. Wird die Ordnung dieses Satellitenstaates der ehemaligen Großmacht der Persönlichkeit gestört, führt das meist zu schweren Erschütterungen mit evt. heftigen Zornausbrüchen eines im verbliebenen Rest sich verbarrikadierenden Ichs, das damit vor dem völligen Zusammenbruch stünde. Der Hang zur Detailbesessenheit begünstigt alle Formen der Ritualisierung, Gewohnheitsneigung, die einzuhalten und zu überwachen es niemand Aufmerksameren gibt.

Der biomanisch konstellierte Typus bringt mit seiner aggressiven Betonung nach außen, was der biodepressive gegen sich wendet. Die biodepressiv gelagerten Geißlerzüge im Mittelalter als Spektakel von Ort zu Ort waren eingebunden in die religiöse Aussicht, durch die Selbstkasteiung eine unverlierbare Anwartschaft im Paradies zu erhalten. Biologischer Hintergrund der Biomanie ist das als ‚kritische Reaktion' beschriebene Verhalten von Tieren, die sich in die Enge getrieben fühlen: sie reagieren mit einem aggressiven Überraschungsangriff.

„Sympathy for the devil“

Bleibt zuletzt noch die Frage nach dem armen Teufel, der ja als „Fürst der Hölle“ eine wichtige Aufgabe im dualistischen Religionssystem zu erfüllen hat. So unmittelbar, wie der „Übersinn“ der zwei Hauptkonstellationen und die hormonelle Lage die religiösen Formen mehr oder weniger hervorgehen lässt, findet sich das für diese Figur nicht; nicht einmal dann, wenn bei einer ödipalen Prägung Schläge oder Missbrauch angewandt wurden, führt das biologisch zu einer ‚Verteufelung' dieser Übeltäter. Von daher scheint er eher eine psychologische als eine biologisch begründbare Funktion zu erfüllen. Wenn Freud schreibt: „wir wissen … zunächst, dass Gott ein Vaterersatz ist oder richtiger: ein erhöhter Vater …“, so ist von Seiten der GNM richtigzustellen, dass eben auch andere Personen wie Geschwister, Nachbarkinder, Lehrer etc. diese Gott-Position einnehmen können, falls sie die prägenden Erst-Konfliktauslöser darstellen. Weiter schreibt Freud in seiner Abhandlung *Eine Teufelsneurose im 17. Jahrhundert*: „Vom bösen Dämon wissen wir, dass er als Widerpart Gottes gedacht ist und doch seiner Natur sehr nahe steht… Es braucht nicht viel analytischen Scharfsinns, um zu erraten, dass Gott und Teufel ursprünglich identisch waren, eine einzige Gestalt, die später in zwei mit entgegengesetzten Eigenschaften zerlegt wurde… Es ist der uns wohlbekannte Vorgang der Zerlegung einer Vorstellung mit gegensinnigem – ambivalenten – Inhalt in zwei kontrastierende Gegensätze. Die Widersprüche in der ursprünglichen Natur Gottes sind aber eine Spiegelung der Ambivalenz, welche das Verhältnis des Einzelnen zu seinem persönlichen Vater beherrscht. Wenn der gütige und gerechte Gott ein Vaterersatz ist, so darf man sich nicht darüber wundern, dass auch die feindliche Einstellung, die ihn hasst und fürchtet und sich über ihn beklagt, in der Schöpfung des Satan zum Ausdruck gekommen ist“[6].

Interessant zu dieser individuell-psychologischen Betrachtungsweise ist die These der beiden Tollmann, da sie wieder die nötigen kollektiv wirksamen historischen Verhältnisse ergänzen. So lassen niedergehende Kometen oder Meteoriten, die sich manchmal in Rotation befinden, spiralige Schweifbildungen erkennen, was sehr schnell den Betrachter zur Vorstellung eines Drachens oder einer Schlange am Himmel führt. Plinius d. Ä. schrieb entsprechend in seiner *Naturgeschichte*: „Ein fürchterlicher Komet zeigt sich den Bewohnern Aethiopiens und Aegyptens, der von dem damaligen König Typhon genannt wurde; er hatte einen feurigen Schein, war wie eine Spirale gewunden, und von grässlichem Aussehen, und eher ein feuriger Klumpen als ein Stern“[7]. Typhon heißt ‚der Wirbelwind', wobei typho zugleich qualmen, brennen, sengen bedeutet und einen Hitzesturm meint. Über kantonesisch tai-fung (äußerst heftiger Sturm), arabisch tufan, chaldäisch ttôf (Überflutung) ist das Wort auch ins Englische typhoon und Deutsche Taifun übernommen worden. „Im Altägyptischen ist Seth-Typhon der Satan-Taifun (= Teufel), der als ‚schwarzer Gott der Vernichtung' die Verkörperung der Feuersturm und Heißwasserflut-Katastrophe darstellt“[8]. Außer Plinius d. Ä. stellte noch Plutarch Typhon als Urprinzip eines Titanischen, Unvernünftigen, Rohen und Krankhaften dar, dessen Eingriffe Unwetter, Sonnen- und Mondfinsternisse etc. hervorrufen[9]. Dass die mit dem Impakt ausgelösten Folgen wie Brände und später durch den Impaktwinter Frost das Szenario einer brennenden oder einer frostigen Hölle annehmen können, wie bei Dantes Inferno und vor allem im islamischen Glauben die Kälte der Hölle geschildert wird, erklärt sich dabei von selbst.

Der Kampf Gottes gegen das Ungeheuer in der Tiefe gibt aber auch die Verbindung zu dem Wort Teufe, das in der Bergmannsprache noch heute gebraucht wird [10]. In den *Zwölf Büchern vom Berg- und Hüttenwesen* von Georg Agricola ist auch zeichnerisch festgehalten, was eine Teufe ist: ein Schacht, der noch nicht bis zum Stollen geteuft (vertieft) ist.

Insofern könnte Freud mit seiner Auffassung recht haben. Als aus heiterem Himmel eine Schlangen- oder Drachengestalt niederging und in der Teufe mit Hitze und Kälte ihre vernichtende Kraft entfaltete, zerlegte sich der Mensch den gewaltigen Eindruck in zwei kontrastierende Mächte.

Am Schluss dieses Kapitels ist noch zu klären, warum bei den sog. primitiven Gesellschaftsformen diese speziellen Gottesvorstellungen fehlen, die charakteristisch für die Hochreligionen sind und sich hier polytheistische Gottesvorstellungen mit duldsamen Göttern herangebildet haben. Um diese Frage einmal von einer anderen Seite her anzugehen, ist es nötig, bis zu scheinbar entlegenen Dingen auszuholen.

Nachgewiesenermaßen lassen sich weltweit bei all diesen ‚primitiven' Gesellschaften Initiationsriten beobachten, die aus Kindern junge Männer hervorgehen lassen sollen, sofern vor allem die männliche ‚Sozialisation' betrachtet werden soll. Diese Riten sind m.W. bislang noch nie in ihren Auswirkungen auf die Psyche der betreffenden Knaben genauer erfasst und gedeutet worden, sondern gelten gemeinhin als „Mannbarkeitsriten". Was sich dahinter verbirgt mag ein kurzer Einblick gewähren, den der Zoologe Hediger 1930 als junger Assistent einer Südsee-Expedition bei der zufälligen Teilnahme an einem solchen Initiationszeremoniell bei den Papuas erhielt. Dabei wurden für das dort übliche Verfahren eines Krokodils-Verschlingungs-Zeremoniells ein Dutzend Jungen im Alter von acht bis vierzehn Jahren unvorbereitet von ihren Paten festgehalten, von den Zeremonienmeistern mit Dornenranken, Obsidiansplittern, Sägen kleiner Sägefische und spitzzahnigen Kiefern von Krokodilen blutig traktiert. „Schließlich wurden die blutenden, schreienden Initianden in den Rachen eines der Riesenkrokodile geschoben und kamen zum Teil völlig verstört an deren Hinterende wieder zum Vorschein. Einige versuchten schwimmend oder in einem Kanu zu flüchten, wurden aber wieder eingefangen und erneut den Torturen ausgesetzt"[11].

Ob nun dieses Verfahren der Papuas bei den Heranwachsenden zur Anwendung kommt, oder bei anderen Gesellschaften wie der australischen Aborigines, der Indianer Nord-, Mittel- und Südamerikas usw. andere schmerzhafte Eingriffe erfolgen, so sind die Subinzision der Harnröhre, „Kasteiungen, Fasten, Ausschlagen von Zähnen, Hautritzungen, Fingeropfer, Entfernung eines Hodens, Ziernarben, …Bisse und Verbrennungen … die allgemeine Regel“ [12]. Es bedarf keiner weiteren Begründung, um erkennen zu können, dass auch diese Kinder bei diesem Geschehen eine Vielzahl schwerster Konflikteinschläge erfahren und so mit den künstlich herbeigeführten Konstellationen aus ihrer natürlichen Lebensbahn geworfen werden. Erstaunlicherweise stellen damit die Initiationsriten eine systematisch betriebene Konfliktinszenierung dar, wie wir sie in der Zivilisation nur aus abgemilderten Ritualen und Relikten kennen (Konfirmation; früher der Beginn der Lehrzeit u.a.). Bedeutsam ist besonders das Alter, in dem die brutalen Riten zum Einsatz gebracht werden, die Vorpubertät. Im Unterschied zu den in der Adoleszenz wahllos einschlagenden Konflikten in der Zivilisation können die zeitlich gezielt gesetzten der Initiationsriten nur einen bestimmten Zweck im Auge haben, denn wem sollte mit dem Reifestopp ihres Nachwuchses und der aggressiven Behandlung ihrer eigenen Kinder denn gedient sein?

Nach meiner Meinung gibt es darauf nur eine Antwort: die so konstelliert gewordenen Jungen – denn das bleiben sie damit lebenslang und werden eben nur zum Schein von den Erwachsenen als Ebenbürtige respektiert – werden einem Entwicklungsstillstand unterworfen, um nicht als herangewachsene Rivalen die Macht und Autorität der „Älteren“, d.h. derjenigen, die auf die gleiche Art und Weise misshandelt und konstelliert gemacht wurden, zu gefährden! Das geht auch aus der Antwort solcher Eingeborenen hervor, wie der der Ngatatare und der westlichen Aranda: „Wenn man die jungen Männer nicht der Zucht des Initiationsrituals unterzöge … so würden sie Dämonen werden, in den Himmel emporfliegen und die alten Männer töten und essen“ [13].

Anscheinend genügt im Busch ein (Un-)Reifealter von acht bis vierzehn Jahren, um allen Anforderungen nachkommen zu können. Doch müsste das nicht auch heißen, dass auch dort die spezifischen Konfliktbedingungen geschaffen werden, sogar systematisch, auf denen sich anderswo Hochreligionen formieren konnten? Warum fehlen sie hier dennoch?

Der vorhin erwähnte Zoologe und Tierpsychologe Hediger macht in seinen Werken darauf aufmerksam, dass bei Tieren nicht „der Hunger und die Liebe erhalten die Getriebe“, wie Schiller es dichtete, „sondern vor allem die dauernde Aufmerksamkeit im Dienste der Feindvermeidung, die ständige Fluchtbereitschaft“ [14]. Freilebende Tiere müssen in kurzen Abständen immer wieder sichern, um sich vor Raubtieren – oder dem Menschen – zu schützen. Diese Maßnahme steht über dem Fress- oder Geschlechtstrieb. „Insofern lebt das freilebende Tier fast ununterbrochen in einer gewissen Angst, insofern als es in kurzen Abständen immer wieder sichern muss. Nicht nur die Sinnesorgane, sondern der ganze Körperbau, das gesamte Verhalten sind auf diese primordiale Aufgabe ausgerichtet“ [15]. Anders als gezähmte oder domestizierte Tiere reagieren sie im gegebenen Fall der Unterschreitung der Fluchtdistanz mit Flucht oder Erregung bis zur kritischen Reaktion (Angriff). Hediger bezeichnet dies als biologisches Urphänomen: „am Anfang war die Flucht“ [16].

Fällt nun bei Tieren diese Sicherungsleistung weg, weil dies vom Menschen übernommen wird, verbunden oft auch mit Wegfall der Nahrungssuche durch regelmäßige Fütterung etc., führt dies bei den Tieren zu Wahrnehmungssteigerungen, intellektuellen Lernleistungen und intimeren Sozialverhalten unter Tier und Mensch[17]. Bei Menschen besteht nun infolge der zivilisatorischen Erleichterungen der Lebensführung im Gegensatz zu Mitgliedern der sog. primitiven Kulturen wenig bis keine energetische Belastung täglicher Gefahrenvermeidung bei der Nahrungsbeschaffung. Vielmehr kommt hier der von Aristoteles beigebrachte Begriff der Muße zur Geltung, den wir nun als die der Vagotonie analoge geschichtliche Phase kennengelernt haben. Da sie bei den ‚Unzivilisierten' fehlt, die ihre Aufmerksamkeit weiterhin der unmittelbaren Daseinssicherung als Tribut zu entrichten haben, kann trotz der systematisch betriebenen Konfliktsetzungen durch die Initiationsrituale keine Hochkultur entstehen.

Erst eine nach den inzwischen reich differenzierten Methoden und Kriterien der GNM vorgenommene Konflikt-Analyse zeigt die eingreifenden, weil prägenden Wirkungen von Konflikten, gerade wenn sie als Konstellationen des jüngsten Hirnanteils vorliegen, auf die Persönlichkeit, ihre Neigungen und Verhaltensweisen, die oft bis in die verborgensten Winkel davon geformt werden, und ihren „Charakter" und idiosynkratische Züge bestimmen. Wie sich diese Steuerung nicht nur individuell sondern im großen Stil bei kollektiven Verbänden und Gesellschaften auswirkt, wird nach den nun herausgearbeiteten historischen und biologischen Bedingungen besser zu verstehen sein. Gleich ob nun individuelle oder kollektive Konflikte betrachtet werden – mit ihnen tritt die steuernde Wirkung des „Schicksals" auf, welches die Chaldäer aus den Sternen zu deuten suchten.

Damit kann jetzt an die in der Einleitung angekündigte Hauptaufgabe herangetreten werden, eine Analyse seit der auf die Chaldäer folgende Zeit bis ins 20. Jh. hinein bei repräsentativen Exponenten von religionsgeschichtlicher Bedeutung oder Meistern spiritueller Weisheit durchzuführen, um endlich einen nicht-immanenten Schlüssel zu ihren Aussagen und ihrer „Vollmacht“ zu bekommen.

UTOPIA UND DER WEG NACH DSCHINNISTAN

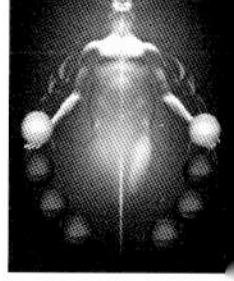

Die Revolution eines androgynen Muttersöhnchens

Auch am fruchtbaren Stromverlauf des Nils war es in den Jahrtausenden v.d.Z. zur Besiedlung und zu Gaubildungen unter der Führung von Häuptlingen gekommen. Obwohl nachgewiesene Einflüsse aus Mesopotamien mitwirkten, nahm die altägyptische Entwicklung einen eigenständigen Verlauf; so führte die Bilderschrift, die anfangs auch in Mesopotamien benutzt wurde, dort alsbald zur Keilschrift, während in Ägypten eine vollentwickelte Hieroglyphenschrift einsetzte. Der mehr kaufmännisch und verwaltungstechnisch bedingten Keilschrift Mesopotamiens stand in Ägypten eine im Wesentlichen andere Auffassung gegenüber: Schrift bedeutete wörtlich "Sprache der Götter“[1].

Diese für das Verständnis der ägyptischen Zivilisation so prägende Ausrichtung zeigte sich vor allem in der Stellung des Königtums, das unter dem legendären Namen Menes – vermutlich identisch mit dem ersten namentlich überlieferten König Narmer – als einem rücksichtslosen Eroberer einsetzte. Ihm gelang es, das nördliche Unterägypten mit seinem fruchtbaren Nildelta zu unterwerfen und mit Oberägypten, das auf die Überschwemmungen von Juli bis Dezember angewiesen war, zu vereinigen. Mit ihm hob das sakrale Königtum an. Er als oberster Herr war zugleich der ‚große Gott', die Inkarnation des Falkengottes Horus und sowohl Schützling der Göttin von Oberägypten Nechbet (Geiergöttin) als auch von Uräus, der unterägyptischen Schlangengöttin.

Der König war der übermächtige Mittelpunkt des Kosmos und in persona die Quelle lebenserhaltender Kräfte für jeden einzelnen, für die Tiere, das Gedeihen der Pflanzen u.s.w. Daher kam seinem Wohlergehen die höchste Bedeutung zu, die auch nach dem Tod dieses ‚Unsterblichen' anhielt, und somit wurde ihm auch weiterhin nach seinem Eintritt in die (jenseitige) Gesellschaft der Götter gedient.

Die alten, in verschiedenen Tiergestalten erscheinenden Gau-Gottheiten bedeuteten auch nach der Vereinigung zum Doppelkönigtum keine rivalisierenden oder selbständigen Götter, sondern wurden als Erscheinungsformen eines Gottes aufgefasst. Dieser geheimnisvolle, verborgen lebende Gott (= Amun) hatte seinen obersten Priester im König allein, seine Wohnstätte im Tempel war nur den Priestern zum Gottesdienst zugänglich, den sie im Auftrag ihres obersten Priester-Königs verrichteten. Nur an den Festtagen der jeweiligen Städte am Nil konnte die Bevölkerung ihren Gott bei den öffentlichen Prozessionen „erleben". Diese strenge Trennung von Gott und Mensch, deren Ausschließlichkeit sich in der Vormachtstellung des Gottkönigs zeigte, blieb trotz der religiösen Umwälzungen am Ende des Alten Reiches und seiner religiösen Demokratisierung erhalten, da dies der Garant der irdischen wie kosmischen Ordnung (maat) war.

Pir-o bedeutete im Alten (ca. 2653–2163 v.d.Z.) und Mittleren Reich (ca. 1991–1778 v.d.Z.) den königlichen Palast (das große Haus) und wurde allmählich für die königliche Person und allmählich zum Herrschertitel Pharao verwendet[2]. Aufgrund seiner einzigartigen Stellung eines so stark religiös verkoppelten Herrschertums fand man in den Sargkammern und den dazu führenden Gängen und Räumen der den ‚toten' Gottkönigen errichteten Pyramiden in die Innenwände eingemeißelte Texte *(Pyramidentexte)* als älteste Auferstehungstexte, „die den ausgesprochenen Zweck haben, den König ‚zu verklären', d.h. zu einem Gott unter den Göttern zu machen"[3]. Ihre Inhalte griffen oft auf noch weiter zurückliegende Gebräuche zurück. Bei den im Mittleren Reich auf die Innenseite ihrer Särge angebrachten Texten *(Sargtexte)* gab es Veränderungen; nun handelte es sich nicht mehr um Ritualtexte einer königlichen Totenliteratur, sondern um rein magische Inhalte, wie sie dann auch, auf Papyrusrollen aufgezeichnet, in dem *Totenbuch* des Neuen Reichs (ca. 1552–1070 v.d.Z.) weitergeführt [4] und nun auch einer breiteren Oberschicht mit ins Grab gegeben wurden. So findet der Verstorbene darin sein glückliches Fortleben nach dem Tode gesichert und kann vor dem Gericht des Osiris bestehen. Unter den Grabbeigaben entdeckte man auch sog. Uschebti, kleine Figuren, die im Jenseits anstelle des Verstorbenen alle Arbeiten verrichten sollten.

All die so zielgerichtet und schwerpunktmäßig nekrophile Orientierung der einsetzenden altägyptischen Zivilisation, ihre sakralen Könige, monumentale Grabbauten der Pyramiden, Mumifizierung mit Totenliteratur und Jenseitshelfern und der Identität von irdischer und kosmischer Ordnung, immer auch präsent im Alltagsleben als die beherrschende Frage nach dem Jenseits, belegen ihre postmortale Dimension, die nun eine großangelegte kollektive Inszenierung erfährt. Schon der chaldäischen Religiösität waren postmortale Elemente inhärent, wie die Projektion der zu ‚Astralleiber' gewordenen verstorbenen Herrscher. Mit dem Auftreten der altägyptischen Zivilisation jedoch bekommt sie von da an eine fundamentale Stellung, was alle weiteren orientalischen Hochreligionen beeinflusst.

Die altägyptisch postmortale Zivilisation kennzeichnet kein stärkerer depressiver Zug, die Angst vor den Jenseitsdämonen ist aufgehoben im festen Vertrauen auf die Schutzwirkung des übergroßen Leitwolfs, des Garanten der auch in der Unterwelt als sehr körperlich gedachten Fortsetzung irdischer Genüsse. Infolge solch praktizierter Bannung der Jenseitsdämonen war die Lebensfreude nicht geschmälert durch eine bestimmende „Angst vor Sünde und dem Zorn der Götter“[5], was sich in der erhaltenen Grußformel ausdrückt: „Einen schönen Tag und betrinke dich tüchtig“[6].

Andrerseits müssen die Lebensbedingungen dieser Gesellschaft so beschaffen gewesen sein, dass sie zwangsläufig zu den Konflikten in den Revierbereichen führten, auf denen über Tausende von Jahren diese Hochkultur aufbaute. Da wir schon bei den sog. primitiven Kulturen weltweit Initiationsriten angetroffen haben, die systematisch angelegt die pubertierenden Jungen in die Konstellation befördern, dürfen wir ähnlich wirksame Rituale, aber auch unbewusst wirkende, kultivierte Eingriffe erwarten, wie sie in einer autoritär-hierarchischen Zivilisation auftreten. Von daher ist der postmortale Charakter der altägyptischen Kultur mitsamt ihrer aus der Bannung der Dämonen hervorgegangenen Lebensfreude als („Übersinn“)-Kompensationsmechanismus auf überindividueller Stufe anzusehen.

Im Unterschied zu einem Wolfsrudel, dessen Leitwolf das stärkste männliche Exemplar ausweist, kann in menschlichen Gesellschaften eine andere Funktion zum Tragen kommen, wenn es um Vorherrschaft und Macht geht: durch Spenden von üppigem Essen an die anderen Gesellschaftsmitglieder, mit festlichem Zeremoniell begleitet, wirbt ein Kandidat um diese Stellung. Allein aufgrund dieser ‚Leistung', die Eindruck machen soll – und natürlich der Aussicht begünstigender Pöstchen für seine Befürworter –, vermag der in der Anthropologie als ‚großer Mann' bekannte Eigen-Werber mit den großen Spendierhosen zum Clan-Anführer, zum König, avancieren.

Letztlich bleibt das Schutzbedürfnis der Gesellschaft, das mit der praktisch überzeugenden Strategie von ‚panem et circenses' dem ‚großen Mann' die Machtstellung einbringt, Aufgabe seiner übermächtigen Position in Kriegs- und Friedenszeiten. Dass ihm aber zugleich eine Herrschaftsstellung im Nachtodlichen wie bei der ägyptischen Kultur zukommt, was zugleich den Lebensalltag stark imprägnierte, kann nicht ein erweiterter Zusatz sein, sondern lässt sich aus der kollektiv-gesellschaftlich vorhandenen postmortalen Konstellation erklären. Doch dabei blieb es nicht.

In der Mitte des 14. Jahrhunderts v.d.Z. bahnte sich für die Ägypter ein schockartiger Umschwung an. Unter der Regierung des Pharao Amenophis (ägypt.: Amenhotep) IV., ca. 1372 – 1354 v.d.Z., erstand generalstabsmäßig eine neue Religionspraxis mit einem einzigen, unduldsamen Gott: den amtierenden Reichsgott Amun, dessen Tempel alle geschlossen wurden, löschte der Universalgott Aton aus, der Regierungssitz wurde allmählich von Theben in die neuerbaute Gottesstadt „Horizont des Aton" nach Amarna verlegt und sein königlicher Herold nannte sich künftig Echn-aton (= "Er gefällt dem Aton"). Mit einem eigenen Gebiet, das „keinem Gott und keiner Göttin" gehörte, konnte Aton, bislang „Gast bei anderen Göttern"[7], nicht nur ebenbürtig in die Reihe der großen Ortsgötter eintreten, sondern „indem er zugleich Gott der [neuen] Hauptstadt ist, [sich] an ihre Spitze [setzen]"[8]; sogar die Verwaltung des Landes wurde außerhalb der religiösen Hauptstadt weiterhin in Memphis betrieben, was Amarna als reine Kultstätte ausweist. Dies gelang Echnaton umso mehr, als für die alten Ägypter mit der Thronbesteigung eines neuen Pharaos der „Anbruch einer neuen glückhaften Zeit"[9] verbunden war, die mit dem ausgeübten Atonkult eine „neue Weltzeit"[10] einleiten sollte. Mit der Gleichsetzung Atons als König, die Echnaton kurze Zeit darauf vornahm, indem er den Namen Atons in die sonst nur der Königstitulatur vorbehaltenen zwei Namensringe (Kartuschen) einschließen ließ, wurden die

Jahre nicht allein nach Echnatons Regierungszeit gezählt, sondern gleichzeitig mit denen Atons.

Wie kam es zu dieser revolutionären Tat eines extremen Absolutismus und welche Bedeutung hat das für unser Thema?

Die 18. Dynastie, zu deren Repräsentanten Echnaton gehörte, expandierte nach Vertreiben der Fremdherrschaft unter den Hyksos in den vorderasiatischen Raum. Der in Theben residierende Pharao mit Amun als Reichsgott förderte infolge der unter dessen göttlichen Beistand errungenen Siege seine Amun-Priesterschaft mit üppigen Schenkungen, die damit vor allen anderen Lokalgottheiten mit ihrer Priesterschaft bevorzugt wurde. „Die großen ägyptischen Tempelinstitutionen waren darüber hinaus erstrangige Wirtschaftszentren mit zahlreichem Personal, großem Land- und Viehbesitz, Werkstätten und Manufakturen“ [11]. Aufgrund der Harmonisierungsbestrebungen der miteinander rivalisierenden Priestergruppierungen wurde dann als Kompromiss eine Kombination als Amun-Re geschaffen. Doch schon bei Echnatons Vater, Amenophis III., setzte ein Aton-Kult ein, der jedoch nur in unmittelbarer Umgebung des Königs betrieben wurde und als megalomane Übersteigerung die Selbstanbetung Amenophis III. als Gott präsentierte.

Während im Alten Reich der nicht nennbare und nicht abbildbare Gott abstrakt, als reiner Gott bezeichnet wurde = netjer [12] und im Gottesnamen Amun eben „das Verborgene“, „das Geheimnis“ [13] diese Tradition fortgesetzt wurde, verkündete man nun mit einem Schlag das Gegenteil, da Aton als „Sonnenscheibe“ größtmögliche Sichtbarkeit, Helligkeit und strahlender Glanz inne war. Die in Hände auslaufenden Strahlen der Sonnenscheibe, die Echnaton zum charakteristischen heiligen Bild seines überallhin reichenden Gottes Aton prägen und verbreiten ließ, weisen ihn daher als Licht-Gott aus.

Weiterhin hatte schon unter Thutmosis IV. eine persönliche Aufwertung des Pharaos eingesetzt. Dieser an körperlicher Kraft enorm überragende König ließ sich erstmalig inschriftlich als ‚Fürst der Fürsten' [14] ansprechen und einen eigenen Tempel zu seiner göttlichen Anbetung errichten. Echnaton überbot diesen Schritt noch zum extremen Absolutismus hin, indem er nun alle anderen vom unmittelbaren Kontakt und heiligen Vollzug ausschloss, obwohl sein Gott des Sonnenlichts in der äußeren Welt allen ebenso erschien, indem er verkündete: „Kein andrer ist, der dich kennt/Außer deinem Sohne Echnaton./Du hast ihn eingeweiht in deine Pläne/Und in deine Kraft" [15]. Es stellte keinen Fortschritt dar, wenn der zuvor verborgene Gott nun als Sonnenlicht jedermann sichtbar war. Zwar hatte vordem nur der Priester allmorgendlich beim Öffnen des Schreines im Tempel das Vorrecht, den verborgenen Gott zu schauen, doch sich einen Gott ‚ins Herz setzen' zu können, war ein Grundzug der schon vor Echnaton geübten ‚persönlichen Frömmigkeit'. Nun jedoch waren auch davon alle anderen ausgeschlossen [16], außer dem einzigen Mittler Echnaton, der nun selbst im Bild der Königsfamilie in den Hausaltären angebetet wurde. Daher dürfte vermutlich die übliche Deutung des Namens von Echnaton zu kurz greifen und eher auf seine Identität mit Aton als ‚Atons wirkender Geist' i.S. seiner Verkörperung abzielen [17].

So führte er den ständigen Beinamen Uanre, „der Einzige des Re" [18]. Keine anderen tradierten Mittler wie die Tiere, Tempelstatuetten, Tote [19] galten mehr; sie waren abgesetzt per procura Echnatons. Einen weiteren Gegensatz zu seinen Vorgänger-Gottheiten verkündete Echnaton in seinen Hymnen, wo er einen liebenden und friedliebenden Gott pries: „Du bist Re, und du hast sie alle gefangengenommen;/Du fesselst sie durch deine Liebe." Re bedeutete keine Gefährdung für Aton, waren doch beide miteinander verwandt, wie Echnatons Formulierung bestätigte: „…Re, der Vater“ (bzw. in anderer Lesart: „Vater des Re“), der (wieder)gekommen ist als Aton“[20]. Echnaton wurde damit so manchem Gelehrten symphatisch, der ihn deswegen für einen Pazifisten auf dem Königsthron hielt.

Seine Botschaft, die Echnaton auch als radikale Stiländerung in der Bildhauerei, Architektur, Gartenbau u.a. Künsten einführte, war die der Schönheit: „So erfüllst du jedes Land mit deiner Schönheit.“ „So behauptet sein Oberbildhauer, von keinem Geringeren als ihm unterwiesen worden zu sein…“[21]. Mit dem Bruch in der religiösen und künstlerischen Tradition setzten auch drastische Veränderungen im Sprachgebrauch ein, wo „die Tradition der Priesterschulen zugunsten des Neuägyptischen vernachlässigt wurde“[22] und am Hofe gesteigerte Formen der Unterwürfigkeitsgesten praktiziert werden mussten.

Solange das Sonnenlicht am Tag zu sehen ist, spendet es seine Gaben, ist lebensspendender Odem, „denn du selbst bist die Lebenszeit/Und man lebt durch dich.“ Nachdem Echnaton seinen persönlichen Lichtgott gefunden hatte, ließ er dieses Ereignis bis nach Nubien und Syrien verkünden in Form eines errichteten Heiligtums mit dem Namen Gempaaton, d.h. „Der Aton ist gefunden“[23].

Die gepriesene Liebe hinderte ihn nicht daran, mit roher Gewalt gegen die anderen Götter Krieg zu führen. Auf sein Geheiß hin hackten seine beauftragten Ikonoklasten im gesamten Reich alle ihre Namenszüge und Hieroglyphen aus, die in die Pyramiden eingemeißelt waren. Selbst die Grabkammer seines Vaters verschonte er nicht mit der Tilgung des Namens Amun. Die „Glut des Aton“ – die eigentliche göttliche Kraft, die durch die Sonnenscheibe symbolisiert wurde - bedeutete den zum Fanatismus gesteigerten Kult eines Herrschers, der ein Wolf im Schafspelz war.

Fasst man die Impulse, die von Echnaton ausgingen, in drei zielgerichtet gesteigerte Stufen zusammen, die auch den zeitlichen Phasen seiner siebzehnjährigen Regierungszeit entsprechen könnten, so stellen in der ersten Phase folgende Maßnahmen die Konzentration auf Aton in den Mittelpunkt: die Entscheidung gleich mit dem Regierungsantritt, dem Aton bei Karnak einen Tempel mit kolossal ausgeführten Statuen zu errichten; deswegen Gold, Einkünfte, Arbeiter und willige Priester von anderen Tempeln abzuziehen und somit die Priesterschaft anderer Götter in die Armut und Existenzlosigkeit zu treiben; am Hof Unterwürfigkeitsgesten wie vor einem Gott anzuordnen; ein abstraktes Zeichen als göttliche Sonnenscheibe einzuführen und eine bizarre Darstellung seiner eigenen, ‚einzigartigen' körperlichen Merkmale in der Bildhauerei als Stilmittel anzuschaffen.

Mit seinem vierten Regierungsjahr beginnt die Phase der absoluten Monopolisierung Atons und Echnatons, wo er zur Gründung Achet-Atons bei Amarna auf bislang unbeanspruchten Territorium schreitet, um dort in der neu zu errichtenden Hauptstadt den Führungsanspruch seines Gottes zu demonstrieren; seinen eigenen Namen von Amenhotep/Amenophis ändert er zu Echnaton; ebenso nimmt er bei seiner Hauptfrau Nofretete eine Namenserweiterung ‚Nefer-neferu-Aton' (= Schön ist die Güte Atons) vor, und lässt Atons Name mit der Königstitulatur in Kartuschen einschließen.

Während er zuvor durch Ignorieren der anderen Götter und Tempelschließungen die Götter und ihre Priesterschaft aushungerte, die Einstellung der für die Ägypter so wesentlichen Kulte und Feste verfügte, werden nun auch alle Mythen und Totengötter wie Osiris eliminiert, was für eine postmortal ausgerichtete Gesellschaftsform wie die Ägyptens vollends ketzerisch erscheinen musste. Doch in der letzten Phase, die kaum noch etwas übriggelassen vorfand, fügte der ‚Häretiker auf dem Thron' noch etwas zu, was nur noch als wütende Aggression gegen die anderen Götter verstanden werden kann: deren Ausmerzung im gesamten Reich mit Hammer und Meißel, was sich auf den Namen Amuns und seiner göttlichen Gemahlin Mut konzentrierte, wobei die Pluralform von Gott absolut gemieden wurde. Eine solche Vernichtung anderer Gottheiten hatten die Ägypter in ihrer Geschichte nie gekannt, dieser „Göttersturz" der religiös-fanatischen Machtpolitik Echnatons dürfte „ein furchtbarer Schock"[24] für die Untertanen gewesen sein.

Was Echnatons „religiöses Experiment"[25] seinem Land hinterlassen hatte, berichtet die Restaurationsstele, die einer seiner baldigen Nachfolger, Tutanchamun, in Karnak, ca. sieben bis acht Jahre nach Echnatons Tod hatte errichten lassen: „Die Tempel der Götter standen verlassen/von Elephantine bis zu den Sümpfen des Deltas./… waren im Begriff, zu verfallen,/ sie waren Schutthügel geworden,/bewachsen mit Disteln./Ihre Kapellen waren, als seien sie nie gewesen,/ihre Tempelanlagen waren ein Fußweg./Das Land war von Krankheit befallen,/die Götter hatten diesem Land den Rücken gekehrt./Wenn man Soldaten nach Syrien schickte,/um die Grenzen Ägyptens zu erweitern,/dann hatten sie keinen Erfolg./Wenn man einen Gott anrief, um ihn um etwas zu bitten,/dann kam er nicht./ Wenn man eine Göttin anbetete, ebenso,/dann kam sie nicht./ Ihre Herzen waren schwach geworden in ihren Leibern,/denn >sie< hatten das Geschaffene zerstört"[26].

Zwar hatte vor ihm schon Thutmosis III. alles auslöschen lassen, was seine von ihm gehasste Tante Hatschepsut als Regentin hatte aufstellen lassen, und somit war diese Zerstörungsaktion kein Novum mehr, doch galt dem Ägypter eine solche Maßnahme nicht als bloßes Ausradieren, war doch mit dem Namen des Gottes einer seiner Wesensbestandteile existent, dessen Ausmerzung eine existentielle Bedrohung bedeuten musste, ein kollektives Schockerlebnis. Wie konnte es zu derartigen Ideen bei der führenden Pharaonen-Persönlichkeit kommen?

Da von Echnaton noch einige plastische Darstellungen erhalten geblieben sind, lohnt ein Blick auf seine Physiognomie und Statur. Besonders aufschlussreich sind sie deswegen, weil unter seinen Kunstdirektiven auch seine eigenen Bildnisse von den Künstlern nicht harmonisiert werden durften, sondern daran erkennbar wird, wie unschöne Züge „hervorzuheben, zu übersteigen und zu idealisieren“[27] geradezu künstlerisch-weltanschauliches Gebot war. Waren zuvor die Steinbild-Porträts in den Gesichtszügen schematisiert, wobei der kräftige, männliche Körper des Herrschers im enganliegenden Umhang verhüllt blieb, provozierte die Kolossalstatue in Karnak mit ihrer realistischen Ausgestaltung der königlichen Kleidung wie seines unverhüllten Leibes, indem sie ihn dieser Art zur Schau stellte[28].

Echnatons schmalem Gesicht verleihen die deutlich sichtbaren Nasolabialfalten ein ausgezehrtes Gepräge; statt einer kräftigen Brust fällt der eingefallene Brustkorb auf, der nach oben einen spindeldürren Hals mit betontem Adamsapfel aufweist; der Bauch vorgewölbt und verfettet; die Hüften breit mit gerundeten Oberschenkeln und dünnen Waden[29]. Eine in Tell el Amarna gefundene Kalksteinplastik zeigt den nur siebenundzwanzig Jahre alt Gewordenen mit dickem Bauch und nebeneinander gestellten Füßen – sonst eine typologische Eigentümlichkeit weiblicher Statuen!

Abbildung Echnatons, der mit Nofretete dem Aton (Sonnenscheibe mit den Strahlenhänden) Opfergaben bringt. Siehe besonders Hals, Armumfang, Bauch und Waden des Pharao.

Abbildung Echnatons, der eine Opfertafel hält und ungewöhnlicherweise Sandalen als Fußbekleidung trägt. Die nebeneinandergestellten Füße gehören sonst zu den typologischen Merkmalen weiblicher Statuen, wie auch der originale gelbliche Ockerton. Auch die weiche, leicht abfallende Linie der Schultern und der gerundete Bauch bringen weitere feminine Züge zur Darstellung.

Diese „androgyne Silhouette“, wie sie von Stierlin[30] bezeichnet wurde, belegt eindeutig den mit weiblichen Attributen ausgestatteten (kranken) Körper Echnatons. Einige anfänglich davon irritierten Gelehrten zogen dann ganz realistisch die Darstellung einer ägyptischen Königin in Betracht. Die in ihren Abweichungen einigermaßen wirklichkeitsgetreu gehaltenen Porträts von Echnaton mit ihren spektakulär aufdeckenden Disharmonien, die zuverlässig, weil autorisiert, seine weibliche und zugleich retardierte Entwicklung zeigen, weisen damit zugleich den Weg zur konfliktiven/konstellativen Grundlage seiner ‚Persönlichkeit‘. Offensichtlich war Echnaton nach dem Eintritt seiner früh erfolgten Konstellation, die mit dem Erstkonflikt die weibliche Entwicklungs-Tendenz verursacht hatte, noch weiterem Konfliktgeschehen ausgesetzt gewesen, sodass er überwiegend in manischer Verfassung war: So blieb er, wie aus den Amarna-Briefen hervorgeht, dem Herrscher der Großmacht Mitanni, Tuschratta, versprochene Gegenleistungen u.a. von „zwei Statuen aus massivem Gold“[31] für den Brautpreis einer der Nebenfrauen seines Vaters schuldig, offensichtlich weil er alles in seine Bauvorhaben hineinsteckte, und für die „Darbringung verschwenderischer Opfer im großen Tempel Amarnas, wo man nach Echnatons neuntem Regierungsjahr einen wahren Wald von Altären errichtete, auf denen sich Tag für Tag wohl ebenso im Namen Verstorbener wie im Namen der Lebenden neue Opfer häuften“[32], wie es für die Verschwendungssucht Manischer nicht unbekannt ist.

In seinen künstlerischen Auftragswerken, für die auch die unter seinem Namen kursierenden Hymnen gerechnet werden, verkünden die Strahlen des Aton das Hier und Jetzt. Die Nacht wird zum Tod bei Atons Abwesenheit, in der „Jeder Löwe […] aus seiner Höhle [kommt],/Alle Schlangen stechen.“ Und so, wie es nur lichte Gegenwart geben sollte, war jeder anderweitige Bezug eliminiert: mit den anderen Göttern und ihren Geschichten eben auch die mythischen Bilder.

Echnaton genoss sein Familienleben, das er mit sehr persönlich gehaltenen Familienidyllen auf Skulpturen öffentlich darstellen ließ. Auch seine Trauer um ein verstorbenes Kind war ihm kein unschicklicher Anlass und wurde genauso unverhüllt als in Stein gemeißelte Szene der Öffentlichkeit zur Schau gestellt. Mit seiner Hauptfrau Nofretete schien er in glücklicher Ehe verbunden zu sein, zumindest bis etwa zu seinem vierzehnten Regierungsjahr, hielt sich orientalischer Gewohnheit entsprechend auch Nebenfrauen, von denen ihm sein Nachfolger Semenchkare geboren wurde.

Auf diesem biologischen Hintergrund verkündete er seine Botschaft von ‚Licht und Liebe'. Sie ist nichts anderes als die manisch betonte Version seiner prämortalen Konstellation. In der von ihm angewiesenen Kunstausübung gerieten die statischen Clichés in Bewegung[33], wie auch die höfischen Unterwürfigkeitsgesten der sich bis zum Boden verbeugenden oder sich dort ausstreckenden Beamten die Bewegung mit aufnahmen. Bewegung und Geschwindigkeit ist das äußere Feld des prämortalen Verhaltensrepertoirs des Pharaos, dem der Höhen-Flug versagt blieb. Zu keiner anderen Zeit gab es so viele Darstellungen eines Pharao auf den von Pferden gezogenen Wagen, die er nicht für Kampf oder Jagd, sondern zum persönlichen Mittel der Fortbewegung genutzt hat. „Ein Rausch der Geschwindigkeit durchweht die Wagenszenen; auf einem der Blöcke aus Hermopolis rast das Pferdegespann in eine ungeheure freie Fläche hinein, nichts hält die rasende Bewegung auf …“[34].

Die Bewohner von Amarna und Memphis dürften wohl ihren Pharao selten anders als „in der Staubwolke seiner Wagenkolonne“[35] erlebt haben. Mit seinen markanten prämortalen

Leitbildern bringt er so einen neuen Aspekt ein in die bis dahin postmortal eingerichtete Gesellschafts- und Religionsstruktur Ägyptens! Zudem stellt seine aufoktroyierte Botschaft eine neue extreme Einseitigkeit dar. Seine Liebesbotschaft schuldet dem fanatischen Anspruch der Ausschließlichkeit und gewaltsamen Unduldsamkeit ihre Existenz, seine eh schon superiore Stellung als Pharao erfährt maximale Über-Steigerung, wie sie keineswegs als biologische Megalomanie, sondern als prämortales Überragen zu verstehen ist.

Es ist allerdings weiterhin zu bedenken, dass Echnaton etwa als zehnjähriges Kind sein Königsamt übernommen hatte und mit der Strategie der Inthronisation des Aton mit Sicherheit in Übereinstimmung mit seiner Mutter Teje handelte oder sogar ihrem Rat gefolgt war. So schickte er in seinem vierten Regierungsjahr als taktischen Schachzug den führenden Oberpriester des Amun-Kultes in Theben buchstäblich in die Wüste, um im Steinbruch Material für seine sakralen Bauten zu beschaffen. Der revolutionäre Ansatz des knabenhaften Herrschers, der sich auch architektonisch in den nun durchlichteten, nach oben offenen Sonnentempeln zeigte, an deren vielhundertfachen Hofaltären die Opferkulte vollzogen wurden, statt wie bislang im Verborgenen, dürfte stark an den Einfluss seiner Mutter gebunden gewesen sein. Da ihre Existenz noch bis zum 14. Regierungsjahr ihres Sohnes auf einer Krugscherbe bezeugt ist[36], hatte sie ihm vermutlich sein Leben lang ratend zur Seite stehen können. Diese ungewöhnliche Mutter-Sohn-Symbiose lenkt den Verdacht auf eine mutterödipale Prägung.

Eine früher geäußerte medizinische Diagnose zu dem pathologischen Erscheinungsbild Echnatons lautete Dystrophia adiposogenitalis, eine meist durch einen Hypophysentumor hervorgerufene Fettsucht mit „selektiver genitaler Unterentwicklung“ mangels genügender Gonadotropin-Produktion.

Allerdings führt sich die Diagnose selbst ad absurdum, außer der nicht beweisbaren und wenig wahrscheinlichen Unterstellung, die Kinder Nofretes und seiner Nebenfrauen hätten einen anderen Vater als den absolutistisch herrschenden Echnaton, den Einzigen Atons. Interessant aber wird der Hinweis, dass die unter diesem Krankheitsbild diagnostizierten „Fälle von fetten Knaben vor der Pubertät mit scheinbar unterentwickelten Genitalien [...] nicht organisch krank [sind]. Alle endokrinologischen Untersuchungen fallen normal aus. Es handelt sich um eine Überernährung (Freßsucht) bei meist komplexhaft an die Mutter gebundenen und von ihr verhätschelten Knaben“[37].

Wenn dem so war, dass bei Echnaton eine mutterödipale Prägung vorlag, so konnte er allerdings unmöglich einen männlichen Monotheismus eingeführt haben, wie es ihm seither von Fachleuten nachgesagt wurde! Denn eine mutterödipale Prägung verträgt sich nicht mit einem männlichen Chefgott im Alleinregiment. Wie liegen die Dinge in Wirklichkeit?

Tatsächlich finden sich dazu entscheidende Aussagen: „Obwohl die bekannten religiösen Formeln und Hymnen in Amarna nur von Aton sprechen, hat Echnaton – entgegen einer häufig vertretenen Ansicht – keine Eingottreligion eingeführt. So wurde in Amarna neben dem männlichen Sonnengott die Uräusschlange als weibliche Gottheit verehrt. Seit alten Zeiten war sie mit dem Sonnengott eng verbunden und schützte ihn – nach mythologischer Ansicht – mit ihrem Feueratem vor Feinden. Zu allen Zeiten wurde die Uräusschlange abgebildet, wie sie sich schützend um die Sonnenscheibe ringelt. Die Göttin erscheint auch auf amtlichen und mithin vom König autorisierten Stempelsiegeln, wo sie unter anderem als ‚Herrin des (Nahrungs-) Überflusses' bezeichnet ist. Schließlich gehört die Uräusschlange zu den Gottheiten, die Echnaton bei der Amun und anderen Göttern geltenden Tilgungsaktion verschonen ließ“[38].

Dies wird auch noch anderweitig bestätigt: „Doch gehört der Falke, wie die Uräus-Schlange, weiterhin zu den göttlichen Tieren, die in Amarna geduldet werden“[39].

Auch die Geiergöttin Nechbet, die den Part der oberägyptischen Krone im Einheitsstaat in der Königssymbolik einnahm, blieb vor Eingriffen unter Echnaton unangetastet. Echnatons Anliegen war weniger von Neuerungen geprägt als von Rückgriffen, die er mit betonter Einseitigkeit und monomaner Übersteigerung durchsetzte.

Uräus war zudem, wie eingangs erwähnt, die Schlangengöttin des unterägyptischen Teils der ‚beiden Länder' (= Ägypten), die Kronengöttin Uto. Mit der Akzeptanz weiblicher Ausnahmegöttinnen könnte ein besonderer Grund verbunden gewesen sein, wenn man nicht darin die ungebrochene Fortsetzung königlicher Tradition mit formalen Herrschaftssymbolen sehen will und damit keine „Gottesoffenbarungen“[40]. Dieser Grund könnte in seiner vermutlichen mutterödipalen Prägung zu finden sein. Sie gibt eine ausreichende Erklärung über die Fortdauer der weiblich-göttlichen Verehrung in Form der Uräusschlange und der Geiergöttin nach der radikalen Auslöschung des Amun-Kultes und der anderen Götter, wie auch zur Stellung seiner Gemahlin Nofretete als Göttin neben ihm selbst, was in der Tradition der ägyptischen Könige „ganz ungewöhnlich“[41] ist.

Kein Wunder, dass Echnatons Monopolisierung der Aton-Gottheit und seiner begleitenden Uräus-Göttin mit seinem frühen Tod gescheitert war. Unter seinem Nachfolger Semenchkare wurde der Amun-Kult wieder zugelassen. Der nächste Thronfolger Tutanchaton, der seinen Namen auf Tutanchamun änderte, verließ noch im ersten Regierungsjahr Amarna als Residenz. Schließlich widerfuhr Echnatons Gedächtnis unter dem Pharao Haremhab dasselbe, was er selbst einst befohlen und hatte durchführen lassen: das Andenken an seinen Namen wurde ausgehackt, Tell el Amarna zerstört.

Anders als in Mesopotamien, wo die Impakterfahrung noch lebendig nachwirkte und zu einer Astralreligion geführt hatte, hatte sich in Ägypten eine eigenständige, stark postmortal bestimmte Religionsform entwickelt, in der vergleichsweise die Stellung der Astronomie nur praktische Funktion besaß. In einer extremen Steigerung trat Echnaton mit seiner manisch akzentuierten prämortalen Konstellation in Aktion, indem er einen unduldsamen Absolutismus einführte, der auf Dauer nicht lebbar war, was auch die zu Ende seiner Regierungszeit problematische Außenpolitik zeigte. „Kurz vor und nach Echnatons Tod gingen zwei der syrischen Vasallenstaaten Ägyptens an Hatti [Hethiterreich] verloren“[42]. Als die Ägypter einen Vergeltungsangriff gegen einen Quertreiber unter ihren Vasallen, Aitakama, Stadtfürst von Qadesch, unternahmen, der jedoch zuvor von den Hethitern gefangengesetzt worden war, als er sie angegriffen hatte, und nur nach Abschluss eines Vasallenvertrages mit ihnen in Freiheit kam, beantwortete dies der hethitische König Schuppiluliuma mit einem Gegenangriff auf die ägyptische Grenzprovinz Amka, sodass dies zur ersten kriegerischen Krise der beiden Großmächte in ihrer Geschichte führte.

Als dann nach Echnatons Tod seine Witwe, seine erstgeborene Tochter Meriaton, wohl aus diesem Grund um einen Prinzensohn als Gatten bei Schuppiluliuma anfragte, der nach längeren Verhandlungen einwilligte, beschwor dies auch innenpolitische Irritationen herauf, die wohl noch Echnaton angerechnet wurden: Der hethitische Prinz erreichte sein Ziel nicht, „die ihn nach Ägypten führen sollten, brachten ihn um“[43]. Bei dem daraufhin unternommenen Überfall der

Hethiter auf eine ägyptische Garnison schleppten die gefangengenommenen Ägypter eine Seuche ein, der auch Schuppiluliuma selbst zum Opfer fiel und dort zwanzig Jahre wütete. „Es handelt sich um die schlimmste Seuche, die diese Region in der Antike heimgesucht hat, und es ist kaum anzunehmen, dass Ägypten selbst davon verschont blieb. Diese Erfahrung, die gar nicht anders denn als Ausdruck furchtbaren göttlichen Zorns gedeutet werden konnte…“[44] findet sich in Tutanchamuns klagendem Text der Grenzstele wieder.

Als Echnaton die Gottheit des Amun aus dem religiösen Bewusstsein seiner Zeit auszutilgen versuchte und den hell strahlenden Aton zum ‚alleinigen' Gott setzte, stellte er seine Handlungsweise in den allerstärksten Kontrast, der damals denkbar war. Denn über die unergründliche Schöpfungsmacht lassen sich keine positiven Aussagen machen, ihr Wesen ist geheimnisvoll und dem Menschen verborgen. Dies mit nichts Konkretem Benennbare und doch in der Welt der Erscheinung vielfältig Auftretende war für den Altägypter in dem Wort Amun = das Verborgene, das Geheimnis als göttliche Instanz enthalten. Deutlicher zu erkennen wird das für uns durch seine Konsonantenverbindung M-N, die in vielen Kulturen als höchste Bezeichnung für Geist oder für die Boten und Bringer des Geistes Tradition hat: mens; manitou; menhir; manu; mandala; irminsul; amen u.v.a.m.[45].

Während also vorher in Ehrfurcht die Gottheit im Verborgenen, im Dunklen, in der Nacht wirkend war, ist Aton nun in der taghellen Sonne manifestiert und die Nacht ist die Abwesenheit des Gottes. In ihr ereignet sich nach Echnaton, dem Künder des Höchsten, Gotteswidriges: Diebstahl, „jeder Löwe kommt aus seiner Höhle, alle Schlangen stechen.“ Die Nachtseite der Welt wird vom sonnenlichten Tag als böse abgespalten, der gegenüber die liebliche Tagesverkündigung von ‚Licht und Liebe' im ‚Hier und Jetzt' als betörende Verlockung gepriesen wird. Die biologischen Qualitäten des Raubtierhaften und die Überlebensstrategien der Reptilien werden zu den moralischen Qualitäten des Sonnenhaften negativ aufgebaut. Mit seiner exklusiven Inanspruchnahme der Solarenergie des Aton auf der Grundlage einer dualistischen Version des Guten und Bösen setzte Echnaton während seiner Regierungszeit weltgeschichtliche Maßstäbe eines religiös fundierten Absolutismus. Darin war er so einseitig, wie es aus der Beschwerde des Assyrerkönigs Assuruballit über den Umgang mit seiner Gesandtschaft an Pharaos Hof zu lesen ist, die er nämlich in praller Sonne warten ließ, bevor er sie gnädig empfing: „man lässt sie in der Sonne sterben“[46]! Von daher ist es zweitrangig, wenn auch gut nachvollziehbar, ob er in seinem Eifer tatsächlich auch aus persönlichem Hass die Amun-Priesterschaft verfolgte, was aus den erhaltenen Texten seiner Grenzstelen zu schließen ist: „Ruchloser sind die Worte der Priester als jene, die ich bis zum vierten Jahre (meiner Regierung) hörte.“ „Ruchloser sind sie als jene, die König Amenhotep III. hörte“[47]. Die Durchführung einer streng dualistischen Religionsanschauung in extenso lieferte dann in späterer Zeit Zarathustra in Persien, dem mehr Erfolg beschieden war als der kurzlebigen Blüte des Echnaton.

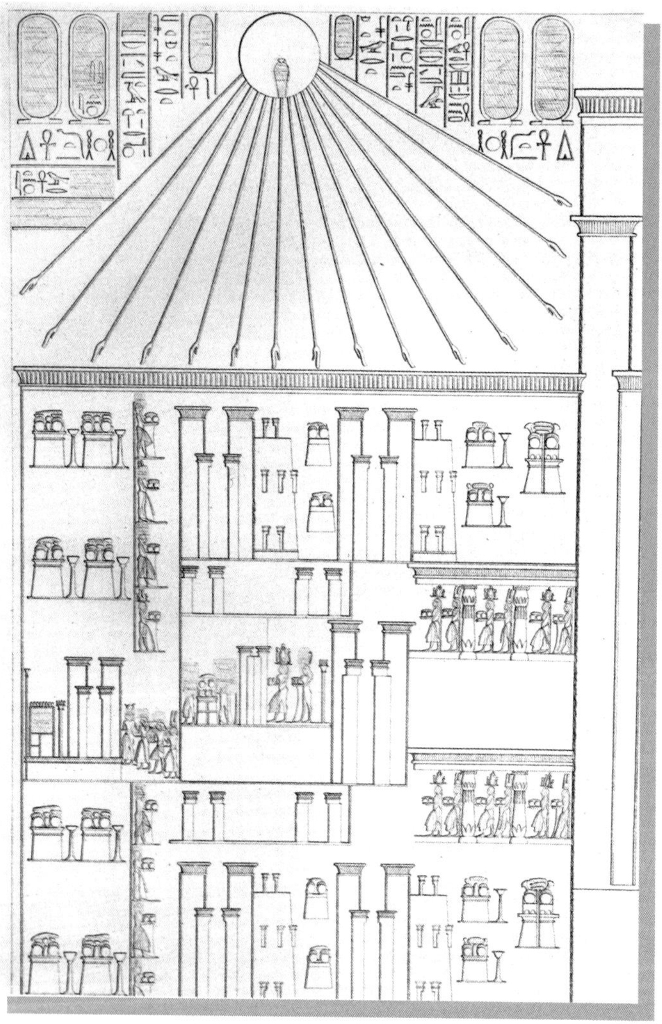

Das Heiligtum des Aton-Tempels unter Echnaton. Die nach oben offenen Pylone sollen die Sonnenstrahlen mit den Händen (= Aton) ungehindert zu den Opfergaben auf den Altären gelangen lassen, wobei jegliche Schattenbildung verhindert wird.

Mit der Person des Moses wird historisch ungesichertes Gebiet betreten, da es für seine Existenz keinen außerbiblischen Beleg gibt. Ob er nun tatsächlich gelebt hat oder eine fiktive, literarische Figur eines priesterlichen Autorenkollektivs war, bedeutet für die seinem Namen zugeschriebenen Berichte, auf die es im folgenden ankommt, keinen entscheidenden Unterschied.

Erstaunlicherweise verfügt Moses über außergewöhnliches, reines Quellenmaterial, aus dem er schöpft und dessen ungetrübte Eigenart erst in den letzten Jahrzehnten erkannt worden ist. Obwohl der mosaische Sintflutbericht vermutlich weit über eintausend Jahre später aufgeschrieben wurde als der ältere chaldäische und damit weniger Treue an Authentizität zu verbürgen scheint, ergaben die astronomischen Analysen von W. Papke, dass es sich genau umgekehrt verhält: die Überlieferung der Chaldäer weist infolge der zu berücksichtigenden astronomischen Gegebenheiten ihres Astralmythos im *Gilgamesch*-Epos an einigen Stellen konsequenterweise Abweichungen vor, die nahe legen, dass der biblische Bericht der genauere und weniger verfälschte ist[48].

Auch Hengge kommt bei seinen philologischen Nachforschungen zum selben Ergebnis, die biblische Version bewahre darin mehr Wahrheitsgehalt als die Überlieferung der Chaldäer[49].

Wenn Moses im 1. Kapitel der *Genesis* das göttliche Sieben-Tage-Werk schildert, so ist das bislang von allen Lesern als Schöpfungsbericht der Erde mitsamt ihren Bewohnern verstanden worden und hat der Bibelkritik des 19. Jahrhunderts handfesten Zündstoff geliefert. Die beiden Geologen Edith und Alexander Tollmann haben auch hierfür eine sensationell neue Lesart vorgebracht, die berücksichtigt, dass ein Vergleich naturwissenschaftlicher Kenntnisse über die Weltentstehung mit der Abfolge des biblischen Berichtes Diskrepanzen aufweist. So könne die Erschaffung des Lichtes (1. Tag) und die Erschaffung der Sonne (4. Tag) nicht durch drei Schöpfungstage getrennt sein. Die Erde könne nicht um vier Schöpfungstage älter sein als die Sonne. Auch die Scheidung von Land und Meer (3. Tag) müsse nach der Entstehung der Sonne (4. Tag) erfolgt sein. Und die Vögel (5. Tag) können den Landtieren (6. Tag) nicht vorangehen[50].

Die Lösung dieser Unstimmigkeiten besteht nun darin, in der biblischen Abfolge die Schilderung der Vorgänge zu erkennen, die nach dem Impakt von der überlebenden Menschheit genau in dieser Reihenfolge so wahrgenommen worden waren. Somit liegt im mosaischen Text ein exaktes und mit den heutigen naturwissenschaftlichen Kenntnissen übereinstimmendes Protokoll des Nach-Impaktgeschehens vor, nicht aber ein göttlicher Schöpfungsbericht. Zu diesem wurde er unter der Redaktion des Moses erst bearbeitet. Seine Methode war einfach und genial: der Neuanfang nach der planetaren Katastrophe wurde als tatsächlicher Urbeginn abgetrennt und einer höchsten, göttlichen Regie unterstellt. Dies wird sich noch an anderer Stelle als waltendes Konstruktionsprinzip herausstellen.

Betrachtet man nämlich einmal die verschiedenen entwicklungsgeschichtlichen Konfliktthemen anhand der zugehörigen Hirnentwicklungsstufen, ergeben sich weitere verblüffende Einsichten. Zusammengefasst kann die jeweilige Konfliktthematik auf der Stammhirnebene schematisch als die der Brockenkonflikte gekennzeichnet werden, als Brocken, der nicht zu fassen ist bzw. den man nicht loswerden kann. Aufs menschliche Zusammenleben transponiert stellt sich der größtmögliche

Extremfall dar, wenn ein Brocken nicht (mehr) zu fassen ist, weil er weg ist. Um diesen Maximalfall zu verhindern, heißt das in der Sprache einer normativen Ethik als Gebot formuliert: „Du sollst nicht stehlen."

Auf der nächsten Entwicklungsstufe des Kleinhirnstadiums geht es hauptsächlich um den Schutz des Leibes, wie es die inzwischen vorhandene Lederhaut des gesamten Körpers, das Rippen- und Bauchfell, der Herzbeutel und das Gewebe der Milchdrüsen anatomisch darstellen. Als Attacke-Konflikt wird die Unversehrtheit des ganzen Leibes unter ein schützendes Sonderprogramm gestellt. Der hierbei größtmögliche Konfliktfall auf menschlicher Ebene besteht in der totalen Vernichtung des attackierten Individuums, das wiederum übersetzt in eine ethische Forderung wiedergegeben werden kann als: „Du sollst nicht töten."

Schließlich sind im Bereich des corticalen Großhirns die Konfliktrelais für Revier, Sexualität und Kontakt mit anderen installiert. Ihre extreme Gefährdung findet statt, wenn in der biologischen Ordnung der männlichen und weiblichen Reviere, beim Menschen kulturell in der Form der Ehe, Familie etc., eingebrochen wird und sie bedroht werden. Ein normatives Gebot im ethischen Katalog muss daher lauten: „Du sollst nicht ehebrechen." „Ehre deinen Vater und deine Mutter" „Du sollst nicht Begehren das Weib deines Nächsten."

Überraschenderweise zeigt sich also, dass Moses auch im Dekalog teilweise auf eine sehr reine, ursprüngliche Quelle zurückgreifen konnte. Er versteht sie jedoch nicht mehr voll, denn es findet sich bei ihm keine biologische Herleitung, sondern gleich das ins Normative übersetzte Resultat. Hätte er den biologischen Ansatz noch verstanden, der als einziger den genetischen Zugang herzustellen vermag, so hätte er auch den Dekalog als biologisch-ethisches Resultat daraus hergeleitet, denn der Dekalog selbst weist sich als hohe Reflexionsstufe in der biologischen Geschichte der Menschheit aus. Indem diese Ableitung mangels biologischer Erkenntnis unterbleibt, benötigt Moses eine andere Macht als die Kraft menschlich-ethischer Reflexion: einen Gott, dessen allerhöchste Autorität den normativen Geboten die nötige Durchschlagskraft verleiht. Wiederum zeigt er damit seine religionspolitische Handschrift, die ihm zugänglichen, außergewöhnlichen Quellen in sein System zu integrieren, das mit einem höchsten, einzigen, persönlichen Gott ausgestattet wird. Dass eine ähnliche Quelle schon vorher bei den Ägyptern bekannt war, davon zeugen die Unschuldsbeteuerungen aus dem *Totenbuch* des 16. – 12. Jahrhunderts v.d.Z. in der sog. ‚Beichte vor den zweiundvierzig Totenrichtern': „Ich habe nicht Unrecht getan,/ich habe nicht geraubt,/ich bin nicht habgierig gewesen,/ich habe nicht gestohlen,/ich habe nicht Menschen getötet,/ich habe das Kornmaß nicht verringert,/ich habe nicht Lüge geredet" [51].

Zu dem mosaischen Gott besteht ein Ausschließlichkeits-Verhältnis. Nur über Moses, der von Jahwe ausgewählt wurde und ihm im „brennenden Dornbusch" oder im „Blitz und Donner" erschienen ist, gibt es Kontakt und Kunde. „Mit ihm red' ich von Mund zu Mund, offenbar und nicht in Rätseln, ja, Jahwes Gestalt darf er schauen" spricht Jahwe zu Aaron und Mirjam [52]. Auffallenderweise finden die entscheidenden Begegnungen von Moses mit Jahwe immer auf der Höhe, auf einem Berg statt, ob Horeb, Sinai oder Nebo genannt. Dort ist auch der Versammlungsort ein heiliger: „Wenn du das Volk aus Ägypten herausgeführt hast, werdet ihr Gott auf diesem Berg verehren" [53].

Heilige Berge kennen auch zahlreiche andere Völker. Am höchsten zur Himmelshöhe erheben sich die Berge und ihre Gipfel, dort ist die Stelle, wo der Schnittpunkt aus himmlischer

Höhe und irdischer Erhebung liegt. Ein Ort also, der in der alten Zeit selbst heilig empfunden wurde, zumal die Besonderheit kreuzender Wege wiederum die Orte waren, an denen Magie, Zauberei verrichtet wurde[54]. Dennoch reicht diese universale Tradition nicht zur alleinigen Erklärung für den bei Moses so typischen Begegnungsritus mit seinem Gott aus. Der allein mit ihm „von Mund zu Mund" redende Gott erscheint seinen Stammesgenossen oder dem feindlichen Pharao nur über Zeichen, die Moses in göttlichem Auftrag wirkt. Das exponiert die Stellung des Moses ungemein.

Im Blickwinkel der verlässlichen biologischen Analysemethode muss Moses eine prämortale Konstellation mit „nach oben" strebender, d.h. manischer Betonung innegehabt haben. Gibt es dafür Bestätigung?

In der Renaissance schuf Michelangelo für das Grabmal des Papstes Julius II. in einem sich über vierzig Jahre hinziehenden Großprojekt eine einzige vollendete bildhauerische Einzelarbeit, den Moses, als zentrale Figur. An ihm imponiert eine Besonderheit auf seinem Kopf, die der realistischen Darstellungsweise der gesamten Figur eine merkwürdige Note gibt: Moses ist mit zwei Hörnern versehen.

Zu dieser Gestaltung kam es wohl durch die Übersetzung jener Bibelstelle[55], als Moses vom Berg Sinai mit den neuen, von Jahwe geschriebenen Tafeln herabstieg und sein Angesicht strahlte. Hieronymus übersetzte dort die heute übliche Lesart strahlend/leuchtend als „gehörnt". Im hebräischen Urtext kann qara = strahlend auch als qeren = Horn gelesen werden. Diese Lesart war Michelangelo bekannt[56] und er übertrug sie plastisch.

Michelangelos gehörnter Moses aus dem 16. Jahrhundert

Nun wird bekanntlichermaßen auch der Teufel häufig mit zwei Hörnern am Kopf dargestellt und diese diabolische Bedeutung kann ja keinesfalls für Moses gelten. Auch Vorbilder älterer Darstellungen von Gehörnten, wie z.B. als Stiermann, mit Hirschgeweih oder als Relikt einer Krone scheiden aufgrund der erwähnten Übersetzungsvorlage aus. Im übrigen sind die teuflischen Hörner meist (nach außen) gebogen und stellen dadurch schon eine deutliche Unterscheidung zu den nach oben strebenden Hörnern des Moses dar.

Die gebogenen Hörner des Teufels. Aus einem Holzschnitt des 16. Jahrhunderts.

Auch die sprachliche Bedeutungsforschung zum Hörner tragenden Mann ist bislang unbefriedigend verlaufen[57] und trägt nichts Aufhellendes zum Thema bei. Legt man jedoch den Maßstab der GNM an, ergeben sich sofort zwanglose Verbindungen, die weiterführen.

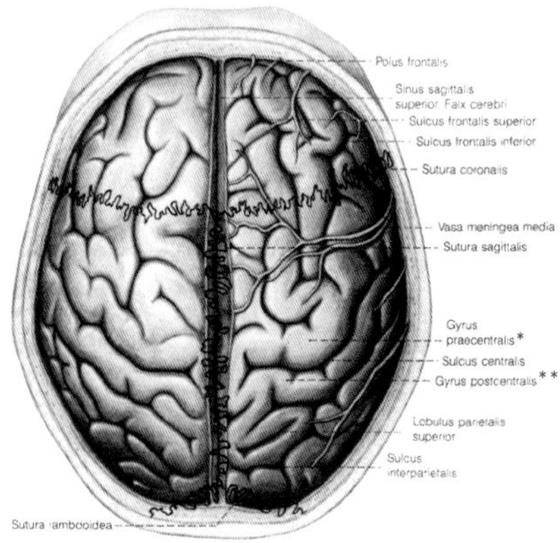

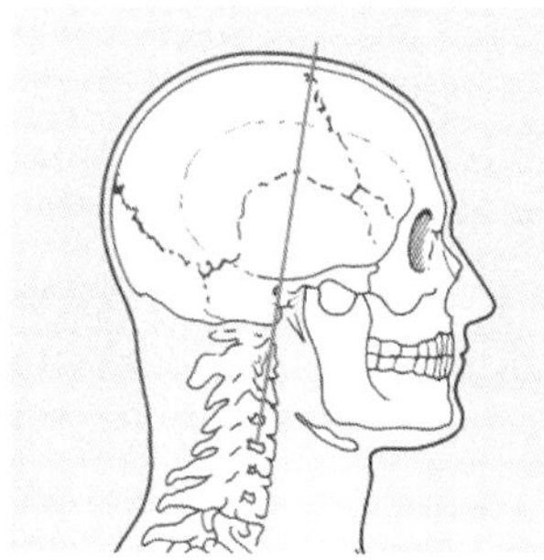

Sicht auf das Großhirn.

Im Übergangsbereich der *gyri praecentralis und **postcentralis liegen jeweils links und rechts die Relais der praemortalen Konstellation. Quer eingezeichnet verläuft die Knochennaht (Kranznaht) zwischen Stirn- und Scheitelbein als Orientierungslinie.

In der nebenstehenden Profildarstellung des Kopfes zeigt die Linie durch die Kranznaht, dass die Hörner des Moses weit vor dem *Gyrus präcentralis ansetzen.

Die an den beiden Großhirnseiten vom Kopf aus entspringenden und ‚nach oben' ragenden Hörner weisen so mit den bildnerischen Mitteln der Kunst auf zwei vorhandene Konflikte hin, die in ihrer Summe das Charakteristikum des ‚nach oben' Gerichteten vorweisen, also die prämortale Konstellation. Es wäre zuviel verlangt, wollte man von Michelangelo erwarten, dass er, Jahrhunderte vor den Entdeckungen Hamers, die topographisch genaue Lage der entsprechenden Relais im Großhirn intuitiv getroffen hätte. Wie aus den vorangegangenen Bildern zu erkennen ist, liegen der gyrus praecentralis und der gyrus postcentralis, als Sitz des rechts- und linksseitigen Relais, ein gutes Stück hinter den bei Moses zu lokalisierenden Hörnern.

So muss bei Hieronymus noch ein archaischer Rest von inzwischen ausgestorbener, realistischer Intuition vorhanden gewesen sein, wenn er jene Textstelle vorzugsweise mit „gehörnt" übersetzt hat, da er sie sonst als unsinnig verworfen haben müsste. Michelangelo knüpfte daran künstlerisch-intuitiv an und schuf damit eine Schule machende Darstellungsweise, die bis ins 20. Jh. hinein wiedergegeben wurde. Ob nun die Version des strahlenden Antlitzes zugrunde liegt, die nichts anderes als die strahlenden, glänzenden Augen und das davon mitgeprägte Antlitz eines Konstellierten meint, was in der GNM als prima vista Diagnostikum dient, oder ob es als „der Gehörnte" gelesen wird, in beiden Fällen liegt die prämortale Konstellation vor! Da mit ihr eine dualistische Spaltung der Wirklichkeit und der Persönlichkeit einsetzt, re ligiös in gut und böse, hell und dunkel, Himmel und Hölle, so hat notgedrungen auch der Teufel die Hörner auf, stellt er doch eins der Extreme dar. Nur sind seine Hörner meist nach unten weisend, also gebogen.

Auch der Narr, der eigentlich eine konstellierte Psyche verkörpert, hat folgerichtig oft eine Narrenkappe auf, deren beiden (!)

Das Narrenschiff von 1494. Für dessen künstlerische Gestaltung kommt möglicherweise Albrecht Dürer in Frage.

Enden nach unten hängen oder zumindest nach außen gebogen sind und somit seine Gespaltenheit in lustig-traurig, närrisch-altklug/weise eines Ver-rückten demonstrieren. Wenn Dürer in seinen Illustrationen zu Sebastian Brants *Das Narrenschiff* 1494 viele Narren zur Schau stellte, so sind die überzeugendsten die mit den baumelnden Hörner-Enden der Narrenkappe, besonders aber, wenn noch beide Gesichtshälften in eine verzerrende Asymmetrie zueinander gebracht sind.

Die vorgetragene Beweiskette kann nun mit einem letzten stichhaltigen Nachweis geschlossen werden. Dazu schauen wir uns die biblische Lebensgeschichte des Moses an. Wenn er seine erste Gotteserscheinung auf dem Berg Horeb hatte, so muss demnach seine prämortale Konstellation zuvor eingetreten sein, noch während seines Aufenthaltes in Ägypten und zwar als Revierangst, kombiniert mit einem Schreckangst-Konflikt bei Rechtshändigkeit oder einem weiteren Revierangst-Konflikt bei Linkshändigkeit. Wie sollte dies eingetreten und gegebenenfalls nachzuweisen sein?

Zu Moses wird berichtet, dass er einen ägyptischen Aufseher heimlich erschlagen hat, der zuvor einen seiner Stammesgenossen misshandelt hatte. „Am folgenden Tag ging er wieder hinaus. Da stritten gerade zwei Hebräer miteinander. Als er zu dem, der im Unrecht war, sagte: ‚Warum schlägst du deinen Genossen?', antwortete dieser: ‚Wer hat dich zum Obmann und zum Richter über uns bestellt? Willst du auch mich totschlagen, wie du den Ägypter getötet hast?' Da erschrak Moses. Er sagte sich: So ist deine Sache doch bekannt geworden“ [58].

Unschwer gibt die Schilderung die Angst des Moses wieder, die ihn überkommt, als er gewahr wird, dass sein heimlich verübter Mord bekannt geworden war. Nachdem er nun einen

Revierangst-Konflikt versetzt bekam, erfuhr er, dass „die Sache“ auch dem Pharao zu Ohren gekommen war, der ihn nun töten lassen wollte. „Auch der Pharao hörte davon und wollte Moses umbringen lassen. Moses ergriff jedoch vor dem Pharao die Flucht und begab sich in das Land Midian“[59].

Dies stellt also den zweiten Konflikt dar, wiederum revierangst- oder schreckangstartig. Exakt die zwei passenden Konflikte, nach denen wir gesucht hatten, lassen sich zeitlich richtig in der biographischen Vorgeschichte des Moses erkennen und bilden quasi den Schlußstein der vorgetragenen Sichtweise, wonach die prämortale Konstellation eine conditio sine qua non dafür ist.

Laut *Apostelgeschichte*[60] soll Moses zu diesem Zeitpunkt schon vierzig Jahre alt gewesen sein. Die Erscheinung Jahwes soll sich weitere vierzig Jahre später am Berg Sinai zugetragen haben. Wenn Moses bei seiner Tat und Flucht erwachsen gewesen war, so erfolgte keine retardierende Auswirkung auf ihn.

Umgekehrt fällt das nun nachweisbare Ergebnis über Moses auf die biblische Darstellung seiner Person zurück: die mit den Mitteln der GNM vorgenommene Prüfung ergibt eine hohe Plausibilität für die historische Existenz des Mannes Moses. Vielleicht ist an dieser Stelle der Hinweis auf die der Überlieferung nach ausgeübte Sonnenpriesterschaft des Moses in Heliopolis (On), der Hochschule alchemistischen Wissens, passend, wo er unter dem Namen Osirsaph durch den ägyptischen Priester Manetho genannt wird.

Gleichfalls aber ist der Analyse zu entnehmen, dass er auf besondere, unverfälschte Quellen zurückgreifen konnte, die er aus religionspolitischen Erwägungen eines Religionsstifters mit einem nur zu ihm auf Augenhöhe sprechenden Übergottes konzipierte. Daher liegt bei ihm zusätzlich eine postmortale Konstellation vor. Die biologischen Grundlagen seiner Quellen nicht mehr verstehend, führte er zur Durchsetzung seiner Intentionen eine höchste Autorität ein, was zu damaliger Zeit im religiösen Bereich glaubhafter anzugehen war, als uns das aus heutiger Zeit anmutet. Gott war für ihn kein Beiwerk, um die (biologischen) normativen Reflexionen zu stützen, sondern die Hauptidee, aus der die ehemals menschlich-ethischer Höchstleistung entsprungenen Normen nun neu herausgebracht wurden, mit voranstehendem höchsten Gebot, diesen Gott allein anzubeten. Diese Hinzufügung des scheinbar aus einem Guss bestehenden Dekalogs durch einen überhöhten, einzigen Gottes, der in den Wolken thronend über Gut und Böse wachte, voller „Eifersucht" seine Strafgerichte unter den Menschen exerzierte und vor der Vernichtung einer ihn nicht anerkennenden Menschheit nicht Halt machte und dessen Strafgericht Moses selbst verfiel, der das gelobte Land nur vom Berg Abarin zu sehen bekam, während sein Mord an dem ägyptischen Aufseher nicht die geringste Ahndung durch Jahwe erfuhr, belegt die menschliche Redaktion der für göttlich erklärten Textgrundlagen. Inwieweit Moses selbst das Bilderverbot Gottes mit dessen Personifizierung übertreten hat, das im religiösen Brauchtum aller vormosaischen Gottesverehrung höchste Aufmerksamkeit und Selbstverständlichkeit genoss, da ja Bilder nur repräsentierend oder symbolisch aufgefasst wurden, sei wenigstens am Rande eingeworfen.

Es lohnt, dem Dekalog noch einige Aufmerksamkeit zuzuwenden. Bemerkenswert an ihm ist mancherlei: es fehlen Aussagen über das Leben nach dem Tod, wie sie in der postmortalen Jenseits'kultur' der alten Ägypter so überlagernd waren, und es fehlen auch solche über Opferrituale. Die Gebote sprechen nicht eine Gruppe von Menschen an, sondern den Einzelnen in seinem Gewissen. Bei Übertretung wird erstaunlicherweise nicht mit Strafe gedroht; was als Hinweis auf die Ursprünglichkeit des Dekalogs und die redaktionellen Einfügungen an anderen Stellen zu werten ist. Bei richtiger Lesart wird mit ihm auch kein Monotheismus installiert. Weder bei Moses noch vorher bei Echnaton kann ein purer Monotheismus gefunden werden; der ist ein späteres Produkt und setzt die im Text vorkommenden Bezeichnungen Jahwe [= lebendes Wort; das als unaussprechlich heilig gehalten wurde[61]] bzw. Elohim, was ein Plural ist und entweder Götter meint oder im Dienste der Götter stehende Priester, Propheten, Richter[62], Traumdeuter, Zauberer[63], als pauschale Gleichschaltung in eins.

Der biblische Text, dessen Überlieferung kein geschlossenes Material zur Vorlage hatte, war auf Fragmente angewiesen, da durch die Zerstörung Jerusalems und seines Tempels durch Nebukadnezar im Jahr 586 v.d.Z. und dem anschließenden babylonischen Exil der Juden bzw. deren Flucht nach Ägypten alle schriftlichen Aufzeichnungen verbrannt waren oder sich in Teilen in babylonischem Besitz befanden. Schon früher waren deshalb Propheten aufgetreten, die gegen den Unglauben ihres Volkes predigten. Und zu Zeiten Sauls gar „fragten wir nicht nach ihr“[64], d. h. die Zehn Worte, die ehemals in der Bundeslade geborgen waren, waren in völlige Bedeutungslosigkeit versunken.

Nach der Zerstörung des Tempels 586 v.d.Z. wurde auch kein Hebräisch mehr gesprochen, nur aramäisch und nach der Eroberung durch Alexander griechisch. Apokrypher Legende zufolge soll der Prophet Ezra im Jahr 557 v.d.Z. vom Geist Gottes erfüllt, fünf Gehilfen in vierzig Tagen den Text der verloren gegangenen mosaischen Schriften diktiert haben. Ca. Mitte des 2. Jahrhunderts setzte während der Makkabäerzeit eine Renaissance des Judentums ein, „mit Vorlieben für Steigerung ins Ungemessene angesichts grimmer Feinde und wunderbarer Gotteshilfen“[65].

Zur Textgestalt wurde ein umfangreicher Kommentar angelegt *(Talmud)*, der den nicht mehr voll verstehbaren Text rekonstruierend zu deuten unternahm. Obwohl die Textfragmente durch ein Gebot des Propheten Ezra nicht verändert werden durften, wurde durch erlaubte Hinzufügungen und unrichtige Verknüpfungen eine Komposition geschaffen, die bis heute als Textgrundlage des Wort Gottes gilt. Es besteht nirgendwo Zweifel darüber, dass Moses verschiedene Quellen in seinen Büchern verarbeitet hat, außer bei den Gläubigen selbst. Gerade die Zehn Worte sollen Moses auf dem Berg von Jahwe in Form der steinernen Tafeln übergeben worden sein.

Wie zu sehen war, zeigen sich in diesen Worten die zu individuellen Gesellschafts-Normen erhobenen Erfahrungen, die mit der jeweiligen biologischen Entwicklungsstufe erreicht worden waren, auf der Stufe ethischer Reflexion. Der Einwand könnte gemacht werden, dass keine soziale Gruppe bestehen könnte, würde in ihr gegen diese Gebote fortlaufend verstoßen werden, und sie sich somit fast instinktiv „von selbst“ ubiquitär einstellen. Nun kommt es aber gerade darauf an, dass sie nicht bloß innerhalb einer Gruppe beachtet werden sollten, sondern auch gruppenextern. Das ist das Novum der Zehn Worte und ihrer beachtlichen ethischen Höhe, dass in ihr das Gruppenhaft-Egoistische überwunden ist, was darauf schließen lässt, dass ihre zugrunde liegenden Erfahrungen nicht intellektuelle Ausgeburten, vielmehr Frucht leidvoller Menschheitserfahrungen (Impaktfolgen, Kälte- und Wärmeeinbrüche, mit allen Verheerungen von Flucht und untergegangenem ‚Paradiesgärten‘, Kannibalismus und Tyrannei von

Mann und Frau) sind. Selbst die diffamierenden Unterschiede religiöser Eiferer zwischen Mann und Frau fehlen vollständig in diesem alt-ehrwürdigen Quellenmaterial. Fünf der Zehn Worte reflektieren wie dargestellt die biologischen Entwicklungsstufen. Das Gebot eines wiederkehrenden Ruhetages greift erst auf der Stufe menschlicher Organisation, bei der die tägliche Nahrungsbeschaffung durch Pflanzenanbau bzw. Viehwirtschaft nicht mehr nötig ist. Der eminent soziale Bezug dieses Gebotes kommt aber erst zum Tragen, wenn infolge von Sklaverei und Leibeigenschaft der täglichen Plackerei durch einen regelmäßig wiederkehrenden arbeitsfreien Ruhetag der Herrschaft ein Siebtel der Macht entzogen ist[66]. Sklaverei war in der Antike eine der unabdingbaren Säulen, auf denen die alten Reiche thronten.

Zeitnäher als die Sklaverei, die heute in verfeinerter Form wieder praktiziert wird, steht Lüge und Betrug als Thema der übrigen Normen. Als ‚Desinformation' hoffähiger gemacht, feiern sie in Medien, Politik, Wissenschaft, Medizin, Geschichte usw. Erfolg. Dass dies unweigerlich zum Untergang der Gesellschaft führen muss, meint das Gebot, kein falsches Zeugnis abzulegen. Wieweit religiöse Kultur von den Gesellschaften, in denen Hochreligionen etabliert sind, wirklich respektiert und gelebt wird, kann daraus jeder selbst erkennen.

Diese beiden Bestandteile des Dekalogs sind also nicht biologischen Entwicklungsstufen entsprungen, sondern späteren Erfahrungen entwickelter menschlicher Gemeinschaften. Die drei ersten Gebote ergeben ihren Sinn erst unter der oben genannten richtigen Übersetzung von Jahwe als ‚lebendiges Wort' und elohim als Götter etc. Wer sich ein undogmatisches Verständnis dafür verschaffen will, kommt an der Arbeit von Hengge nicht vorbei.

Das Damaskus-Erlebnis des Paulus hatte seinen Vorläufer in Indien. Nachdem dort die Induskultur untergegangen war und die Arier vom iranischen Hochland aus eingedrungen waren, gelang es bis zur Zeit der Maurya-Dynastie (317–187 v.d.Z.) erst König Ashoka (ca. 274–239 v.d.Z.), fast ganz Indien als Großreich zu beherrschen.

Dieser machtgierige König, der in jungen Jahren nach einem erfolgreichen Feldzug seinem Vater nach dem Leben und dem Thron getrachtet hatte und deswegen von ihm als Unterkönig weitab von der Residenz entfernt worden war, bemächtigte sich nach dessen Tod im Handstreich der Regentschaft unter Ausschaltung all seiner Brüder. Im vierten Jahr seiner Regierung, seinem Krönungsjahr, wechselte er vom brahmanischen Glauben zum Buddhismus. Als Beiname ließ er sich nun als „der liebevoll Gesinnte", auch als „der Göttergeliebte" bezeichnen.

„Acht Jahre nach seiner Krönung hat der König, der Göttergeliebte, Freundlichblickende, Kalinga besiegt/150.000 Menschen wurden von dort in Gefangenschaft geführt, eine noch größere Zahl kam ums Leben/Danach aber, da nun Kalinga erobert ist, erfolgte des Göttergeliebten Wendung zu ernster Befolgung ethischen Verhaltens, zur Liebe ethischen Verhaltens, und zur Unterweisung im ethischen Verhalten/Dies ist die Reue des Göttergeliebten über die Besiegung der Kalingas"[67]. So lautet die in den Fels gehauene Inschrift nahe der alten Stadt Taxila im heutigen Pakistan. Nie wieder sollte Leid durch Eroberungskriege von Ashoka oder seinen Thronfolgern ausgehen, denn „wegen der Eroberung" von Kalinga, so ließ er seine Untergebenen im selben Felsenedikt wissen, „fühlte der Göttergeliebte Reue, denn wenn ein noch nicht erobertes Land erobert wird, ist das Morden, der Tod, und die Deportation der Menschen außerordentlich betrüblich für den Göttergeliebten und lastet schwer auf seiner Seele“[68]. „Alle Menschen sind für mich meine Kinder“[69] und „in Gerechtigkeit und Liebe wolle er alle seine Kinder behandeln und zu sittlich gutem Betragen erziehen“[70]. Eine höchst eindrucksvolle Kehrtwendung an höchster Stelle, wie es den Anschein hat. Dennoch finden sich bis heute keine Hinweise auf eine Wiedergutmachung an der Bevölkerung des eroberten Kalinga, des heutigen Orissa, oder gar seine gegebene Unabhängigkeit, wie die Autoren Gruber/Kersten zurecht einwenden. Der griechische König Ptolemäus, der sich zu jener Zeit in Indien aufgehalten hatte, berichtete dann über Ashoka, er „habe die Kunst verstanden, eines zu sagen und etwas anderes zu denken“[71]. Plakativ schrieb sich Ashoka die Reue über seine Tat auf seine politischen Fahnen bzw. Felsen, auf denen man – soweit das ihr Zustand zuließ – die eingemeißelten Inschriften seit dem 19. Jh. erschlossen hat, vom Osten Indiens bis Afghanistan reichend.

Der buddhistischen Mitleidslehre für alle Lebewesen gemäß, schaffte er an seinem Hof den Fleischgenuss fast komplett ab und erließ in seinen Felsenedikten für seine Untertanen, dass bestimmte Tierarten nicht mehr getötet oder verschnitten werden dürften. Alle Tugenden, die in der Lehre des Buddha im „achtgliedrigen Pfad“ – richtigerweise: „Weg mit acht Ecken“[72] – hochgehalten werden, legte Ashoka seinem Volk nahe. Sämtliche bis heute aufgefundenen Inschriften zeugen von seiner ethischen Ausrichtung allen Handelns.

In der Hauptstadt Pataliputra berief er ca. 245 v.d.Z. das dritte Konzil seit Buddhas Tod ein. Grund dafür war, die durch Buddhas Bestimmung ohne geistliches Oberhaupt führerlos in verschiedene Schulen und Sekten auseinanderdriftenden Richtungen zusammenzubringen. Von diesem Kongress gingen zwei wesentliche Folgen aus: erstens der Missionierungsgedanke und zum zweiten die Spaltung, denn die nördlichen Buddhisten sollen das Konzil schweigend verlassen haben, nachdem sie die Vorwürfe der Strenggläubigen über unreines Betragen eingestanden hatten. Anschließend beriefen sie ein eigenes Konzil in Kaschmir ein. Damit war der Grundstein für die Spaltung in den südlichen Hinayāna und den nördlichen Mahayāna gelegt.

Ashoka unterstützte den Missionierungsbeschluss der buddhistischen Lehre mit den machtpolitischen Mitteln des Regenten eines Weltreiches. Im großen Stil wurden Missionare ausgesandt; seine Felsenedikte berichten, wohin: nach Syrien, Ägypten, Mazedonien, Kyrene, Epirus oder Korinth, also bis zur griechischen Halbinsel[73]!

Von den im 5. Felsenedikt erwähnten 256 Missionaren wird ausgesagt: „Sie kümmern sich um die Anhänger aller Sekten mit der Aufgabe, die Religion zu etablieren, den Fortschritt der Religion, die Nützlichkeit und das Wohlergehen der Gläubigen zu betreiben; sie kümmern sich bei den Yavanas (Griechen), bei den Kambojas, den Gandheras… und bei den anderen Grenzvölkern, Kriegern, Brahmanen, Reichen und Armen…“[74].

Die Inschriften waren in verschiedenen Sprachen abgefasst, manchmal bilingual zugleich, aramäisch und griechisch, dann indisch, persisch und finden sich wie erwähnt auch außerhalb der Reichsgrenzen in Fels gemeißelt. Alle Missionierung aber erfolgte subtil, ohne Gewalt und Unterdrückung. „Ehre aber gebührt einer fremden Glaubensgenossenschaft auf diese und jene Weise. So handelnd, fördert man ebenso das Wachsen des eigenen Bekenntnisses sehr, wie man auch dem fremden Bekenntnis wohltut“[75], lässt das 12. Felsenedikt über das wohlüberlegte Kalkül des religiösen Strategen wissen. Wenn auch das Großreich Ashokas nach seinem Tod wieder zerfiel, so blieb der buddhistische Einfluss bis in das Mittelmeergebiet über die nächsten Jahrhunderte enorm wirksam. Hinzu trat dann nach der Zeitenwende die mahayānistische Auffassung, die sich vom spöttisch genannten „kleinen Fahrzeug“ (=Hinayāna) absetzte, von Gandhara sich ausbreitend. Während im Hinayāna die Erlösung des Einzelnen als Heiliger (arhat) im Vordergrund stand, die sich nur über das strenge Reglement zölibatären und asketischen Mönchtums erlangen ließ, weitete der Mahayāna diesen – sonst nur einer elitären Gruppe vorbehaltenen – Heilsweg auf jeden aus, der durch seine Zuflucht bei Buddha Erlösung suchte. Ziel dieser Reformationsbewegung war und ist dabei nicht die eigene Erleuchtung als Buddha zu finden, vielmehr andere als Boddhisattva zur Erleuchtung zu führen, um möglichst alle ins „große Fahrzeug“ zu bringen.

Erst von Ashoka aus führt der Weg des Buddhismus nach Kleinasien und Europa. Durch ihn wird die nur intern überlieferte Entstehung der buddhistischen Lehre zum erstenmal historisch greifbar. Von daher kann sich nun dem Beginn dieser Lehre bei Buddha zugewendet werden, dessen Vita eben in legendenhaft-orientalischer Art überliefert ist.

Der geistige Auftrag des zukünftigen Buddhas steht schon bei seinem vorgeburtlichen Aufenthalt fest. Das Geschlecht, in dem er sich verkörpern soll, kann nur der hochgestellten Brahmanenkaste oder der Kaste des kriegerischen Adels (ksatriya) angehören. Als junger, weißer Elefant geht er in den Mutterleib der dies im Traum miterlebenden Königin Maya ein. Dem Vater, Sakya-Fürst zu Kapilavastu, wird von brahmanischen Traumdeutern verheißen, ein Sohn werde ihm geboren, der entweder zur Weltherrschaft berufen sei oder, ihr entsagend, zum welterbarmenden Buddha werde. Nach zehnmonatiger Schwangerschaft (keine Mondmonate!) wird der junge Prinz geboren. Bei seiner Geburt, die man um 556 v.d.Z. in Pataliputra ansetzt, von himmlischen Wesen begleitet, verkündet der Wunderknabe:

„Ich bin der Erste in der Welt, ich bin der Größte in der Welt, dies ist meine letzte Geburt, enden werde ich das Leiden von Geburt, Alter und Tod“[76].

Sieben Tage danach stirbt seine Mutter und wird in den Himmel erhoben. Eine wundersame Jugend in äußerst behüteten Verhältnissen durchlebend, heiratet er in jugendlichem Alter nach einem sagenhaften Wettkampf, den der als Schwächling angesehene Königssohn überlegen gewinnt, die zum Preis ausgesetzte, tugendsame wie schöne Gopa.

Den im Traum angekündigten Auszug seines Sohnes aus dem Palast als Asket bemüht der Vater mit aller Gegenwehr zu begegnen, sodass er seinem Sohn drei Paläste für jede Jahreszeit erbauen lässt, in denen er seinen Vergnügungen frönen, sich jedoch nicht daraus entfernen kann; am geweissagten Austrittstor sind Riegel angebracht, die zu bewegen fünfhundert Mann erforderlich wären.

Da er seinem Sohn keinen Wunsch abschlagen kann, erlaubt der König ihm doch eine Ausfahrt aus dem Palast, unterlässt jedoch nicht den Befehl an seine Untergebenen, alles für den Prinzen Unerfreuliche zu entfernen. Durch das östliche Stadttor hinausgehend, erblickt Sakyamuni, der Prinz, zum erstenmal ungeplant einen alten Mann, der von Altersschwäche gebeugt ist. Bei der nächsten Ausfahrt durchs südliche Tor begegnet ihm allen Vorkehrungen zum Trotz ein Schwerkranker, der in seinem eigenen Unrat liegt. Die dritte Ausfahrt durchs westliche Tor konfrontiert ihn mit einem aufgebahrten Leichnam in einem Klagezug. Schließlich sieht er bei der letzten Ausfahrt durchs nördliche Tor einen Bettelmönch, der trotz seines Asketengewandes hoheitsvoll umherwandelt. All diese Erlebnisse führen dazu, dass der Prinz, inzwischen neunundzwanzig Jahre alt, sich aufmacht, Hof und Haus verlässt und seiner Buddhaschaft entgegengeht, nicht ohne sich die Haare zu scheren und außergewöhnlich schwere geistige Exerzitien und körperliche Askese durchzustehen.

Bis weit ins Erwachsenenalter also vollzieht sich die Lebensgeschichte Buddhas, wenn sie als historisch unterstellt wird, in einem Larvenstadium eines überbegabten und hochgepriesenen jungen Menschen, der um seine einmalige Großartigkeit weiß. Seine Entwicklung zum Buddha setzt erst nach den erfolgten Palastausfahrten ein. Sie erst führen die Wende herbei von der vorhergesagten möglichen weltlichen zur geistigen Herrschaft. Wenn also den Ausfahrten die entscheidende katalytische Wirkung für Buddhas Wirken zukommt, so müssen diese Ereignisse mit einem Instrumentarium näher angesehen werden, das eine geeignete Analyse ermöglicht.

Genauer besehen reagierte der völlig unbedarfte Sakyamuni bei seiner ersten Begegnung mit dem gebrechlichen Greis auf die Antwort seines Wagenlenkers, alle Menschen erwarte das Alter, mit einem heftigen Stimmungsumschwung: die Freude an der Ausfahrt war ihm genommen, er befahl umzukehren. Ebenso erging es ihm beim Erlebnis mit dem Kranken. Als er beim dritten Ausgang dem Trauerzug begegnete, wurde er davon so erschüttert, dass er in Klagen über die Vergänglichkeit des Lebens ausbrach. Dies wurde sogar zum Leitmotiv seines Lebens nach dem Verlassen des königlichen Hauses und der menschlichen Gemeinschaft.

Es stellt sich also bei näherer Betrachtung der entscheidenden Wende des Prinzen zum zukünftigen Buddha heraus, dass er drei Konflikte erfahren hatte, die ihn aus der Taufe hoben. Sie sind konsequenterweise in den Revierbereichen der rechten und linken Großhirnrinde zu suchen, also in den Relais Revierangst und Revierverlust und (weiblich empfundenen) Revierverlust und Schreckangst. Dadurch verankerten sie bei ihm eine depressiv nuancierte prä- und postmortale Konstellation.

Außer einer in seiner Kindheit spontan vollzogenen Meditation und prophetischen Träumen zeigen sich erwartungsgemäß eben erst nach diesem Wendepunkt der drei Erlebnisse erstmals postmortale (Horror-)Visionen bei dem nun ins innere Ungleichgewicht geratenen Buddha-Anwärter: er sieht die in den Schlafgemächern ruhende Geliebte mit allen möglichen Blößen und Gebresten ihres Körpers, was bei ihm die Vorstellung einer Leichenstätte erzeugt. Seinen eigenen Körper sieht er als Stätte der Unreinheit und Verwesung. Dem treten auch Geruchshalluzinationen als zwingende Begleitkonflikte aus den Ausfahrtserlebnissen hinzu, wenn ihm, mit dem typischen Blick zum Himmel (prämortal), „Scharen von Göttern", die ihm als seelisch kompensierendes Kontrastbild erscheinen, „Blumen, Wohlgerüche und Kränze" zur Verehrung darbringen[77].

Siddharta[Anm. 6] verließ seine Frau, den Vater und sein Königreich, um seinen angekündigten Weg zur Buddhaschaft anzutreten, jedoch nicht in freier Entscheidung. Weil er einen doppelten Revierkonflikt erlitten hatte, war er biologisch außerstande, ein Königreich zu führen, da ihm deswegen quasi ein Revierbegriff mangelte und er festen Bindungen wie der ehelichen nicht mehr genügen konnte. Daher verlegte er sein verloren gegangenes Revier ins innere Reich des Geistes als „Premium"-Revier, wo er mit großer Ausdauer seinen Weg weiter verfolgte und den seinen Ruhm begründenden ‚Pfad' lehrte. Wie es heißt, soll er dann im Alter von achtzig Jahren an einer Fleischvergiftung verstorben sein, die ihm sein Schicksal vorbestimmt hatte. Bei seinem Abschied sprach Buddha die vielsagenden Worte: „Nichts ist in den sichtbaren und unsichtbaren Welten außer einer einzigen Macht, die ohne Anfang und ohne Ende ist und nur ihrem eigenen Gesetz untertan… Versucht nicht, seine Unermesslichkeit mit Worten zu fassen… Wer fragt, irrt schon, wer antwortet, ebenfalls… Erhofft euch keine Hilfe von den Göttern, sie sind wie ihr dem Gesetz des Karman unterworfen, werden geboren, altern und müssen sterben, um wiedergeboren zu werden. Sie können ihr eigenes Schicksal nicht wandeln. Erwartet alles nur von euch selbst. Vergeßt nicht… jeder kann jene höhere Macht erlangen…“[78]. Diese Essenz Buddhas klingt sehr nach der altgriechischen Auffassung der Moira, verknüpft mit jener speziellen Neigung zu Mitleid und Lebensverneinung, die der angehende Buddha aus seinen Doppelkonflikten kreiert und folgerichtig die Eroberung spirituell-geistiger Welten zu seiner Lehre gemacht hatte.

Vor den Texten des *Neuen Testamentes* sind die *Briefe* des Paulus entstanden, deren Echtheit nicht alle vor der Forschung Bestand haben. Mit ihm begann die Internationalisierung der Ereignisse um das Leben und Sterben Jesu Christi, die davor nur zur jüdischen Tradition in Beziehung standen, sowie ihre Formung als das zentrale Glaubensereignis der Menschheitsgeschichte, sodass Paulus als der eigentliche Urheber des Christentums angesehen werden kann. Die von ihm eingebrachten Veränderungen sind durchweg nicht von allen Theologen gutgeheißen worden. „Alle schönen Seiten des Christentums", so schrieb der Freund von Friedrich Nietzsche, Fritz Overbeck, „knüpfen sich an Jesus, alle unschönen an Paulus"[79].

Durch sein Damaskus-Erlebnis wandelte sich der Christenverfolger Saulus zum christlichen Protagonisten Paulus. Damals auf seiner Reise „umstrahlte ihn plötzlich ein Licht vom Himmel", es warf ihn zu Boden und er vernahm die Stimme Jesu[80], wurde mit Blindheit, Appetit- und Durstlosigkeit geschlagen, bis er von dem Boten Jesu, Ananias, Besuch erhielt, von da ab wieder sehend wurde und mit seiner sofortigen Taufe wieder Nahrung zu sich nehmen konnte. Alsdann wurde er zum nimmermüden Eiferer vor dem Herrn, der nun ohne jegliche Grenzen alle Heiden zu Rekruten des rechten Glaubens zu bekehren suchte.

Eine für Paulus' Theologie charakteristische Formulierung lautet: „Ich lebe, doch nicht mehr als Ich, sondern Christus lebt in mir; soweit ich aber jetzt doch noch im Fleische lebe, lebe ich im Glauben an den Sohn Gottes, der mich geliebt und sich selbst für mich ausgeliefert hat"[81].

Für Paulus ist der Glaube allein die „Rechtfertigung“ des Menschen[82]. Mehr als gerechte Taten entscheidet nach ihm allein die Tatsache des Glaubens über die religiöse Qualifizierung des Kandidaten. Dieser Glaube besteht eben darin, den Sühnetod und die Auferstehung Christi als das zentrale Menschheitsereignis anzuerkennen[83]. Die Formel „in Christo“ ist bei Paulus so bedeutsam und auffällig, dass sie in seinen *Briefen* 164 Mal gezählt wurde. Gibt es dafür eine weiterreichende Erklärung als die übliche theologische?

Der Sanskritforscher Lindtner übersetzt „Christus“ als griechisches Wort für den aus der kriegerischen Adelskaste (ksatriyas) stammenden Sakyamuni. Dieses Wort sei eine Ableitung des Sanskritwortes ksetra(m)/ksatra(m) und bedeute „das Reich“. Daher sei ein ksatryas „ganz genau genommen ein Reichsmann“[84].

Christus spricht oft genug von seinem Reich, das nicht von dieser Welt ist. Tathagâta, ein weiterer Name für den Buddha, verspricht, dass die Jünger in einem Buddha-Reich (buddha-ksetre) auferstehen werden. „Im Reich“ und „in Christus“ sind „daher zwei verschiedene Wiedergaben desselben Sanskritwortes, nämlich ksetre. Das erste gibt die Bedeutung, das zweite den Wortlaut wieder“[85].

Ist es wirklich berechtigt, spezielle philologische Maßstäbe der Gematrie für eine buddhistisch strategische Maskerade bei Paulus vorzubringen?

Am besten ist es, zunächst Paulus selbst dazu zu Wort kommen zu lassen. Im *Römerbrief 3,7* schreibt er: „Wenn aber die Wahrhaftigkeit Gottes infolge meiner Unwahrhaftigkeit um so glänzender erscheint zu seiner Verherrlichung, warum soll ich da als Sünder gerichtet werden?“ In der Fassung Luthers – wie in der offiziellen Standardausgabe der *Lutherbibel* zu lesen – steht derselbe Passus sogar deutlicher übersetzt: „Denn so die Wahrheit Gottes durch meine Lügen (Lüge) herrlicher wird zu seinem Preis (seiner Ehre), warum sollte ich denn (dann) noch als ein Sünder gerichtet werden?" (Unterstreichungen von J.S.M.). Auf welchen Hintergrund verweist Paulus denn, wenn er ungefragt sich als Lügner bezeichnet, dessen Vergehen nach seiner theologischen Moral straflos bleibt?!

Wird nicht auch von Jesus den Jüngern geraten, „klug wie die Schlangen" zu sein[86]? Hatte so eine jesuitische Moral vom frommen Betrug nicht eine lange Wurzel bis zum Buddhismus reichend?

Die buddhistische Propaganda kennt bei einer frommen Verstellung keine Skrupel, sie sieht sogar in der „Geschicklichkeit" des Vorgehens höchste Tugend. Im *Lotos-Sutra*, einem Hauptwerk des Mahayâna-Buddhismus, berichtet Buddha, er habe lange überlegt, wie er möglichst alle Menschen zur Buddhaschaft bringen könne, da er Mitleid mit ihnen habe. Sie würden ihm aber keinen Glauben schenken, das Gesetz weiter verletzen und „auf die drei bösen Pfade fallen"[87]. Daher würde er besser ins Nirwana eingehen. Doch fiel ihm rechtzeitig ein, wie seine Buddhavorgänger mit „geschickten Mitteln" praktiziert hatten. Diese Methode anzuwenden bei „den Menschen von stumpfen Wurzeln und kleinkariertem Wissen, die an der Erscheinung haften und stolz sind"[88] – immer herablassend vom prä- und postmortalen Gipfel aus gesprochen – ist „das geheime und wesentliche [Gesetz] aller Buddhas"[89]. Sie arbeiten mit zehntausenden und hunderttausenden geschickten Mitteln", denn Buddha ist „der König aller Gesetze"[90]. D.h. nicht nur, dass er der Initiator und freie Gebieter darüber ist, sondern „in den geschickten Mitteln…vollendet"[91]. Er benutzt „mit der Kraft von unermesslichen geschickten Mitteln"[92] dafür Sutrentexte (kanonische Schriften), Gathas (Gesänge), Ikonographien,

Buddhalegenden aller Vorgänger, Wundermärchen, Unterweisungen, Gleichnisse etc.[93]. Um die Verstockten zu befreien[94] und die Menschen, die das Gesetz nie „begreifen" könnten[95], die also unmöglich mit dem ‚kleinen Fahrzeug' zu retten wären, zu erleuchten, erscheinen sämtliche Buddhas in der Welt „nur um der Darstellung einer einzigen großen Sache willen": die Lebewesen zu Buddha zu führen mit „unermesslichen, unzähligen geschickten Mitteln"[96].

Da für Buddha die Zeit des Predigens gekommen ist[97], predigte er es nun ohne Unterscheidung, d.h. ausschließlich und für alle Menschen „und braucht die Kraft des geschickten Mittels"[98]. Denn, „wer das Gesetz hörend, es freudig preist, und sei es, dass einer nur ein Wort hervorbringt, der verehrt damit bereits alle Buddhas der drei Welten"[99]. Es genügt erstaunlicherweise der buddhistischen Missionierung völlig, den Ungläubigen zum Aussprechen eines heiligen Namens, sogar noch in versteckter Bezeichnung, zu bringen.

Über die Kriegsführung bestimmter Stämme ist der Brauch bekannt, dass allein die Berührung ausreichte, ja sogar die eleganteste Art war, den Gegner zu besiegen; die buddhistische „Kriegslist" (ūpâyakausalyam)[100] sieht in dem ehrenvollen Nachsprechen offener und versteckter Namensbezeichnungen Buddhas die Erweckung des verstockten Menschen vollzogen, der es nicht über die asketische Lebensführung eines Heiligen bis ins Nirwana schafft. Von daher braucht der Buddhismus kein religiöses Dogma für die Gläubigen und ist in seinem „bescheideneren" Anspruch, der zugleich äußerst raffiniert in Verkleidung operiert, dem westlichen Denken schwer zu begreifen.

All dies findet sich bei Paulus wieder, jedoch geht er in seinen Ansprüchen zumindest inhaltlich darüber hinaus, indem er den aktiven Glauben fordert. Welche Persönlichkeit tritt in Paulus in Erscheinung?

In seinen *Briefen* hat er einige Angaben über sich eingestreut, die einiges von seinem Persönlichkeitsbild erschließen lassen. Dazu muss aber nochmals sein Damaskus-Erlebnis betrachtet werden, bei dem „ihn plötzlich ein Licht vom Himmel" umstrahlte, er merkwürdigerweise zu Boden fiel, woraufhin er für drei Tage blind, appetit- und durstlos blieb[101].

Schon vielen erschien das ungewöhnliche Hinfallen im Zusammensein mit der Lichtaura als Zeichen einer Epilepsie, eine Annahme, die von einem anderen Bekenntnis des Paulus noch gestützt wird: „Deshalb ward mir, damit ich mich nicht überhebe, ein Stachel für das Fleisch gegeben, ein Satansengel, auf dass er mich mit Fäusten schlage, damit ich mich nicht überhebe"[102].

Die angeführten drei Tage Blindheit, Appetit- und Durstlosigkeit stimmen mit der Erfahrung bis zu drei Tage dauernder Krisen, hier vermutlich tatsächlich einer epileptischen Krise bei Paulus, überein, hat also als Verdachtsdiagnose eine hohe Wahrscheinlichkeit. Von daher ist seine wundersame Besserung nach dem Besuch des Ananias eine zur medizinischen Erklärung irrelevante, da zusammenhanglose Begebenheit, der aber in Unkenntnis der biologischen Abläufe die Schlüsselrolle der Bekehrung zuteil wurde.

Unter Umständen könnte Paulus seit Geburt an Epilepsie gelitten haben, da er von sich als „Fehlgeburt"[103] spricht, was durchaus konkret als Frühgeburt[104] verstanden werden kann, – „unzeitige Geburt" übersetzte Luther – und bei der durch medizinische Intervention oder Komplikation die Grundlagen einer Epilepsie durchaus gelegt worden sein könnten. Auch seine Formulierung, dass ihn der „Satansengel" mit „Fäusten schlage", kommt dem subjektiven Erleben eines epileptischen Grand-mal-Anfalls sehr nahe.

Etwas vorher erwähnt Paulus ein eigenes Erlebnis besonderer Qualität: „Ich kenne einen Menschen in Christus, der vor vierzehn Jahren – ob im Leibe, das weiß ich nicht, oder außer dem Leibe, das weiß ich nicht, Gott weiß es – bis zum dritten Himmel entrückt wurde. Und ich weiß, dass der betreffende Mensch … ins Paradies entrückt wurde und unsagbare Worte vernahm, die einem Menschen auszusprechen versagt sind“[105].

Die Entrückung in den dritten Himmel erweist seine spezifische prämortale Konstitution, die er nochmals mit seinem dafür typischen Eifer vor dem Herrn beweist. Denn er musste, wie er selbst bezeugt, bei seinem Missionseifer einiges einstecken: „Von den Juden bekam ich fünfmal die vierzig weniger einen. Dreimal wurde ich gegeißelt, einmal gesteinigt“[106] samt anderen Gefahren, Hunger und Durst. All das brachte den Unerschütterlichen nicht davon ab, denn solche Torturen verstärken eher die Konstellationen, als dass sie sie zu heilen vermöchten. Zudem bewahrt die Überheblichkeit, die sich in ihrem Sendungsbewusstsein geltend macht, eine Natur wie die des Paulus unerschütterlich vor allen Anfechtungen, denn es hatte Gott gefallen, „seinen Sohn in mir zu offenbaren…“[107]. Da er „seine Offenbarungen auf den Herrn selbst zurückführt“ und in „dieser Tatsache die Autorität und Verbindlichkeit seiner Lehre begründet sieht“, will er sein Evangelium auch dann bewahrt wissen, „wenn ein Engel vom Himmel käme und ein anderes Evangelium verkündete“[108].

Geht es um das Verhältnis der Geschlechter, so offenbart Paulus freimütig von sich: „Ich wünschte aber, alle Menschen wären wie ich, doch jeder hat seine besondere Gnadengabe von Gott, der eine so, der andere anders“[109]. Nur wäre zu befürchten, dass die Menschheit dann schon zu St. Pauli Zeiten ausgestorben wäre. So wiederum erscheint es zwingend, bei ihm noch von einer weiteren Konstellation, der postmortalen, mit asexueller Hormonlage, auszugehen.

Paulus, gekreuzigt von seinen eigenen Konstellationen und von seinem epileptischen Leiden „geschlagen", vollendete wie die buddhistischen Missionare mit ihrer extremen Betonung des Glaubens über gute Werke – als Garanten, das Nirwana/den Himmel zu erlangen, was sie, genau wie Paulus, allen Menschen zugute kommen lassen wollen –, die große Eroberungswelle des Königs Ashoka. Sein Missionierungsauftrag ermöglichte erst die Eroberung Europas „mit geschickten Mitteln" seit zweitausend Jahren.

Nach dem Schöpfungsmythos der Azteken, der *Legende von den vier Sonnen*, die in verschiedenen Varianten überliefert ist, waren bereits vier Weltperioden (=Sonnen) durch Naturkatastrophen vorausgegangen. Die erste Sonne, Jaguar- oder Nachtsonne genannt, verschwand, nachdem alle Erdbewohner von Jaguaren gefressen worden waren. Im zweiten Weltalter rissen furchtbare Winde und Stürme die Menschheit davon, die Überlebenden wurden zu Affen. Das dritte Weltalter vernichtete die Menschen durch Feuerregen, der vom Himmel fiel und die verbrannten Menschen in Vögel verwandelte. Die vierte Sonne wurde durch eine Sintflut beendet, die Menschen in Fische verwandelt. Die gegenwärtige fünfte Periode heißt ‚Erdbebensonne' und lässt ein entsprechendes Szenario ihres Untergangs erwarten. In diesen apokalyptischen Abläufen der Vorzeit erkannten die Geologen Tollmann die „richtige Reihenfolge der Ereignisse mit Schockwellensturm und Weltenbrand, die der Sintflut vorauseilen“[110] wieder, und es besitzt daher Kronzeugenschaft für den Impakt, der sich weltweit in den Sintflutberichten niedergeschlagen hat.

Ein gefahrenbringender Kosmos, der irgendwann wieder den Untergang bringen wird, „wenn die Götter >den Vertrag aufheben<“ wollen, der sie an uns bindet“[111] und vorbedeutungsvolle Zahlen und Daten, die mit Magie und Zauberei verknüpft wurden, scheinen das Erbe der darauf völlig ausgerichteten religiösen Vorstellungen der Azteken geworden zu sein. Die göttliche Sonne trägt daher aufgrund ihres ursächlichen Zusammenhanges mit den vier Weltuntergängen auch das Attribut des Bösen.

Um das gegenwärtige fünfte Sonnenzeitalter zu erschaffen, mussten die Götter, die genauso sterblich wie die Menschen gedacht wurden, ein Opfer bringen, was ihnen aber Furcht machte. Da bestimmten sie zwei von ihnen. Als die beiden zum Feueropfer geführt wurden, versagte vor Angst der eine, während der missgestaltete, blatternarbige, kleine andere Gott ohne Zögern ins Feuer sprang. Nach ihm sprangen noch ein Adler und ein Jaguar hinein.

Adler und Jaguar sind Himmels- bzw. Sonnentiere, die bei den Azteken die exquisite gleichnamige Ritterschaft begründen. So wurden Sonne und Mond aus den Opfern der beiden Götter geboren. Um den Angsthasen, den zaudernden Gott „für seine Feigheit zu bestrafen, schleuderte ihn einer von den Göttern die Kaninchen ins Gesicht“ [112], deren Umriss die Mexikaner in den Flecken des Mondes hineingesehen haben, dem es deswegen an vollem Glanz bis heute fehlt.

Schon einmal, in Catal Hüyük, gab es rituelle Darstellungen von Vögeln im Zusammenhang mit der Entfleischung menschlicher Leichname. Statt der Adler kamen hier die Geier zu religiösen Ehren. Offensichtlich wurden dort enthauptete Leichname den Geiern vorgeworfen, um dann deren Gebeine bestatten zu können. Wirft der aztekische Sonnen-Adler-Kult des 14. Jahrhunderts n.d.Z. von daher Licht auf die noch unbekannten religiösen Vorstellungen, wie sie bei der vorderasiatischen Stadtbevölkerung Catal Hüyüks des 7. Jahrtausends v.d.Z. in regionaler Modifikation verbreitet waren?

Die ‚Azteca Chichimeca‘ (Barbaren von Azlan) brachen nach ihrer Legende im Jahr 1111 unter der Führung von vier Priesterherrschern vermutlich aus dem Nordwesten auf, veranlasst wohl durch drastische klimatische Veränderungen, und übernahmen etwa um 1325/45 die Herrschaft in Mexiko von den dort ehemals residierenden Tolteken. Im Lauf ihrer kurzen

Reichszeit bis zur Ankunft der spanischen Konquistadoren entfalteten sie eine Expansionspolitik, die zur Gründung eines Staatenbundes von achtunddreißig steuerpflichtigen Provinzen mit ca. eineinhalb Millionen Menschen an Bevölkerung führte. Genau wie in Ägypten gab es Pyramidenbauten und Tempelanlagen. In der von den Spaniern systematisch zerstörten Hauptstadt Tenochtitlan zählte der Tempelbezirk allein achtundsiebzig Heiligtümer. Über die Ansehnlichkeit der Paläste berichtete Cortés, dem ein Vergleich mit der glanzvollen Architektur des maurischen Spanien in der Hochrenaissance zu Gebote stand: „Es scheint mir fast unmöglich, die Schönheit und Größe dieser Bauten zu beschreiben. In Spanien gibt es nichts ähnliches.“

Die ursprüngliche Herrschaft der Priesterkönige wurde bald nach erfolgter Städtegründung in eine Monarchie umgewandelt, deren Gesellschaftsform hierarchisch gegliedert war: Erbadel mit Priestern, Kriegern, Beamten und Kaufleuten und dem gemeinen Volk als Arbeitern. Als „Meister der Staatskunst“ *(N. Davies)* bezeichnet, hatten sie trotz ihrer militärischen Erfolge kein stehendes Heer und begnügten sich mit den alle achtzig Tage zu leistenden Tributen der unterworfenen Stämme. Dennoch ist der Azteke auf Krieg ausgerichtet, selbst von einem späteren Priester wird in seiner Jugend erwartet, an einem Kampf teilgenommen und zumindest einen Gegner gefangengenommen zu haben. Ehre und Ehrgeiz jedes Jünglings ist es, ein Krieger zu werden, was das gleiche Wort wie ‚Mann’ bedeutet [113]. Mit dieser Auszeichnung sind gesellschaftliche Privilegien verbunden, die aber in Schande verfallen, wenn nicht weitere Gefangene gemacht werden. Erst mit vier Gefangenen erhält er den Offiziers-Rang eines ‚Kriegers mit Fronterfahrung’ und das Recht, an den Steuereinnahmen zu partizipieren sowie der Aussicht, ein Kriegshauptmann zu werden.

Krieg und Religion vereinen sich bei den Azteken in außergewöhnlicher Weise. Sie benötigen Menschenmaterial zu ihren Opferungen, um die Götter zu beschwichtigen. Denn nachdem ehedem durch das Feueropfer eines Gottes Sonne und Mond geschaffen worden waren zum fünften Weltalter, waren diese Gestirne stehengeblieben und rührten sich nicht vom Fleck, bis durch Opferung eines Gottes, der zuvor versucht hatte, die Flucht zu ergreifen, die Sonne neu belebt worden war. Der Sonnengottheit musste deswegen ständig neues Blut zugeführt werden, um das Weiterleben auf Erden zu sichern. Immer wenn ein Jahresbündel von zweiundfünfzig Jahren (4x13 Jahre) abgelaufen war, bestand größte Gefahr des Untergangs. Dann löschte man alle Feuer in den Tempeln und auf den Herden, zerbrach Töpfe und Pfannen, sperrte Kinder und Schwangere ein und zog unter priesterlichem Geleit in feierlicher Prozession auf eine Anhöhe, um bei Mitternacht, wenn das Sternbild ohualtecutli sichtbar wurde, erleichtert die Feuer wieder zu entzünden – die Katastrophe war für die nächsten zweiundfünfzig Jahre abgewendet worden[114].

Aus diesem Grund führten sie ‚heilige Kriege' *(J. Soustelle)*, bei denen die Gefangennahme von Gegnern mehr bedeutete als sie zu töten; entsprechend war die Kriegführung diesem Ziel untergeordnet. Da nun allmählich im ausgedehnten Staatenbund der Azteken wenig zum Fortführen von Unterwerfungen übrig blieb, drohte mit dem Ende des Krieges auch das Ende des Menschenmaterials einzusetzen. Zur Verhinderung des Ausbleibens von menschlichen Opfern entwickelte einer der Großpriester unter dem Herrscher Moctezuma I. die Institution des formalisierten Krieges, indem er auf Elemente ritueller Kriegführung zurückgriff. Wie in einem Turnierspiel die Mannschaften nach genau festgelegten Regeln und Zeremoniell einem ‚fair play' nachkommen, versuchte man durch

Berühren Beute zu machen, ein Brauch, der auch bei den Prärieindianern – als coup bezeichnet – bekannt war, indem sie ihren Gegner mit der gefiederten Lanze berührten und dadurch besiegten [115]. In der Realität ging es bei diesen ‚Blumenkriegen', wie sie genannt wurden, allmählich wohl recht blutig zu. Das verlustreiche Gemetzel untereinander nahm unter Moctezuma II. wieder grausige Ausmaße an [116]. Tatsache jedenfalls ist, dass es selbst diesen Hartgesottenen zu Tränen bewegte. Ob das Haschespielen die Beteiligten irgendwann langweilte und den Kampf-Spaß verdarb, so dass sie aufs Ganze gingen, geht aus den Berichten nicht hervor.

Seltsam jedoch auch das Schicksal der Gefangenen. Sie redeten ihren Eroberer mit ‚mein geliebter Vater' an, dieser ihn als ‚mein geliebter Sohn'. Der Gefangene hielt sich für den Auserwählten der Sonne. Es gehörte zum Ehrenkodex der Krieger, sich nach einer Niederlage oder dem Besiegt-werden zu opfern. Nachdem sie über Monate luxuriös verpflegt und unterhalten wurden, wurden sie bei Gelegenheit mit dem Kostüm der Gottheit bekleidet, zur Opferstätte der Pyramidentempel geführt, wo ihnen dann in bekannter grausamer Weise – vermutlich mittels vorher verabreichter halluzinogener Droge, dem peyotl – mehr oder weniger an den Haaren die Pyramidenstufen hinaufgezerrt, von vier Priestern die Extremitäten festgehalten wurden, während der fünfte mittels eines Obsidianmessers das Herz des Gefangenen aus dem Leib riss. Dies wurde im Anschluss den Göttern geweiht. Zahlreiche aztekische Götter erwarteten auf diese Weise ihre Besänftigung, denn wie die Römer übernahmen auch die Azteken von ihren tributpflichtigen Völkern deren Götter in ihre eigenen Tempel. Offenbar war das Herz für den Sonnengott Vitzlipochtli bestimmt. Ob der Herr der Unterwelt, der Gott Mictlantecuhtli, der mit aus dem Leib ragender Leber dargestellt wurde, die Leber des Opfers erhielt, ist bislang nicht bekannt. Das Hirn des Opfers beanspruchte die Priesterschaft für sich. Alle drei Organe stellen für Kannibalen Leckerbissen dar – und die alltäglich mit frischen Meeresfrüchten und Wildbret versorgten Mitglieder der Oberschicht (Kaiser, Adlige, Priester) kamen so zu besonderen gourmethaften Gaumenfreuden. Unter Moctezuma II. steigerten sich die Opferexekutionen zu tagelang währenden und im Minutentakt vollzogenen Massakern, die aus religiösen Gründen allein nicht zu erklären sind.

Während also bei der Opferung die drei wertvollsten inneren Organe auf diese Weise verteilt wurden, stellte man das abgetrennte Haupt an speziellen Plätzen zur Schau oder es schmückte als Trophäe den Eroberer. Der spanische Hauptmann Bernal Díaz del Castillo schrieb von 100 000 regelmäßig angeordneten Menschenschädeln auf der Plaza von Xocotlan. Andrés de Tápia zählte im Zentrum von Tenochtitlán auf den Schaugerüsten allein 136 000 Schädel. Die Überreste des Geopferten wurden die Pyramidenstufen hinabgestoßen und vom Eroberer nach Hause transportiert, wo sie im Kochtopf landeten. Das Gericht wurde als Fleisch Gottes zelebriert und als Kommunionsritual verspeist. Laut Díaz wurde der Rumpf den Raubtieren und Schlangen im königlichen Zoo zum Fraß vorgeworfen, vermutlich nicht ohne zuvor für die Zoowärtern noch eine Ration Fleisch abgeworfen zu haben, wie M. Harris mit ironischer Einfühlung mutmaßt[117]. Religi öser Kannibalismus in extremen Ausmaßen? Kannibalismus als religiös praktiziertes Ritual ist weit verbreitete Tatsache in alten Zeiten gewesen, wenn auch nirgends in solchem Ausmaß wie bei den Azteken ausgeübt worden. Bei den ägyptischen Pyramidentexten findet sich der sog. ‚Kannibalenhymnus', in dem die menschen- wie götterverzehrenden Gelüste des Königs Unas geschildert werden. Noch die christliche Transsubstantiationslehre lässt den Realgehalt ihres symbolischen Geschehens aus dieser Quelle erkennen.

Bis zum Jahr 1200 hatten im Tal von Mexiko weitreichende Entwicklungen seit etwa eintausend Jahren eingesetzt, bei denen die agrarische Versorgung intensiviert wurde, um die Bevölkerung zu ernähren: zunächst Brandrodung, später brunnengespeiste Bewässerungen über Kanalsysteme und zuletzt die ‚schwimmenden Gärten', also bepflanzte Erdhügel, die in den See hinein ausgedehnt wurden. Die Intensivierung der Anbaumethoden entsprang den zunehmenden Erfordernissen aufgrunf der schwieriger werdenden Ernährungsprobleme der Bevölkerung. So liefert der Anthropologe Michael Harner für das offene Problem des Kannibalismus eine plausible Erklärung. Er sieht in der verursachten ökologischen Erschöpfung der Proteinressourcen den Grund für die Massenschlächterei, denn Truthähne, Hunde, Wild und Fisch lieferte nur der Tisch der privilegierten Schichten, während die Arbeiter als Hauptbevölkerung sich mit einem recht frugalen, wenig Eiweiß bietenden Mahl zufrieden zu geben hatten.

Allerdings war ja nicht die Bevölkerung in erster Linie Nutznießer der menschlichen Proteine und eine Zwei-Millionen zählende Gesamtbevölkerung hätte auch davon nicht ihre Zusatz-Proteine beziehen können. „Aber so ist die Frage nicht richtig gestellt", führt Harris aus, der sich auf die Ergebnisse von Harner bezieht und überprüft hat. „Der springende Punkt dürfte nicht sein, wie viel diese kannibalischen Umverteilungen zur Gesundheit und körperlichen Widerstandskraft des Durchschnitts-Azteken beigetragen haben, sondern inwieweit die Kosten/Nutzen der politischen Herrschaft sich infolge der Belohnung ausgewählter Gruppen in kritischen

Phasen mit Menschenfleisch zum Positiven verschoben. Wenn ein gelegentlicher Finger oder Zeh alles gewesen wäre, was der einzelne erwarten konnte, hätte das System sicherlich nicht funktioniert. Aber wenn das Fleisch in konzentrierten Rationen dem Adel, dem Militär und den ihnen assoziierten Gruppen [auch Arbeiter konnten zum Krieger aufsteigen; J.S.M.] zugute kam, und wenn die Verteilung zeitlich so organisiert war, dass Defizite im agrarischen Zyklus ausgeglichen wurden, konnte der Nutzen für Moctezuma und die herrschende Klasse durchaus groß genug sein, um den politischen Zusammenbruch abzuwenden“ [118].

Da eben den Azteken keine domestizierten Tiere wie Schweine, Rinder, Schafe etc. – oder wie bei den Inkas Lamas und Meerschweinchen – zur Verfügung standen und deren genügsames Futter gerade überwiegend aus dem besteht, was der Mensch selber nicht verdauen kann, zudem die Haltung von Truthähnen hochwertiges Getreidefutter und die von Hunden Fleischkost erforderlich macht, ist auch die Erbeutung eines Gefangenen und seine durchaus etwas luxuriöse Verköstigung auf eine gewisse Zeit ein besser kalkulierbarer Umstand, der den Azteken nicht entgangen war.

Die Argumentation der beiden Anthropologen wird auch durch den Brauch des ‚potlach' gestützt. Der aztekische Kaufmann, ein weitreisender und oft kämpferisch erfahrener Mann, konnte wohl niemals Adliger werden, hatte aber Gelegenheit, sich als ‚großer Mann' mit großzügigen Geschenken oder der Vernichtung seiner Güter, was deren Überflüssigkeit für ihn zur Schau stellen und damit seinen großen Reichtum beweisen sollte, zu etablieren. Was den Kaufleuten zur Verfügung stand, dessen konnte sich auch der Aztekenherrscher innenpolitisch befleißigen und eine kannibalistische Verschwendungsmaßnahme praktizieren.

Desweiteren belegt auch die historische Klimaforschung für den Zeitraum um 1450–54 eine Dürreperiode mit Hungersnöten in Südamerika. Sogar aus Osteuropa während der Zwanziger- und Dreißigerjahre des 15. Jahrhunderts wird als Folge „verheerender Hungersnöte… von Kannibalismus berichtet“[119].

Auch die dauerhafte Aggressivität der in den ‚Blumenkriegen' dokumentierten Gemetzel fordert raubtierhaften Fleischproviant, der wiederum diesen Kreislauf in Gang hält.

So findet sich in leichter Abwandlung die römische Strategie des ‚panem et circenses' in einer religiös verbrämten Form bei den Azteken wieder, deren Grundlage die Beschwichtigung der Sonnengottheit, wie vermutlich auch der Gottheit der Unterwelt, ist, die in zyklischer Wiederholung den Untergang der Menschheit durch den Impakt herbeigeführt hatten, und in der Hinterlassenschaft kollektiv verankerter Konstellationen ihren Besänftigungswahn der Götter mit exzessiven kannibalistischen Massenexekutionen befriedigten, unterfüttert von den erschöpften Proteinressourcen einer angewachsenen Bevölkerungszahl, die auf alternative tierische Proteinlieferanten in diesem Ausmaße nicht zurückgreifen konnte. Nur war das aztekische Brot eben Menschenfleisch und die (Gladiatoren-) Spiele blutige ‚Blumenkriege'.

Der gar nicht so ‚stumme Ochse'

Nachdem nun an einigen historischen Staatsgebilden die in religiösem Gewand etablierten Herrschaftsformen unter biologischen Gesichtspunkten von Naturkatastrophen und konstellierter Persönlichkeitsstruktur analysiert wurden, ist der Frage nach den weitreichenden Folgen der Konstellationen auf die individuelle menschliche Psyche und ihrer in die Gegenwart reichenden Ausprägungen noch lange nicht Genüge getan. Die bei Echnaton noch zu erkennende häretisch-revolutionäre Neuerung findet bei Moses kanonisch-politische Anerkennung. All die überdauernden, großen religiösen Formen verhindern dann in Zukunft weitgehend, dass ihnen das Gleiche widerfährt, indem sie das aus ebendenselben Quellen entspringende Geistesgut und deren Vertreter entweder als Häresie ausrotten oder zur Not sich einer ‚Reformation' unterziehen müssen. Doch nicht immer brauchen Unverträglichkeit und Intoleranz das Kennzeichen „innovativer Originale" zu sein, denen oft genug Nischen zum Überleben bleiben. Der seit Ende der Sechzigerjahre des 20. Jahrhunderts auf dem geistigen Markt so hoch in Kurs gekommene ‚spirituelle' Weg verschiedenster esoterischer Meister mit ihrer Gefolgschaft und ihren Sympathisanten zeigt im Kleinen, dass die hierbei vorhandene Nicht-Unterschiedenheit zu den großen Systemen nicht erkannt worden ist. Wer wähnt, hier eine echte Alternative zu den etablierten Systemen zu sehen, gleicht dem, der das Licht einer Glühbirne für eine grundsätzlich andere Energieform als das der Straßenlaterne hält.

Alle solche Erfahrungen, wie sie aus Mystik, Meditation, Neuoffenbarung hervorgegangen sind, gleichgültig ob sie aus dem Osten, der Neuen Welt oder aus Europa stammen, werden hier unter dem Begriff spirituell subsumiert und sind vom Begriff des eigentlich Religiösen abgesetzt, der im letzten Kapitel näher skizziert wird. Untersucht werden soll, inwieweit spirituelle Erfahrungen mit biologischen Grundlagen zu tun haben, speziell aus Revierbereichs-Konstellationen hervorgehen, und auch wieweit gegebenenfalls ihr Versprechen, über der Biologie zu stehen, d.h. immun gegen biologische Bedingungen zu sein und diese sogar aufheben zu können, auf dem Boden der Realität angesiedelt ist. Insofern wird eine Aufgabenstellung zugrunde gelegt, die andernorts so formuliert wurde: „Gebt dem Kaiser, was des Kaisers ist". Ob die spirituellen Quellen darüber hinaus noch etwas zu bieten haben, ist die Frage. Was an ihrer Stelle als Religiöses dieses beantworten kann, soll dann im letzten Kapitel zur Ausführung kommen.

Nicht immer wird bei solchen Meistern jene Redlichkeit vorgefunden, die ein so bedeutender intellektueller Theologe, wie Thomas von Aquin es war, in seiner Aussage erkennen lässt: „Dies ist das Äußerste menschlichen Gotterkennens: zu wissen, dass wir Gott nicht wissen"[120]. Konsequenterweise wäre dem ein agnostischer Standort angemessen. Doch indem nun bestimmte Texte als von Gott geoffenbarte, heilige ausgegeben werden, umgehen Theologen wie Thomas die Konsequenzen einer rein negativen Theologie und wissen nun doch durch allerlei logische Folgerungen positive Aussagen über Gott in einem dogmatischen Gebäude zu errichten. So begann Thomas mit einundvierzig Jahren damit, neben einem schon vorhandenen, reichhaltigen schriftlichen Werk und parallel zu weiteren schriftstellerischen Arbeiten, ein Opus für Anfänger des Theologiestudiums zu schreiben, seine *Summa theologica*, die 631 Untersuchungen mit etwa dreitausend Artikeln umfasst, was in der deutsch/lateinischen Edition sechsunddreißig Bände an

Umfang ausmacht. Im Alter von neunundvierzig Jahren brach er das Unternehmen am 6.12.1273 ab. Auf besorgtes Nachfragen seines Sekretärs antwortete er ihm: "Ich kann nicht. Alles, was ich geschrieben habe, kommt mir vor wie Spreu"[121]. Eine Depression nahm ihm Wort und Einfälle. Diese Depression erfolgte im Zusammenhang einer Konstellation, denn sie war mit einer inneren Vision und Offenbarung verknüpft, die ihm viel größer schien als alles, was er bislang geschrieben hatte, wie er sich knapp und dunkel darüber äußerte. Für die veränderte psychische Stimmungslage machen seine Biographen seinen Streit um die ‚zwei Wahrheiten' des arabischen Aristotelikers Siger von Brabant, des Führers der Averroisten, an seiner vorigen Lehrstätte an der Pariser Universität verantwortlich. Dorthin war Thomas ein zweites Mal in päpstlichem Auftrag gerufen worden, um der Gefahr, die von Siger von Brabant für die Kirche ausging, zu begegnen. Diese Mission gelang ihm auch, wobei er auf eine andere Weise die ihm in höchster Anerkennung von seinem Lehrer Albertus Magnus prophezeiten Worte erfüllen sollte: „Ich aber sage euch, das Brüllen dieses ‚stummen Ochsen' wird so laut werden, dass es die ganze Welt erfüllt"[122]. Hierbei brüllte der ‚stumme Ochse' tatsächlich wie ein „wilder Stier"[123], wenn auch seine Formulierungen dazu recht sachlich blieben. Chesterton erfasst dies wohl zutreffend, wenn er schreibt, Thomas habe „Donnerkeile edelsten Zornes" auf den Gegner geschleudert. „Es geschah, weil hier sein ganzes Lebenswerk hinter seinem Rücken verfälscht und verraten wurde…"[124], denn es war ja gerade Thomas' hervorragende Leistung gewesen, Aristoteles im christlichen Glauben zu integrieren. Der in den Augen des Thomas gesehene Missbrauch des Aristoteles durch die Averroisten und zugleich die daraus folgende Diskreditierung seiner eigenen auf Aristoteles bezugnehmenden Leistung muss ihm als ungeheuere Revierbedrohung erschienen sein, die er trotz seines Erfolges nicht mehr vergessen und verwinden konnte. „Als er Paris, nach dem Osterfest 1272, siebenundvierzigjährig verlässt, ist er ein verbrauchter Mann“[125].

Dies kann aber keinesfalls der erste Revierkonflikt für Thomas gewesen sein, wie gleich zu ersehen sein wird. Daher darf mit gutem Grund davon ausgegangen werden, dass der in Paris eingetretene Revier-Konflikt auf eine vorhandene Konstellation postmortaler Art aufsetzte, die von einer autistischen Konstellation begleitet wurde.

Auf Einladung des Papstes machte er sich noch auf den Weg zum Konzil nach Lyon, stieß sich unterwegs an einem Ast heftig den Kopf und wurde ohnmächtig. Nach dem Aufwachen ließ er sich zu einem benachbarten Zisterzienserkloster transportieren und legte den Mönchen auf deren Bitten noch das *Hohelied* aus. Schließlich verstarb er dort am 7.3.1274, noch nicht fünfzigjährig.

Sein eigenes Wort, das er zuletzt als „Spreu“ verworfen hatte, wurde anschließend von der Kirche in ihr Lehrgebäude aufgenommen und somit als „Weizen“ weitergereicht. Dass in Thomas aber das Versagen des intellektuellen Weges in der Frage des Religiösen zutage getreten war, ist ihm als einzigen in den Sinn gekommen – wenn auch nur im Vergleich zu den Schauungen, die ihm während einer Messhandlung erschienen – und gerade darin wurde er von den Theologen, die ihn preisen, nicht ernst genommen.

Übrigens hat er erst an seinem Lebensabend dem Freund und Sekretär Reginald von Piperno von einem höchst aufschluss- und folgenreichen Ereignis berichtet, als der schon im Alter von fünf Jahren an die Benediktiner gegebene und für eine standesgemäße Position ausersehene Thomas seine adlige Familie durch die Absicht schockierte, in den Bettelorden (!) der

Dominikaner einzutreten, wovon ihn seine Familie abzuhalten versuchte. Seine Brüder hielten den Zwanzigjährigen daher auf einer einsamen Burg in Familienbesitz über ein Jahr in einem Verließ fest. Dort schleusten sie in sein Zimmer eine aufgeputzte Kurtisane ein, die den widerspenstigen jungen Bruder von seinem Vorhaben abbringen sollte. „Er sprang von seinem Sitz auf, riss ein glühendes Scheit aus dem Feuer, stand da und schwang diesen Brand hin und her wie ein flammendes Schwert“ [126]. Die verängstigte Kurtisane nahm kreischend Reißaus. Danach stürzte er nieder und fiel erschöpft in einen tiefen Schlaf; „aus diesem Schlaf sei er erwacht mit einem lauten Schrei; er habe aber geschrien, weil ein Engel den Schlafenden gegürtet habe, um ihn so künftig unverwundbar zu bewaffnen gegen alle Versuchung zur Unreinheit; und diese Gürtung durch den Engel sei äußerst schmerzhaft gewesen“ [127].

Wie ist dieses offengelegte Ereignis zu verstehen? Nehmen wir einen hypothetischen Vergleich dazu. Angenommen, seine Brüder hätten ihm zunächst einen schwerreichen Mann ins Zimmer geschmuggelt, der ihn mit seinem Reichtum hätte ködern sollen. Thomas würde ihn wohl ungerührt hinausgewiesen haben, vielleicht mit den Worten, er selbst stamme aus einem wohlhabenden Haus und kenne das alles, was käuflich sei. Daher könne ihn das nicht verleiten, der sein Heil in der Armut des Bettelmönchtums suche. Nehmen wir des Weiteren an, dass ihm daraufhin die Brüder einen großen Potentaten geschickt hätten, der ihn mit seiner Macht über die Menschen hätte versuchen sollen, als seinen Nachfolger zu locken. Auch diese Versuchung wäre sicherlich wirkungslos bei Thomas abgeprallt. Wenn aber ein Zwanzigjähriger, dessen Hormonlage zu diesem Zeitpunkt am stärksten die Zuneigung und das Begehren des weiblichen Geschlechts herbeisehnen lässt, vom Anblick der „Frau Venus“ *(Thomas von Aquin)* buchstäblich umgehauen wird, dann brauchen wir nicht erst Freud zu Rate zu ziehen um zu erkennen, dass an dieser Extremreaktion etwas ‚natürlich' nicht stimmt. Auch wenn wir zugunsten seines zarten Gemütes und des sehr unromantisch vorgetragenenen Annäherungsversuches seine Abwehrregung verstehen können, so gehen doch die Folgen, zornige Erregung (Revierärger), der Ohnmachtsanfall (Schreckangst ? und sexueller Konflikt ?) und die schmerzhafte „Gürtung", über das Maß des Verständnisses hinaus. Während die beiden vorigen, hypothetischen Versuchungen ihn kalt gelassen hätten, überwältigte ihn die weibliche Verführerin geradezu, weil sie wohl in ihm etwas getroffen hatte, was trotz aller Revierkonstellationen noch nicht gänzlich erkaltet war.

Was aber bedeutet diese rätselhafte Angabe über die englische Gürtung des Thomas? Im Mittelalter galt der Gürtel als ein Sinnbild für Keuschheit und Reinheit [128]. 'Den Gürtel lösen' hieß, die Ehe vollziehen oder die Unschuld (gegen seinen Willen) verlieren. Nicht zu vergessen ist die damalige Praxis, Ehefrauen ganz real einen eisernen Gürtel während der Abwesenheit des Ehemanns anzulegen. Noch 1639 erklärte ein Arzt: „Der Gürtel bezeichnet die Zusammenziehung der Nieren, ihre Unthätigkeit, folglich die Weisheit, welche die zur Wollust aufreizenden Begierden zum Schweigen bringt" [129]. Jedenfalls hatte dieses Ereignis tiefe Nachwirkungen bei Thomas hinterlassen, wenn er im ohnmächtig-erschöpften Schlaf aufschrie und sogar körperlich „äußerst schmerzhaft" eine „Gürtung" verspürte, was vermutlich Schmerzen der Prostata gewesen waren, wie sie nach Unterdrücken heftiger sexueller Erregung vorkommen können.

Mindestens ab diesem Ereignis seines zwanzigsten Lebensjahres müssen wir von einer konfliktiven Änderung bei ihm ausgehen, mehr an biographischen Angaben über seine

Kindheits- und Jugendzeit steht nicht zur Verfügung. Nach dem aber, was schon Sakyamunis Vater bewog, dem im Traum angekündigten Weg der Thron-Entsagung seines Sohnes entgegenzuarbeiten, dürfte auch der für seine Familie nicht standesgemäße Ausstieg des „ungewöhnlich schweigsamen“ Thomas aus seiner hochadligen Herkunft in einen Bettelorden nicht ohne vorherige Revier-Konflikte mit ihrer Veränderung der Persönlichkeitsstruktur erfolgt sein. Eine in seiner Kindheit- oder Jugendzeit eingetretene Konstellation halte ich aber deswegen für wahrscheinlich, da der große, schwerfällige Junge „ungewöhnlich schweigsam war und fast nie den Mund aufmachte“[130]. Daher wurde der auch später schweigsame Theologiestudent von seinen Kommilitonen spöttisch der ‚stumme Ochse‘ genannt und kam ihnen als ein bemitleidenswerter Dummkopf vor, bis er sich ihnen als stiller, überlegener Grübler entpuppte, der in unermüdlicher intellektueller Konzentration begriffen war: „Einmal habe er beim nächtlichen Diktieren nicht bemerkt, wie die Kerze in seiner Hand niedergebrannt sei und seine Finger versengt habe“[131]. All dies spricht für eine zusätzliche autistische Konstellation.

So dürfte schon seit Kindertagen eine konstellative Veränderung seiner Persönlichkeit vorgelegen haben, die mit dem dramatischen Ereignis im neunundvierzigsten Lebensjahr an der Pariser Universität nochmals schwer angestoßen wurde und im Gefolge ein visionäres Erlebnis auslöste. Dass er am Ende seines Lebens ausgerechnet das ursprünglich konkret sinnliche *Hohelied Salomonis* den Zisterziensermönchen in einer sicherlich hochgeistigen Theologie ausgelegt hat, zeigt nochmals den Richtungsverlauf an, den die Konstellation seinem Leben verliehen hatte.

Wenn auch Thomas von Aquin selbst nicht aus spiritueller Quelle für sein riesiges schriftstellerisches Werk geschöpft hat, aber ante portas gekommen war, so hat er jedoch dazu rechtfertigend erklärt: „Da nun die natürliche Kraft des geschaffenen Verstandes zur Anschauung Gottes nicht ausreicht, so ist ihm ein von Gottes Gnade geschenkter Zuwachs an Erkenntniskraft notwendig. Und diesen Zuwachs an Erkenntniskraft nennen wir die Erleuchtung des Verstandes, wie überhaupt der geistige Erkenntnisgegenstand Leuchte oder Licht genannt wird“ [132]. Welcher Art dieses Licht bei den spirituellen Meistern in Mystik, Ekstase etc. sich zu erkennen gibt, zeigen die folgenden kaleidoskopischen Analysen.

Eine der hervorragendsten Persönlichkeiten des hohen Mittelalters, bei der sich Intellekt mit Spiritualität verbinden, ist ein Ordensbruder des Thomas, der Dominikaner Meister Eckhart. Im Todesjahr des Thomas 1274 hat er das Alter von etwa vierzehn Jahren erreicht. Der aus Thüringen Stammende scheint als Hochbegabter bald eine große Karriere angetreten zu haben. Vom Studium aus Köln zurückgekehrt, wird er vom Orden nach Paris geschickt, wo er 1302 den Magister-Titel (Professor) erhält. Zurück in Erfurt ernennt ihn der Orden zum ersten Provinzial. Wenige Jahre später soll er zusätzlich als Generalvikar über die verwaiste böhmische Provinz durchgreifende Reformen in Angriff nehmen. Als dann die Rivalität der beiden Bettelorden, der Dominikaner und der Franziskaner, an der Pariser Universität den besten Mann auf dem Lehrstuhl verlangt, wird Meister Eckhart dahin beordert, eine Auszeichnung, die vor ihm nur Thomas von Aquin mit seiner zweiten Berufung dorthin zuteil geworden war. Eigentlich war er zum Provinzial der süddeutschen Ordensprovinz erkoren worden, was aber bis 1314 warten musste, nachdem er als Generalvikar in Straßburg „in den Zenith seines Ruhmes" als „weit über die Grenzen hinaus gefeierter Prediger"[133] auftrat. Dort war er (speziell) auch für die Frauenklöster des Ordens zuständig, allein im süddeutschen Raum immerhin fünfundsechzig an der Zahl[134].

Die Ordensbetreuung der Nonnen war zu einem dringenden Problem für die Kirche geworden, da die im 13. Jh. von den Niederlanden her einsetzende persönliche Frömmigkeit und das zu freiwilliger Armut und Keuschheit sich verpflichtende Laientum immer größer werdende Kreise zogen, wozu die kirchlich dogmatische Form mit ihren Inhalten oft in scharfem Kontrast stand. Diese als Beginentum sich ausbreitende Bewegung war besonders unter adligen und Bürgerfrauen eine Alternative zur Ehe, um deren oft gewalttätigem Unterdrückungsregiment zu entkommen oder als Witwe ein selbständiges Leben führen zu können. Mit Spinnen, Weben und Kerzen-Machen bestritten die Beginen zumeist ihren kargen Lebensunterhalt und kümmerten sich in christlicher Nächstenliebe um die Kranken. Ihre Häuser waren an einem weißen Kreuz auf dem Haustor zu erkennen. Allein in Köln sollen es im Jahr 1223 zweiundzwanzig Beginenhöfe mit ungefähr zweitausend Beginen gewesen sein[135]. Sie unterwarfen sich keiner Ordensregel und unterstanden keinem Gelübde, trafen sich in kleinen Gruppen und zu regelmäßigen Gottesdienstbesuchen. Für die Kirche wurden sie zu einem ernsthaften Konkurrenz-Problem, und es galt, deren ungebundene Religiosität in kirchliche Bahnen zu lenken.

Besonders in den Frauenklöstern, mit denen es Meister Eckhart nun auch zu tun hatte, kam es zu extremen asketischen Übungen, bei denen körperliche Züchtigung in Form von Fasten, Dürsten, Nachtwachen, Peinigen u.a. als spirituelle Hilfs-Mittel hoch im Kurs standen. Es kam dabei vielfach zu (Christus-)Visionen, Ekstasen mit Lichterscheinungen und sinnlich-erotischer Braut-Mystik, was Meister Eckhart auf seinem spirituell-christlichen Weg völlig ablehnte. Womit er aber zutiefst übereinstimmte, was er womöglich sogar übernommen hat, waren die Ansichten, die die Begine Marguerite Porete in ihrem Buch *Der Spiegel der einfachen Seelen* veröffentlicht hatte. Im Jahr 1300 war es auf bischöfliche Anordnung öffentlich verbrannt worden – am 1.6.1310 folgte Marguerite Porete selbst auf den Scheiterhaufen, nachdem sie hartnäckig jede Aussage, wie auch einen Widerruf, verweigert hatte. Ihren Weg kennzeichnen die Worte: „Diese Seele, so spricht die Liebe, kümmert sich weder um Schande noch um Ehre, weder um Armut noch um Reichtum, weder um Wohlbefinden noch um Missbehagen, weder um Liebe noch um Hass, weder um Hölle noch um das Paradies“[136].

„Das versteht natürlich“, führt sie später fort, „einzig und allein der, dem Gott das Verstehensvermögen dafür gegeben hat. Denn weder ist es in der Heiligen Schrift enthalten, noch erfasst es der Sinn der Menschen. Und auch das Bemühen des Menschen um Erkenntnis und Einsicht ist hier nutzlos. Die Gabe kommt nämlich vom Allerhöchsten selbst. In ihm wurde dieser Mensch durch eine Fülle an Erkenntnis entrückt: Und eine solche Seele, die zu einem Nichts geworden ist, hat alles und hat doch zugleich nichts, sie will alles und will zugleich nichts, sie weiß alles und weiß dabei nichts.“

Schon allein diese wenigen Kernsätze machen ihren für die Kirche gefährlichen, da eigenständigen, nur Gott unterstellten Weg deutlich, den allerdings auch Meister Eckhart in seinen Predigten aufgriff. Er legte Wert darauf, kein akademischer „Lesemeister, sondern Lebemeister“ zu sein und seine Nonnen und seine Gemeinde seelsorgerisch zu betreuen. Dazu gehörten vornehmlich auch seine deutsch gehaltenen Predigten, in denen er seine Zuhörer damit überraschte, biblische Begebenheiten nicht historisch-theologisch auszulegen, sondern sie ihnen in zeitlosen Bildern seelisch geistiger Prozesse nahezubringen.

Dabei verfolgte er ein einziges, zentrales Thema, auf das er in seinen Predigten immer wieder zurückkommt, die Gottesgeburt im Menschen. Das kann sich im „Seelenfünklein“ vollziehen, als der höchsten Vernunft, in der blitzartig und fern aller Vorstellungen und Bilder, Gott erkannt wird.

Damit griff Meister Eckhart ein Bild des Eriugenas (810–877) auf vom „Funken im glühenden Eisen“, das er wie andere seiner Ideen von dem ‚mystischen Metaphysiker’ übernahm, dessen Werk schon 1225 als ketzerisches verbrannt worden war [137].

Dazu muss sich der Mensch frei von seinem egoistischen Verlangen nach Belohnung machen, „denn nicht allein böse Worte und Werke, sondern auch gute Worte und Werke“ und selbst „auch die Kirche“ [138] hindern ihn sonst daran, „Gott zu haben“. In seinen kühnen Formulierungen und Ansprüchen predigte Meister Eckhart eine radikale Armut des Geistes in Gott. „Fürwahr, ließe ein Mensch ein Königreich oder die ganze Welt, behielte aber sich selbst, so hätte er nichts gelassen. Lässt aber der Mensch von sich selbst ab, was er auch dann behält, sei's Reichtum oder Ehre oder was immer, so hat er alles gelassen“ [139].

Dieses Ablassen von sich selbst erreicht der Mensch nach Meister Eckhart, indem er zwei Dinge beherzigt, „das eine, dass sich der Mensch innerlich wohl verschlossen halte, auf dass sein Gemüt geschützt sei vor den Bildern, die draußen stehen, damit sie außerhalb seiner bleiben und nicht in ungemäßer Weise mit ihm wandeln und umgehen und keine Stätte in ihm finden. Das andere,“ so setzte er seine – schon in der Antike so praktizierte – Meditationsanweisung fort, „dass sich der Mensch weder in seine inneren Bilder, seien es nun Vorstellungen oder ein Erhobensein des Gemütes, noch in äußere Bilder oder was es auch sein mag, was dem Menschen (gerade) gegenwärtig ist, zerlasse noch zerstreue noch sich an das Vielerlei veräußere“ [140].

„Wenn ich daher dahin komme, dass ich mich in nichts einbilde und nichts in mich einbilde und (alles) hinauswerfe, was in mir ist, so kann ich in das bloße Sein Gottes versetzt werden, und das ist das reine Sein des Geistes“ [141].

Nun gibt es einen mystischen Dialog, der ursprünglich Meister Eckhart zugeschrieben wurde, aber wohl der Begine Katrei aus Straßburg, über die sonst nichts bekannt ist, zuzurechnen ist und womöglich ihr außergewöhnliches Verhältnis als einfache Nonne zu dem weisungsbefugten Generalvikar Meister Eckhart wiedergibt, wobei es sich umkehrt in eine spirituelle Lehrerin-Schüler-Beziehung. Im Verlauf des Dialoges verweigert sie ihm darum die geistliche Führerschaft, um sich unmittelbar dem Heiligen Geist zu unterstellen, was Meister Eckhart für eine Illusion hält. Doch siegt ihre Beharrlichkeit. Als sie dann später aus dem Ausland wieder zurückkehrt, erkennt er sie zunächst nicht wieder, ist aber von ihrem Wort so sehr angetan, dass er äußert: „Ich habe einen Menschen gehört, ich weiß nicht und zweifle daran, ob es ein Mensch oder ein Engel ist. Wenn es ein Mensch ist, so wisst, dass alle Kräfte seiner Seele mit den Engeln im Himmel wohnen und seine Seele ein Engelwesen empfangen hat“ [142]. Nachdem sie wie tot für drei Tage in der Kirche gelegen hat, versucht sie ihm ihre Erlebnisse mitzuteilen. Was sie da zum Ausdruck bringt, hat seinesgleichen nicht und erscheint mir als Dokument ersten Ranges in der gesamten mystischen Literatur, denn hiermit hebt sich diese selbst auf!

„Ich war da, wo ich war, ehe ich geschaffen wurde und dort ist nur Gott und nur Gott. Da sind weder Heilige noch Engel noch Chöre noch Himmel – wisset, dass keine Seele zu Gott kommen mag, sie werde zu Gott, so wie sie Gott war, ehe sie geschaffen wurde… Es gibt keine Hölle. Was hier der Leute Wesen ist, bleibt ewiglich ihr Wesen. Eine Menge Leute wähnen, hier haben sie ein menschliches Wesen und dort ein göttliches. Das ist nicht so. Wisset, viele Leute werden hier darin betrogen… Man sagt vom jüngsten Tage, dass Gott sein Urteil geben wird. Das ist wahr. Es ist aber nicht so, wie die Leute denken:

Jeder Mensch verurteilt sich selbst: So, wie er hier gewesen ist, so wird er ewiglich bleiben…“[143]. Meister Eckhart schwinden die Sinne und nachdem er wieder zu sich gekommen, attestiert er ihr, ihn zu seiner Seligkeit gewiesen zu haben. Soweit der mystische Dialog, für dessen Authentizität es allerdings an Belegen fehlt.

Vermutlich nach dem Tod seines Generalmagisters, 1323, der, wie sein Amtsvorgänger, Meister Eckhart als Generalvikar im Sondereinsatz gehalten hatte, schienen die Gerüchte gegen den kühnen und zum Teil unverständlichen Prediger Gehör zu finden und unter dem neuen Vorgesetzten seine Versetzung an das Kölner Generalstudium gefördert zu haben. Der Orden ging allmählich auf Distanz[144]. Kurze Zeit später denunzierten ihn zwei intrigante Mitbrüder beim päpstlichen Visitator, der damit gehalten war, eine Überprüfung abzuhalten. Dem Untersuchungsverfahren folgte ein Freispruch, allerdings ohne „eigentliche Rechtswirksamkeit“[145]. Die schlafenden Hunde waren geweckt und der Erzbischof von Köln, persönlich hoch motiviert, leitete gegen Meister Eckhart einen Inquisitionsprozess ein. Darin beschuldigte er ihn, „dass er seinen Hörern einen Weg zu Gott weise, auf dem sie weder einen Priester nötig hätten noch eines Gottesdienstes bedürften“[146].

Davon tief erschüttert, verfasste Meister Eckhart ein Rechtfertigungsschreiben, in dem er zunächst auf seine Ordensprivilegien beharrt, auf die Vorwürfe nicht antworten zu müssen, rechtfertigt sich dann aber dennoch gegen die „Neider“ ausführlich, „um nicht den Anschein zu erwecken, ich ergriffe die Flucht vor dem, was mir fälschlicherweise unterstellt wird“[147].

Am 24.1.1327 leitete er an den päpstlichen Stuhl seine Klagen über Prozessverschleppung weiter. Am 13.2. gab der in die Enge Getriebene in der Predigerkirche zu Köln vor seiner Gemeinde eine öffentlich verlesene Erklärung ab, in der er widerrief, um der Gefahr strafrechtlicher Verurteilung als Häretiker zu entgehen. Meister Eckhart war der einzige Theologe des Mittelalters, gegen den ein Inquisitionsverfahren wegen Ketzerei durchgeführt wurde. Dies war vor allem dem Umstand geschuldet, dass er unmittelbaren Kontakt zur Gemeinde hatte, also seine Ideen direkt unters Volk bringen konnte.

In seiner *Predigt 35* hatte er seiner Gemeinde erläutert: „Es gibt zweierlei Geburt der Menschen: eine in die Welt und eine aus der Welt, will sagen: geistig in Gott hinein. Willst du wissen, ob dein Kind geboren werde und ob es entblößt sei, d.h.: ob du zu Gottes Sohn gemacht seist? - Solange du Leid in deinem Herzen hast um irgend etwas, und sei's selbst um Sünde, solange ist dein Kind nicht geboren. Hast du Herzeleid, so bist du (noch) nicht Mutter, du bist vielmehr (noch) im Gebären und nahe der Geburt… Dann aber ist es vollkommen geboren, wenn der Mensch um nichts von Herzen Leid empfindet, dann hat der Mensch…, was Gott hat." Ob Meister Eckhart dieser seiner Worte eingedenk bleiben konnte, nachdem ihm selbst durch „Verleumdungen" das Ketzergericht drohte?

Am 22.2.1327 erklärte die Kommission Eckharts Appellation an den päpstlichen Stuhl für unbegründet, erlaubte ihm aber, dort selber vorstellig zu werden. Damit endete der Kölner Prozess. Meister Eckhart machte sich in Begleitung auf nach Avignon zum Papst, eine Reise, von der er nicht wieder zurückkehren sollte.

Derjenige, der in den Gläubigen ein „Seelenfünklein" zum Leuchten hatte bringen wollen, das die Führerschaft der Kirche unnötig gemacht hätte, konnte unmöglich auf Entlastung hoffen. In der päpstlichen Bulle *In agro dominico* vom 27.3.1329 werden alle achtundzwanzig zugrunde liegenden Sätze Meister Eckharts, auf die sich die Anklageschrift der ursprünglich einhundertacht kritisierten Eckhart-Zitate zusammengezogen

hatte, verdammt: siebzehn als häretisch, elf als „überaus übel klingend und sehr kühn und der Häresie verdächtig erfunden“[148]. Er, „wie es heißt, Doktor und Professor der Heiligen Schrift, [wollte] mehr wissen [...] als nötig war“[149].
Sodann der Hinweis, dass Meister Eckhart all dies und was sonst von ihm stammte und häretischen Sinn erzeugen könnte, widerrufen und sich der päpstlichen Autorität unterworfen habe. Wieweit er unter dem Druck seines „Leidens“ verstorben ist oder mit Nachhilfe aus dem Rampenlicht gebracht wurde, wie man das im Falle Siger von Brabants erledigt hatte, bleibt ungeklärt. Gegen die Vorwürfe der „Neider“ und die ihre gnadenlose Macht demonstrierende Kirche konnte er sein mystisches Ideal der Gottesgeburt nicht realisieren. Welchen realistischen Sinn sollte es auch gehabt haben, ein den biologischen Bedingungen enthobenes mystisches Leitbild aufzustellen?

Er starb im Ausland (= Elend), sein Begräbnisort wie sein Todeszeitpunkt blieben unbekannt. Meister Eckhart, der in intellektueller wie spiritueller Weise gleichermaßen hervorragende Theologe mit einer außergewöhnlichen Karriere, scheiterte nicht allein am Widerspruch gegen kirchliche Dogmatik und Härte. Vielmehr setzte er das prämortale „reine Sein des Geistes“, das ihm für Gott galt, zum Ziel des Menschen, der dafür alles zu lassen habe, ob materielle Güter, ob seelische Ideale, ob geistige Vorstellungen, und selbst sein Leiden als egoistisch, d. h. dem „Eigenwillen“ unterworfen, erkennen solle. Nach Meister Eckhart ist „ein Mensch, der allen Eigenwillen aufgegeben, also ein lediges gemüete hat, [...] gelâzen (= frei, ledig, bloß, nicht wie nhd. <gelassen>); wer das nicht hat, ist ungelâzen“[150]. Damit durchkreuzte er aber die biologischen Konditionen des Menschen mit abstrakten, uneinlösbaren Ansprüchen. Dieses Armwerden des Geistes in Gott, wie Meister Eckhart diesen inneren Prozess nannte, führt dann zu einem Zustand, den er als „Einöde“ und „Wüste“ bezeichnete. Damit ist die Ortlosigkeit der Utopia gut charakterisiert, die mit dem „Aufgeben“ des Reviers verknüpft ist, besonders in der doppelten Negation der postmortalen Konstellation.

An seinen eigenen, post- und prämortaler Konstellation entsprungenen Ansprüchen zerbrach Meister Eckhart selbst, als er schließlich den Ernst der Lage erfasst hatte, den der Inquisitionsprozess gegen ihn bedeutete. Es war dann nur noch eine Frage der Zeit, ob der Lebemeister durch die eigene Biologie zu Fall kommen sollte, deren Bedingungen er sich durch die Gottesgeburt enthoben wähnte, oder ihn die von außen drohende kirchliche Vollstreckung fällte. Damit endete seine Illusion vom „reinen Sein des Geistes“, das er als göttliche Realität in frommem Stolz anzupreisen sich überhoben hatte.

Die Morgenröte des Schuhmachermeisters

Jakob Böhme wurde 1575 als Sohn begüterter Bauern in Schlesien, nahe Görlitz geboren. Die Familientradition war durch protestantisches Engagement gekennzeichnet. Seine im Erwachsenenalter äußerlich „verfallen" wirkende Gestalt von „kleiner Statur, niedriger Stirne, erhobener Schläfe, etwas gekrümmter Nase, grau und fast himmelblau glitzernde Augen, ..., kurz-dünnen Bartes, kleinlautender Stimme..."[151] erwies sich für die harte Landarbeit als ungeeignet, daher war er zu einem Schuhmacher in die Lehre gegeben worden.

Zwei eigene Berichte Böhmes zeigen etwas von seiner merkwürdigen Veranlagung an: beim Hüten des Viehs sondert er sich von den anderen Hüteknaben in der Mittagszeit ab, klettert auf einen abgelegenen Berg, findet zwischen den roten Steinen einen Eingang offen und entdeckt dort „eine große Bütte mit Geld", was ihm „Grausen" macht und er alles so wie vorgefunden eilig hinter sich lässt[152]. Sooft er auch den Eingang wieder aufsuchen will, es gelingt ihm nie wieder.

Während seiner Lehrjahre als Schustergeselle kommt in Abwesenheit seines Meisters und dessen Frau ein Kunde in den Laden und besteht trotz des Lehrlings Weigerung zum Verkauf darauf, ein paar Schuhe zu erstehen. Der kleine Jakob, nicht auf den Kopf gefallen, versucht den Käufer mit einem überteuerten Preis vom Kauf abzuschrecken, doch der willigt anstandslos ein. Der Käufer, schon auf der Straße, ruft ihn – bei seinem Vornamen – heraus und sagt ihm: „Jakob, du bist klein, aber du wirst groß und gar ein anderer Mensch und Mann werden, dass sich die Welt über dir verwundern wird"[153].

Ohne in dies letzte Ereignis zuviel hineingeheimnissen zu müssen dürfte das selbstsichere, etwas forsche Auftreten des noch in der Lehre befindlichen Knaben dem Käufer einen vielversprechenden Eindruck im Hinblick auf eine ungewöhnliche zukünftige Laufbahn gemacht haben. Wieweit im vorigen Hüteerlebnis die Phantasie dem Jungen einen gehörigen Streich gespielt hat, mag sich aus den späteren, eigenartigen Erkenntnissen des Schriftstellers beleuchten.

Nachdem er sich als Schuhmachergeselle 1599 in Görlitz niedergelassen hat, heiratet er im Mai, kauft ein Haus für die Familie, die sich in der Zeit von 1600–06 um vier Söhne vergrößert.

Anfang 1600 ergreift ihn „das göttliche Licht", womit sein „geistiger Durchbruch" erfolgt. Böhme plagt die Frage, wie das Böse in die Welt gekommen ist, „es in dieser Welt dem Gottlosen so wohl ginge als den Frommen", den „barbarischen Völkern … das Glück noch wohl mehr beistünde als den Frommen"[154]. „Deswegen ganz melancholisch und hoch betrübet"[155] kommt er zu einem Erleuchtungserlebnis, das bei E. Bloch wiedergegeben ist: „Er sah nämlich in seiner Schusterstube, an einem Sonntagmorgen, einen Zinnteller an der Wand an, auf einem Bord, und der Teller leuchtete, wie Böhme sagt, ‚mit lieblichem jovialischem Schein'. Zinn steht unter Jupiter, daher jovialisch…

An dem Licht im dunklen Zinn ging ihm der Gedanke auf, dass ohne einen dunklen Grund Licht nicht offenbar werden könne. Das Licht im dunklen Zinngrund deutet also an: das Helle bedarf des Dunklen, um offenbar zu werden, kein Ding kann sich ohne das ihm Widerwärtige offenbar machen, ohne Nein gibt es kein Ja, die Welt besteht aus Gegensätzen, kurz, sie ist objektiv dialektisch"[156].

Nach einem weiteren Erleuchtungserlebnis zehn Jahre später beschließt Jakob Böhme, seine spirituellen Erfahrungen zu Papier zu bringen. Im Lauf von fünf Monaten entsteht bis

Pfingsten 1612 ein abgebrochenes, wiewohl umfangreiches Manuskript – um dreißig Bogen zu kurz, wie er 1620 anmerkt – mit dem ursprünglichen Titel *Morgenröte im Aufgang*, später *Aurora* genannt.

Von dem verliehenen Manuskript werden heimlich Abschriften gefertigt und in Umlauf gebracht, eine davon gelangt zum Görlitzer Oberpfarrer. Der zeigt ihn kurzerhand beim Magistrat an, was Böhme am 26.7. stundenlangen Arrest einbringt und eine Beschlagnahme seines Originalskriptes. In der Messe am 28.7. wird der ahnungslose Schuhmachermeister vor allen Gemeindemitgliedern vom Oberpfarrer scharf abgekanzelt. Schließlich muss sich der bibelfeste Schriftsteller am 30.7. einem Glaubensverhör durch den Oberpfarrer unterziehen und erhält von ihm Schreibverbot, als Gegenleistung werde der gestrenge „Herr Primarius … hierfüro auf der Kanzel (da)zu schweigen“[157].

Böhme hatte schon vor dem Eklat seine Schuhbank verkauft, sich mit seiner Frau dem Garnhandel zugewandt, der ihn auf Geschäftsreisen führt. Er spricht nur noch insgeheim mit ihm Wohlwollenden, zumal er bemerken muss, dass der Oberpfarrer sich nicht an die Vereinbarung hält, „sondern hat mich die ganze Zeit schmählich gelästert und mir öfters Dinge zugemessen, derer ich gar nicht schuldig bin und also die ganze Stadt lästernd und irre gemacht, dass ich samt meinem Weibe und Kindern habe müssen ein Schauspiel, Eule und Narr unter ihnen sein“[158].

Im Übrigen sorgt der Oberpfarrer selbst für die Verbreitung und für Abschriften des corpus terribilis, indem er es allerorts ausleiht, um Böhme zu schaden. Schließlich beginnt Jakob Böhme ab 1618 mit der Aufzeichnung weiterer Manuskripte. Als ein Förderer eins der Manuskripte, nämlich Der *Weg zu Christo*, in Görlitz drucken lässt, schlägt der Oberpfarrer mit gezielter Hetze und Pamphleten zu. „Das Buch enthalte so viele Gotteslästerungen, so viele Seiten es hat“[159]. Um die Gemeinde gegen den „Halunken“ aufzumischen droht der Oberpfarrer mit schweren Strafen für den Ort, „an denen derartige Gotteslästerungen ungestraft gedacht, geschrieben oder geglaubt werden“[160]. In einer geistreichen *Schutzschrift* wehrt sich der übel Angegriffene und widerlegt die Polemik des Kirchenoberen.

Böhme muss erneut vor den Magistrat, allein gelassen von allen Gönnern, und erhält trotz einiger Fürsprecher im Gremium die Auflage, Görlitz zeitweise zu verlassen, was seine Familie umso mehr dem mobbing der aufgebrachten Mitbürger aussetzt.

Als dann am 24.8.1624 sein größter Peiniger, der Oberpfarrer, stirbt, kehrt Anfang November der inzwischen todkranke Böhme zurück und verstirbt wenige Tage darauf. Da eine kirchliche Beerdigung abgelehnt wird, muss ein Stadtratsbeschluss den Trauergottesdienst erzwingen. Sein Grabkreuz wird vom Pöbel verunstaltet und zerstört.

Wie nun kam für Jakob Böhme das Böse in die Welt, worüber er anfangs gerätselt hatte?

Gott hat auch den Engelsfürsten Luzifer geschaffen, der „den allerschönsten und kräftigsten Leib im Himmel unter allen Fürsten gehabt“ hat[161]. „Als er aber gesehen hat, dass er also schöne ist, – so hat sein Geist sich enthebet in willens über die göttliche Geburt zu triumphieren und sich über das Herze Gottes zu erheben“[162]. „Höre Luzifer, wer ist nun schuld dran, dass du bist ein Teufel worden? Ist (es) Gott, wie du lügst? O nein, du selber“[163].

Diesen religiösen Dualismus von Gott und Luzifer, Himmel und Hölle führt Böhme nun bis in die Gestaltungskräfte der Natur hinein fort, die angereichert mit Vorstellungen aus dem von Böhme gelesenen Werk des Paracelsus, sinnlich-kosmische

Qualitäten von bitter, süß etc. erhalten, dargestellt mit einer kindlich-einfältigen und wundersamen Empfindungsweise, die zugleich altklug wie mit einer Phantastik auftritt, als lese man ein skurilles Phantasiestück E.T.A.Hoffmanns. Dazu erhellt Ernst Bloch: „Großartig, wie das Genie hier aus der Halbbildung, ja nicht einmal aus dieser und aus barockem Schusterdeutsch mit einer bildkräftigen Sprachbegabung ohnegleichen Licht schlägt, und zwar so, dass noch aus einer sprachlichen Unbildung, die der kleinste Gymnasiast belächeln könnte, ein großer und seltsamer Gedanke herauskommt. Böhme schreibt nämlich Qualität sowohl mit einem als auch mit zwei l und verbindet das mit Qual und Quellen. Er kann also Fremdwörter nicht richtig lesen und schreiben, noch weniger kennt er Latein: Qualität ist als Quallität ebenso das Quellende oder Quallende und die drei Begriffe Quellen, Qual und Qualität werden in eins gedacht, sodass aus einer völlig falschen, sinnlosen Etymologie ein, wie wir sehen werden, außerordentlich tiefsinniger Gedanke entsteht“ [164].

Um es doch noch etwas anders zu sagen, Jakob Böhme ist ein Paradebeispiel prämortaler Konstellation, die ihn in jungen Jahren schon körperlich so schwächte und „verfallen“ machte, dass er den elterlichen Bauernberuf nicht fortsetzen konnte. Seine „glitzernden Augen“ als unverkennbares Zeichen seiner Konstellation, mit seiner zu phantastischen Tagträumen angelegten seelischen Konstitution narrte ihn schon als Hütejunge, bevor er etwa im Alter von fünfundzwanzig Jahren am glänzenden Zinnbecher seines Hausrates ein Erleuchtungserlebnis hatte, das er als göttliche Berufung auffasste. Mit scheinbar knabenhafter Unbekümmertheit und ohne bei ‚seines Schusters Leisten zu bleiben‘ las er aufgrund seiner intellektuellen (und spirituellen) Verfassung „vieler hoher Meister Schriften“ [165] und fügte es so, wie er es verstand, seinem Wissen ein, in das er „nicht erst Buchstaben zusammen[trägt] aus vielen Büchern, sondern ich habe den Buchstaben in mir. Liegt doch Himmel und Erden mit allem Wesen, dazu Gott selber, im Menschen. Soll er dann in dem Buche nicht lesen dürfen, das er selber ist? … So ich mich selber lese, so lese ich in Gottes Buch“[166].

Die der prämortalen Konstellation eigene Überheblichkeit schlug Böhme nur in seinem Ersatz-Revier an, während er im Alltagsleben äußerst bescheiden wirkte, „bescheiden in Worten, demütig und opferbereit im Wandel“[167]. Wenn es um die Belange seiner ‚göttlichen Erkenntnisse' ging, so war er eben überlegen: „Es haben die Gelehrten viel und mancherlei Monstra herfürgebracht von dem Anfang der Sünden und Ursprung des Teufels, und haben sich damit gekrazet. Ein jeder hat gemeinet, er habe die Art bei dem Stile, und ist ihnen gleichwohl sämtlich verborgen blieben bis dato“[168], – das heißt bis Jakob Böhme kam, schaute und es vollbracht hat. Der Titel seines Erstlingswerkes *Morgenröte* zeigt jedenfalls unmissverständlich an, dass damit der Welt – durch ihn – ein Feuer angezündet werde.

Darin verkündete er zur *Bibel,* dass „in die Schrift auch etlich irrig Ding gebrauen ist“[169] und meldete ohne weitere Begründung zur *Genesis* 1,6-8, dass „Diese Beschreibung zeiget abermal an, dass nicht der teure Mann Moses Autor dazu sei, denn es ist ganz unverständig und einfältig geschrieben, wiewohl es doch gar trefflichen Verstand hat“[170].

Die wechselweise mal depressive, mal manische Betonung, „ganz melancholisch und hoch betrübet“[171] seines Schreibdranges findet sich im dualen System seiner religiösen Vorstellungswelt wieder: Gott und Luzifer liefern die Plattform, die bis in die geschaffene Natur und den weiteren „Wiederbringungsprozess“ als aktueller Bezug reicht.

Die Methode der Umkehrung für sein System verwendend, lobt ihn später der Oberdialektiker Hegel dafür: „Die Barbarei in der Ausführung ist nicht zu verkennen… Aber ebenso wenig ist zu verkennen die größte Tiefe, die sich mit der Vereinigung der absoluten Gegensätze herumgeworfen hat… Man wird nicht verkennen, welches tiefe Bedürfnis des Spekulativen in diesem Menschen gelegen hat“ [172], wobei das ‚Spekulative‘ für Hegel das eigentliche, positive Moment der Dialektik darstellt.

Diese „erste objektive Dialektik seit Heraklit“ [173] war ein so charakteristischer Zug seiner Konstellation, dass diese Technik der Umkehrung auch für sein persönliches Leben, da wo es durch Schikane und Leid durchzugehen hatte, zum Interpretationsmuster wurde: In seinem größten Opponenten sieht er Gottes „Treibhammer“. „Sein Lästern ist meine Stärke und Wachsen gewesen. Durch sein Verfolgen ist mein Perlein gewachsen“ [174]. So arrangiert sich mit seinem Schicksal, wer nur noch durch erlittene Konflikte passiv aushalten kann.

Bleibt noch nachzutragen, dass er vermutlich durch den kirchlich vorgetragenen Angriff seines „Treibhammers“ einen Revierkonflikt erlitten hatte, da ihm das eigene Revier (Familie, Haus) in Görlitz durch die aufgewiegelten Mitbürger ständig, bis ans Lebensende, bedroht war (Hausfriedensbruch u.a.). Nachdem sein Peiniger am 24.8.1624 starb und der von ihm vertriebene Jakob Böhme damit seinen Konfliktverursacher loswurde, folgte ihm der zurückgekehrte Schwerkranke, von Wassereinlagerungen „zerschwollene“ [175], philosophus teutonicus‘ am 17.11.1624 nach, was eben einen engen zeitlichen und kausalen Zusammenhang für einen Revierkonflikt nahelegt.

Wissenschaftler von Gnaden – Geisterseher mit Gott als Paten

Ob nun qualitative Unterschiede unter Mystikern, Visionären, Okkultisten usw. bestehen, die nicht bloß Zeitgenossen in der Epoche der neuzeitlichen Naturwissenschaften sind, sondern die selbst mit ihr vertraut gewesen sind, wie bei Emanuel Swedenborg, Jakob Lorber oder Rudolf Steiner, habe ich an dem Letztgenannten vor Jahren untersucht. Auf die beiden vorgenannten Personen, die sich über naturwissenschaftliche Phänomene in spiritueller Hinsicht äußerten bzw. über sie zum Spirituellen übergingen, muss daher noch eingegangen werden.

E. Swedenborg galt als angesehener Naturwissenschaftler nicht nur in seiner schwedischen Heimat. Die Academie française veranstaltete noch nach Jahrzehnten den Wiederabdruck seiner großen Arbeit über das Eisen als bestes verfügbares Standardwerk. Bis zu seinem 56. Lebensjahr hatte er über geologische, kristallographische, physikalische, mineralogische, mathematische (*Lehrbuch der Algebra* in zehn Bänden) und anatomische Themen veröffentlicht und technische Erfindungen auf vielen Gebieten entwickelt, so zur Eisenschmelze, zu Schiffswerften, Kanalschleusen, Salzwerken, Papierproduktion und Erzverhüttung. Noch vor Kant und Laplace publizierte er die Nebulartheorie in seinem physikalisch-philosophischen Hauptwerk. Insgesamt füllen seine wissenschaftlichen Werke etwa zehntausend Druckseiten. Nach seinem Studium in Uppsala war er auf seinen Lehr- und Wanderjahren zunächst nach England gereist, um dort an die wissenschaftlichen Größen seiner Zeit wie Newton, Halley und Flamsteed Anschluss zu bekommen. Da ihm an der technischen Umsetzung und eigenen Selbständigkeit zum Gerätebau gelegen war, ging er bei einigen Handwerkern in die Lehre und lernte u. a. die Kunst des Linsenschleifens, das Schreinern, Gravieren, Fertigen von Uhren.

Mit 57 Jahren beendete er seine wissenschaftliche Laufbahn, gerade als man ihm die Präsidentschaft des königlichen Bergwerkskollegiums antrug, „um das Werk zu vollenden, zu dem ich nunmehr bestellt bin.“ Dazu ließ er in lateinischer Schrift verfasste Bücher im Ausland drucken, in denen er mitteilte, dass er bei wachem Bewusstsein imstande sei, die Geisterwelt, Himmel und Hölle zu sehen und mit Engeln und Geistern zu reden, wovon seine Werke kündeten. So kam es zu einer Scheidung irdischer Geister an ihm selbst. Kant, der die neuntausendfünfhundert Seiten seiner *Himmlischen Geheimnisse* gelesen hatte, urteilte über ihn in seinen *Träumen eines Geistersehers* mit dem Verweis ins Irrenhaus, während Goethe ihn verehrte und einiges in seinem *Faust* und im *Wilhelm Meister* eingearbeitet hat. Wie kam es zu der Wandlung bei Swedenborg und was haben seine Visionen und Auditionen im Jenseits zu bedeuten?

Er wurde am 29.1.1688 in Stockholm geboren, als drittes von acht Kindern. Sein Vater war protestantischer Geistlicher, der ab 1702 das Amt eines Bischofs bekleidete und mit seiner Erhebung in den erblichen Adelsstand 1719 den Namen Swedberg zu Swedenborg änderte. Um sich den gewaltigen Eindruck, den der Vater auf den heranwachsenden Sohn ausübte, in etwa ermessen zu können, muss man sich diesen furchtlosen Eiferer vor dem Herrn, der vom Feldprediger zum Theologieprofessor, vom Universitätsrektor zum Bischof und persönlichen Berater des Königshauses aufstieg, in seiner charismatischen Persönlichkeit näher bringen. Als Seelsorger, Prediger und produktiver Schriftsteller, „dass zehn Karren kaum alles fassen können“, was er geschrieben und „beinahe ebenso viel Ungedrucktes“[176], lag dem der pietistischen Reformbewegung Nahestehenden, der mit ihr in der sittlichen Verwirklichung des Glaubens seine christliche ‚full time’-Lebensaufgabe sah, die Durchdringung des Alltags und aller Geschehnisse im Hinblick auf Gott, Christus, Teufel, Engel, Himmel und Hölle sowie Jüngstes Gericht am Herzen. Für den jungen Emanuel wurden das allgegenwärtige Bezüge, die zwischen den äußeren Begebenheiten und seiner religiösen Welt tagtäglich errichtet wurden. „Stiehlt ein Dieb Fische in einem See, so verziehen sich dort die Fische. Werden von einem Baume Äpfel gestohlen, so trägt er keine reichliche Frucht mehr. Ja sogar die Möbel klagen über die Sünden der Menschen“[177] in der fundamental-religiösen Weltsicht des Vaters. Der Vater spürte um sich die Anwesenheit von Engeln, genauso wie er überzeugt davon war, dass der Teufel schon seit seiner Kindheit Attentate auf ihn verübt hatte. Selbst schon von Kindheit an Visionen, Träume und Zeichen aller Art dieser Glaubenswelt mit aller Inbrunst hingegeben, zeigte der Vater zuhause keine autoritäre Strenge, war eher gütig und mild, ohne Rachsucht und bar jeglicher Nachträglichkeit, der gern auf die Gesundheit seiner Feinde trank. Durch seine starke, unbedingte religiöse Auffassung und Lebenspraxis geriet die gesamte Wirklichkeitserfahrung und Phantasie des Jungen unter die überwältigende Macht des religiösen Kontextes, der hinter den Kulissen der Alltagswelt den Kampfplatz von Geistern aus Himmel und Hölle darstellte.

Verstärkt wurde diese konkrete, omnipotente religiöse Bezogenheit durch eine eigentümliche Tätigkeit des jungen Emanuel, die er später als „innere Atmung“ beschrieb. Er muss wohl schon in der Kindheit erfahren haben, wie dann, „wenn böse Gedanken in meinen Sinn eintraten, [ich] nur den Atem anzuhalten brauchte, um sie zu vertreiben." Der Zusammenhang von Gedanken und Atmung wurde ihm so früh vorgeführt, als „beim Einatmen die Gedanken vom Körper eingezwängt [werden], beim Ausatmen sind sie, als wären sie ausgetrieben oder geradegemacht…"[178]. Diese im Yoga und bei den Hesychasten des Berges Athos beim ‚Herzensgebet' praktizierte Atemtechnik vollführte Swedenborg schon von sich aus seit seiner Kindheit, „während ich meine Morgen- und Abendgebete sprach…. Auf diese Weise wurde ich seit meiner Kindheit an eine solche Respiration gewöhnt, besonders durch intensive Spekulationen (gemeint sind Visionen; J.S.M.), bei denen die (gewöhnliche) Atmung aufhört. Denn auf andere Weise ist intensive Spekulation über die Wahrheit nicht möglich. Auch später, als sich mir der Himmel geöffnet hatte, wodurch ich mit Geistern reden konnte, gewöhnte ich mich so vollständig an diese Respiration, dass ich zuweilen eine ganze Stunde lang keinen Atem schöpfte. Ich hatte nur so viel Luft eingeatmet, dass ich denken konnte…. Vielleicht auch im Traume, denn ich bemerkte wiederholt, dass mir die Atmung, nachdem ich in Schlaf gefallen war, ganz entzogen wurde, so dass ich erwachte und nach Luft schnappte. Diese Art der Atmung hört übrigens auf, wenn ich nicht geistige Dinge beobachte, schreibe oder reflektiere. Durch dieses Mittel ist mir auch gegeben, mit Geistern zusammen zu sein"[179].

Dieses sehr aufschlussreiche autobiographische Zeugnis erschließt die für ihn zutreffenden Modalitäten seines spirituell-religiösen Weges, der aber in dieser Form noch unvollständig erarbeitet ist. Wie stark die physiologischen Auswirkungen des Atemanhaltens bei seinen Visionen beteiligt gewesen sein mögen, muss anhand der dabei auftretenden zerebralen Reizungen berücksichtigt werden, da bei Sauerstoffmangel „das Gehirn zuerst betroffen"[180] wird, weil es „gegen

Hypoxie extrem empfindlich“[181] ist, und „Verwirrungszustände“ auftreten können, wie sie von der Berg- bzw. Höhenkrankheit bekannt sind. Interessant ist im Übrigen, dass Swedenborg das Mittel nur zu den visionären Zwecken einsetzte und im wissenschaftlichen Bereich mied.

Nachdem der Vater 1702 das Amt des Bischofs erhielt und an seinen neuen Wirkungsort wegziehen musste, verblieb Emanuel in Uppsala zum Studium unter den Fittichen seines dreizehn Jahre älteren Schwagers Erik Benzelius d. J., der „damals bereits als eine leuchtende Zierde des schwedischen Humanismus auf der Höhe seines Ruhmes stand“[182]. Durch ihn wurde er mit den frühhumanistischen, universalistisch ausgerichteten Studien vertraut gemacht, die er schwerpunktmäßig um die in Schweden noch wenig vertretenen naturwissenschaftlichen Studien in Mathematik, Geometrie, Astronomie und Technik erweiterte. Mit dem Wegzug des Vaters wurde die vorher so omnipräsente religiöse Lebenswelt fast vollständig zurückgedrängt, und vollends sein erster, nahezu fünfjähriger Auslandsaufenthalt festigte diesen Befreiungsschlag. Im Hochgefühl seines mit den Großen seiner Zeit erworbenen und angeregten Wissens und seiner Befähigung als Techniker erhoffte er sich nach seiner Rückkehr für seine unabhängigen Forschungen als nationale Dankesschuld einen Lehrstuhl, ohne den dafür geregelten akademischen Weg beschritten zu haben. Dass er für seine außerordentliche Professur auf einem zu errichtenden naturwissenschaftlichen Lehrstuhl sein Gehalt durch entsprechende Kürzungen bei den anderen Professorengehältern durchgeführt wissen wollte, verschaffte ihm früh erbosten Widerstand aus der Universität. Auch sein Vater weigerte sich, den Sohn weiterhin zu finanzieren, waren ihm doch dessen „Teufelskünste“ und die Verstiegenheit seiner Ideen ein Ärgernis, das ihm den Sohn entfremdete.

Über die Zusammenarbeit – immer mit gegenseitig rivalisierendem Untergrund – mit dem großen Ingenieur Christopher Polhem, der als der Repräsentant von Mechanik und Technik in Schweden galt und aus dem niederen Stand stammte, dessen Begabung vom selbst mathematisch begabten und naturwissenschaftlich äußerst kenntnisreich interessierten König Karl XII. entdeckt und gefördert worden war, rückte auch Swedenborg in den Gesichtskreis des Königs, der – wie ein deus ex machina – ihn schließlich zum außerordentlichen Assessor am königlichen Bergwerkskollegium ernannte. Im Gegensatz zu einem universitären Lehrstuhl verfügte er nun über willkommene Werkstätten und Laboratorien. Er verschaffte sich durch seine Ideen und mit seinem Fleiß weithin Anerkennung, so dass er unangefochten auch nach dem Tod seines königlichen Gönners seine Stellung innehalten konnte und mit 57 Jahren das Präsidentenamt über das Bergwerkskollegium angetragen bekam.

Schon seit 1736 hatte er so gewaltige innere Erlebnisse, die zu einer Erschütterung seines Weltbildes führten und eine Umkehr seines Lebensprogrammes einleiteten. Statt mit den neuen Naturwissenschaften den Himmel erstürmen zu können, meinte er nun: „Der Verstand des Menschen muss in Bande gelegt und der Leitung des Glaubens unterstellt werden“[183].

Noch rigoroser wird seine Wandlung an der Einstellung sichtbar, dass er geradezu alles, was vom Menschen kommt, für sündhaft hält: „Ich erkannte, dass in jedem besonderen Gedanken und gerade in dem, den wir für rein halten, eine unendliche Menge Sünde und Unreinheit enthalten ist.... Es ist daher das Beste, dass der Mensch jede Stunde und jeden Augenblick erkennen soll, dass er die Strafe der Hölle verdient, aber dass Gottes Gnade und Barmherzigkeit, die in Jesus Christus ist, sie verzeiht“[184].

In seinem wissenschaftlichen Bemühen war er immer auf der Suche gewesen, um vom „verdorbenen und unvollkommenen Zustand des Menschen, in den wir heute hineingeboren werden“[185], wie er in seinen *Grundlagen der Natur* 1734 schrieb, zum Zustand des Urmenschen, den Adam vor dem Sündenfall repräsentiert, zu gelangen, der bis in seine Wahrnehmung und Erkenntnis hinein vollkommen und unmittelbar organisiert gewesen sei. Dass nun ihm die Gnade zuteil wurde, als einziger diesen Zustand der vollkommenen Erkenntnis (wieder)herzustellen und die Geheimnisse der geistigen Welt zu offenbaren, krönte seinen Lebensweg und immunisierte ihn weitgehend gegenüber allem Hohn, Spott und Intrigen, die ihn fast ins Irrenhaus gebracht hätten, obwohl er seine religiösen Schriften bewusst im Ausland in lateinischer Sprache hatte drucken lassen, also nicht für die Masse gedacht.

Seine Auditionen und Visionen, die ihm zu Ohren und Gesicht kamen, legte er auf etwa fünfzehntausend Druckseiten nieder, sodass sein Gesamtwerk nahezu einhundert Bände erreichte.

Nachdem die seelisch-geistige Sozialisation Emanuels durch seinen Vater mit der ständigen Bezugnahme auf die religiöse Geisterwelt erfolgt war, wundert es nicht, diese Ausrichtung sowohl in seinem wissenschaftlichen Werk wie auch als Bestandteil der von ihm verkündeten Lehre wiederzufinden. So bildet eine Kernansicht bei ihm die Lehre von den Entsprechungen, die er in seinem Werk *Homo maximus* an den verschiedenen Organen erläutert. Auch gehört für Swedenborg zu Gottes Wesen eine leibhafte Form. Da die Geistwesen nicht nur Menschenzüge und -gestalt tragen, sondern sich in Gemeinschaften zusammenschließen, die sich wiederum in Menschengestalt formieren, – wie etwa ein immer höher organisierter Zellverband zum Organismus aufschließt – , entsteht aus den verschiedenen Engelgemeinschaften schließlich ein „Großer Mensch“, der homo maximus, der den gesamten Himmel ausmacht. Dieser „Große Mensch“ ist der Leib Gottes.

Dieser erhabene Gedanke von der Mitwirkung des Menschen am Leib Gottes und an seiner Sache ist von daher bei Swedenborg ein integrierendes und motivierendes Geschehen, das der kanonisierten Prädestinationslehre der Amtskirche entgegensteht. „In der christlichen Welt weiß man gar nicht, dass der Himmel und die Hölle aus dem menschlichen Geschlechte sind; denn man glaubt, dass die Engel im Anfang erschaffen worden, und daher der Himmel entstanden sei, und dass der Teufel oder Satan ein Engel des Lichts gewesen, weil er aber ein Empörer wurde, mit seinem Haufen herabgeworfen worden, und dass daher die Hölle entstanden sei. Dass ein solcher Glaube in der christlichen Welt ist, darüber verwundern sich die Engel höchlich, und noch mehr darüber, dass man gar nichts vom Himmel weiß.... Sie wollen daher, dass ich aus ihrem Munde versichere, dass im ganzen Himmel kein Engel ist, der im Anfang erschaffen, und auch in der ganzen Hölle kein Teufel, der als Engel des Lichts erschaffen und herabgeworfen worden wäre, sondern dass alle, sowohl im Himmel als in der Hölle, aus dem menschlichen Geschlechte sind...“ [186].

Somit schafft der Mensch an der Leiblichkeit Gottes, was ihm den Sinn seiner Existenz setzt. Der Mensch jedoch ist Ziel der göttlichen Schöpfung, die auf den Menschen hin angelegt ist. Indem also der Mensch in seinem irdischen Larvenstadium ein gottergebenes Leben führt, bildet er sich fürs Nachtodliche sein weiteres Schicksal zusammen mit der Leiblichkeit Gottes aus; daher ist „das menschliche Geschlecht die Pflanzschule des Himmels“ [187] – ein poetischer Gedanke, den Goethe in seinem *Wilhelm Meister* aufgegriffen hat und den wir im 21. Jh. prosaischer als spirituelle Investition in die Zukunft uns nahe bringen würden.

Vergegenwärtigt man sich nochmals die religiös so beziehungsreiche Atmosphäre, in der Swedenborg aufgewachsen war, so dürfte hier ein Minenfeld an Konfliktpotentialen zu finden sein. Dafür spricht sein von Kindesbeinen an exzessiv geübtes Atemanhalten, um „böse Gedanken" zu vertreiben. Weiterhin sein fast völliges Desinteresse an religiösen Themen, nachdem der Vater außer Sichtweite war. Zum dritten meint man in das Gesicht eines Schuljungen zu schauen, wenn man ein Bildnis aus seiner Jugend ansieht, also wohl eine frühe Retardierung bei ihm eingetreten war. Lässt sich bei ihm über diese nicht mehr rekonstruierbaren Vorgänge hinaus aus seinem Leben anderweitig schlüssiges Material gewinnen, aus dem deutlich wird, woher sein Umschwung zuwege gekommen ist?

Etwa seit 1736 hatte er Ausnahmezustände erlebt, die er in seinem *Geistlichen Tagebuch* am 27.8.1748 als „Evidenzen" bezeichnet: „Bevor mein Sinn eröffnet wurde, so dass ich mit Geistern verkehren konnte, hatte ich mehrere Jahre lang solche Evidenzen… Während einiger Jahre hatte ich nicht nur Träume, durch die ich über Dinge belehrt wurde (indem er sie nach „Entsprechungen" deutete; J.S.M.) …, sondern ich erfuhr auch während des Schreibens Veränderungen meines Zustandes, indem ein außerordentliches Licht in den Dingen erschien, die ich schrieb. Später hatte ich mancherlei Visionen mit geschlossenen Augen und wunderbare Erleuchtungen. … Ich sah feurige Lichter und hörte Gespräche am frühen Morgen nebst vielen anderen Dingen…"[188].

Evidenzen nennt Swedenborg jene Zustände, weil sie ihn nach seiner Art, in (willkürlichen) Entsprechungen zu deuten, zu bestimmten Erkenntnissen führten. Neben Träumen gibt er mehrmals Lichterlebnisse und Stimmenhören (doppelter Hörkonflikt) an. Weiterhin beschreibt er in seinem *Geistlichen Tagebuch* „immer wieder das ungeheuer flammende Licht, das sich vor seinen Augen entzündet und ihn dann auf unüberwindliche Weise durchdringt. Die Visionen, bei denen er ein hellstrahlendes Licht wie eine Flamme sieht, unterscheidet er stets nach der Art der Leuchtkraft, mit der die Flamme von außen in sein Inneres eindringt oder umgekehrt. Oft sieht er einen Lichtstrahl vom Himmel geradewegs in sein Herz zücken, oder ihm schwebt einstrahlendes Feuer wie eine Flamme vom Himmel herab als Offenbarung der göttlichen Gnade und Liebe, die, seine Seele erwärmend, zugleich ein Zeichen sei, dass er der erwählte Künder einer neuen Menschheitslehre sei“[189]. Er gibt an, „dass kaum ein Tag im Verlauf mehrerer Monate verging, während deren ich ein gewisses Werk schrieb, ohne dass mir nicht eine Flamme so lebendig wie eine Herdflamme erschien. Das war damals ein Zeichen der Bestätigung (für Swedenborg steht die Flamme in Entsprechung für Bestätigung, J.S.M.), und dies ereignete sich vor der Zeit, als die Geister mit lebendiger Stimme mit mir zu reden begannen“[190].

Somit dokumentieren seine Aufzeichnungen das Lichtphänomen als konstituierenden Bestandteil seiner prämortalen Konstellation. Sogar eine Randnotiz auf einem seiner Bücher existiert in den Worten: „Geschrieben im Scheine des himmlischen Lichtes“[191]. Auch die weiteren Merkmale von ‚Liebe' und Levitationserfahrungen werden erwähnt. So in seiner Vision vom 9.4.1744: „Ich war von einer innerlichen Freude erfüllt, die ich am ganzen Leibe verspürte. Alles deuchte mir auf eine überschwängliche Art hinaufzuführen, gleichsam in die Höhe zu fliegen und in einen unendlichen Mittelpunkt zu münden. Hier im Mittelpunkt war amor ipse, die Liebe selbst. Von hier aus breitete es sich in Kreisen wieder aus und stieg wieder hernieder in einer unbegreiflichen Kreisbewegung, vom Mittelpunkt her, der die Liebe war“[192].

Die innere Beseligung, welche die Schwerelosigkeit einer so gearteten überirdischen Erfahrung ihm gewährt, geht über alle Worte hinaus, „dass in einem jeden Ding ein solches Leben und eine solche Herrlichkeit war, dass ich es gar nicht beschreiben kann, denn es war alles himmlisch, und zwar war mir damals alles klar, aber hernach konnte ich es nicht ausdrücken. Kurz, ich war im Himmel und hörte Worte, deren Leben und Herrlichkeiten und Wonnen keine menschliche Zunge aussprechen kann. Dabei war ich wach, in einer himmlischen Ekstase, die ebenfalls unbeschreiblich ist. In meinem Geist und Leib hatte ich die Empfindung einer so unbeschreiblichen Wonne, dass sich, wäre sie noch stärker geworden als sie schon war, meinen (sic!) Leib in reinster Seligkeit aufgelöst hätte“[193].

Die mit der prämortalen Konstellation auftretende Überheblichkeit, die keine Megalomanie darstellt, war in Swedenborgs Leben besonders krass nach seiner ersten, langjährigen Auslandsreise aufgefallen, was erheblich zu der Verstimmung zwischen Vater und Sohn beigetragen hatte. Ebenso wie der Vater als Sponsor seiner hochfliegenden Pläne benutzt werden sollte, unterbreitete der Heimgekehrte in manisch betonter Weise den völlig illusorischen Vorschlag, einen Lehrstuhl für ihn als Außenseiter durch Kürzungen der Professorengehälter einzurichten.

Schon wenige Monate nach seiner Abreise nach England konnte er es nicht unterlassen, „in seinen Briefen zum Teil recht erheblich mit überlegenem Wissen zu prunken, vor allem dem ehemaligen Lehrer (Benzelius) gegenüber.... Dieses hochgespannte Überlegenheitsgefühl steigert sich“, wie sein Biograph E. Benz feststellt, „zu einem superlativischen Stil...

All diese“, in Swedenborgs Brief formulierten “’Ich bin, ich kann, ich werde’ enthalten bereits den Hinweis auf den Überschwang seines Selbstbewusstseins…“ [194], was allerdings nicht psychologisch, sondern biologisch zu verbuchen ist.

Weiter untermauert wird Swedenborgs Schwebekonstellation von einem Augenzeugenbericht, den ein befreundeter General überliefert hat, als er ihn „in der Kajüte eines Schiffs in völliger Entrückung angetroffen habe. Diese sei so stark gewesen, dass Swedenborg wie erstarrt – ohne ein Augenlid zu bewegen – zur Decke geblickt habe und erst nach einiger Zeit, als (General) Tuxen ihn mehrmals angerufen, zu sich gekommen sei. Als er dann aufstand, um den überraschenden Besuch zu begrüßen, habe Swedenborg wie ein Trunkener getaumelt und erst allmählich wieder sein normales Bewusstsein erlangt“ [195]. Viele der Zeugen solcher Ekstasen Swedenborgs bekunden einen übernatürlichen Lichtglanz seiner Augen, wie seine Gärtnersfrau: “Als ich einmal nach dem Mittagessen aus irgendeinem Grunde in sein Zimmer ging, sah ich, wie seine Augen dem hellsten Feuer glichen. Ich erschrak, fuhr zurück und rief: ‚Um Gotteswillen, was fehlt Ihnen? Sie sehen so erschreckend aus!’ – ‚Wie sehe ich denn aus?’ fragte Swedenborg. Da erzählte ich ihm, was ich gesehen hatte: ‚Wohl, wohl,’ sagte er. ‚Fürchten Sie sich nicht, der Herr hat meine leiblichen Augen geöffnet, und ich bin im Geiste gewesen, aber ich werde bald wieder hergestellt, und es schadet mir nichts.’ So geschah es auch. Nach einer halben Stunde waren seine Augen ganz von diesem Feuerschein befreit“ [196].

Echnaton hatte die Möglichkeiten eines Pharao genutzt, seine individuellen Visionen radikal umzusetzen und gesellschaftlich zu etablieren; was konnte ein ‚abgebrochener’ Gelehrter im kleinen Schweden mit seinem visionären Reichtum anfangen?

Zunächst gewann er selbst den Standpunkt, dass ihm die neuen Erkenntnisse einen qualitativen Gewinn gegenüber seinen wissenschaftlichen Forschungen eintrugen, denn „Meine Spekulation, die bisher a posteriori war, wird von jetzt an in eine Erkenntnis a priori verwandelt werden“[197]. Die Gnade, die ihm infolge seiner verschiedenen Visionen zuteil geworden sei, besonders in seiner sog. „Christus-Vision“ vom 6.4.1744 und seiner Berufungs-bzw. „Gottes“-Vision vom 9.4.1745, verglich er mit einem Bauern, „der zum Fürsten oder König der Welt eingesetzt würde und alles besitzen konnte, wonach sein Herz gelüstete… Doch ich war in Angst, dass sich der Bauer nicht der Gnade überlassen würde“[198].

Alles läuft jedoch bei ihm auf die kleine Unbescheidenheit hinaus, durch diesen von ihm so gesehenen Vorzug auch hoch über allen anderen zu thronen. Nicht genug damit, dass er sich den Propheten gleichgestellt hätte und sich „ohne Scheu […] in eine Reihe neben Ezechiel, Moses, Johannes, Daniel und Paulus [stellt]“, empfindet er sich „als der ‚Größte von allen', da er die Wunder und Offenbarungen Gottes und die höchsten Geheimnisse der Prophetie allein zu entsiegeln berufen sei“[199]. Dabei dreht er seine ‚Vorgänger' so zurecht, dass nicht er, der Spätere, deren Angaben bestätigt, sondern umgekehrt, sie die seinigen. Er allein vermag ihre nur in Bildern und Gleichnissen gelieferten Zeugnisse in die Klarheit einer der Vernunft zugänglichen systematischen Lehre zu bringen. Daher empfand er sich nicht als einer von vielen Sehern, sondern als „der letzte Seher, der die Geheimnisse der Prophetie aller früheren Heilszeiten entsiegelt“[200]. Doch das ist noch lange nicht der Gipfel der Höhen, den Swedenborg im Visier hatte.

Denn da „jedermann […] einsehen [kann], dass die Offenbarung durch niemand anderes erklärt werden kann als durch den Herrn allein, denn die einzelnen Worte derselben enthalten Geheimnisse, die man ohne besondere Erleuchtung und also ohne Offenbarung nie wissen würde. Daher hat es dem Herrn gefallen, mir das Gesicht meines Geistes zu öffnen und mich zu lehren. Man glaube also nicht, dass ich etwas von mir selbst oder irgendeinem Engel genommen habe, sondern allein vom Herrn"[201]. Im Geisterreich unterscheiden zu können, was „vom Herrn" kommt und was nicht, wurde ihm „gegeben". „Was vom Herrn kam, schrieb ich auf, was von den Engeln, nicht"[202].

Aus diesem Auserwähltheitsbewusstsein heraus krönt er sich in seinen letzten Lebensjahren mit einer Steigerung, die allerdings durchsichtig genug ist: er interpretiert die verheißene Wiederkunft Christi „unter den Wolken des Himmels" dahin, dass hierunter „das Wort im Buchstabensinn zu verstehen ist."

„Damit die wahre christliche Religion entwickelt werden könne, war es nötig, dass jemand in die geistige Welt eingeführt werde und aus dem Munde des Herrn echte Wahrheiten aus dem Worte vernehme." Dieser Jemand ist aber niemand anderes als Swedenborg selbst: „Dass der Herr sich vor mir, seinem Knecht, geoffenbart und mich zu diesem Amt ausgesandt hat, bezeuge ich in Wahrheit"[203]. Daher erfüllt sich durch ihn die Verheißung Christi und entsprechend schrieb er in sein Werk *Summarische Darstellung der Lehre der Neuen Kirche* 1769: „Hic Liber est Adventus Domini, scriptum ex mandato", was man so übersetzen kann: „Dies Buch **ist** die Ankunft des Herrn, im Auftrag geschrieben", statt „Dies Buch handelt von der Ankunft des Herrn…"[204].

Endlich bringt er dann 1771 in seiner *Wahren Christlichen Religion* die „Glorifizierung seiner eigenen Sendung"[205] gebührend zur Geltung, indem er zum Ausdruck bringt, der Herr könne sich eben nicht in Person offenbaren, auch wenn er seine Wiederkunft angekündigt habe. Solches könne er nur „durch einen Menschen bewirken […], der die Lehre dieser (neuen)

Kirche nicht bloß mit dem Verstand auffasse, sondern sie auch durch den Druck bekannt machen kann“[206]. Zu diesem Amt sei er vom Herrn ausgesandt.

Der allmächtige Herr ist also auf die Person von Swedenborg angewiesen, dessen Intelligenz allein sowie dessen finanzielles Vermögen erst die Drucklegung des göttlichen Wortes und somit die Verheißung der Wiederkunft Christ gestatte! Während Christus in johanneischer Version der fleischgewordene Logos ist, wäre dann Swedenborg der fleischgewordene Heilige Geist. Durch seine Person erst kann Gott die messianische Verheißung erfüllen!

Ausgestattet mit dieser allerhöchsten Auszeichnung zur Rechten Gottes versäumt er freilich nicht, das nachtodliche Schicksal seiner ehemaligen Widersacher, seines früheren Vorgesetzten Polhem und des Vizepräsidenten des königl. Bergwerkskollegiums, Hjärne, der gegen seine vom König, über die Köpfe des Kollegiums hinweg, verfügte Ernennung Einspruch erhoben hatte, anzugeben: beide sitzen in der Hölle.

Die überwiegend manisch betonte prämortale Konstellation Swedenborgs war nie ganz stabil gewesen. Davon zeugen häufige Angstträume, die er in seinen *Tagebüchern* schildert und die typischerweise den Sturz aus der Höhe inszenieren: „Es schien mir, als läge ich auf einem Berg, unter dem ein Abgrund sich auftat und an dem Handgriffe angebracht waren. Ich lag dort und versuchte mir aufzuhelfen, indem ich mich an einem Griff festhielt, ohne Fußstütze, den Abgrund unter mir“[207].

Wenn an der verstimmten Reaktion seines Vaters mit der finanziellen Absage und der bleibenden Entfremdung zwischen ihnen abzulesen ist, dass das getadelte Verhalten des Sohnes in der Form neu aufgetreten war, so liegt es nahe, dafür im Zeitraum seiner Reise von September 1710 bis Anfang 1715 nach entsprechenden Konfliktereignissen Ausschau zu halten.

Gleich zu Beginn seiner Reise erlebte Swedenborg eine wahre Salve von Revier- und Schreckangst-Konflikten. Das Schiff lief an der englischen Küste während eines dichten Nebels auf eine Sandbank, „wobei alle sich verloren glaubten, da der Kiel des Schiffes nur noch einen Viertelfaden von der Bank entfernt war "[208], berichtete er später. In diesem Schrecken wurde das Schiff von einem französischen Kaperschiff geentert, dessen Besatzung sie irrtümlich für Dänen gehalten hatten. Als nun noch ein englisches Küstenwachschiff, das Nachricht über das Auftauchen des Kapers erhalten hatte, den geenterten englischen Segler für das Kaperschiff hielt und eine Breitseite darauf abfeuerte, ohne jedoch größeren Schaden anzurichten"[209], schien das Maß übervoll zu sein.

Doch nachdem sich in England das Gerücht eines Pestausbruchs in Schweden verbreitet hatte, wurde das Schiff samt Besatzung für sechs Wochen in Quarantäne gestellt. Da aber einige Landsleute aus der schwedischen Kolonie von dem Malheur der Angereisten erfuhren, brachten sie mit einem Boot einige Unternehmungslustige, zu denen auch Swedenborg zählte, heimlich an Land. Swedenborg wurde von der Polizei aufgegriffen und, im Pestverdacht stehend, sollte an ihm kurzerhand ein Exempel statuiert werden, er sollte aufgehängt werden. Nur der Fürsprache einflussreicher Mitglieder der schwedischen Kolonie hatte es Swedenborg zu verdanken, vor dem Galgen bewahrt worden zu sein.

Da er später immer zu Studienzwecken über den Seeweg ins Ausland reiste, ergab sich dadurch eine Schiene für die gesamte Serie von Konflikten, die er bei seiner damaligen Ankunft serviert bekommen hatte. Eine interessante Bestätigung liefert seine „Christus"-Vision vierunddreißig Jahre später.

Nachdem er da in aufgewühlter, kritischer Verfassung eingeschlafen war, erwachte er nach Mitternacht durch „ein gewaltiges

Zittern von Kopf bis Fuß, das von einem Geräusch begleitet war wie ein Zusammenprall vieler Winde." Als er sich wie niedergeworfen empfand und ganz erwachte, erkannte er sich auf dem Boden liegend. Dann formte sich ein Gebet aus seinem Mund und er spürte eine Hand seine zum Gebet erhobenen Hände drücken. „Da lag ich an Seiner Brust und schaute Ihn an von Angesicht zu Angesicht. Es war ein Gesicht mit einem solchen Ausdruck der Heiligkeit, dass ich es nicht beschreiben kann. Er lächelte, und ich glaube wirklich, dass sein Gesicht so war während seines Erdenlebens. Er wandte sich mir zu und fragte mich, ob ich einen Gesundheitspass habe. Ich antwortete: ‚O Herr, Du weißt das besser als ich!' worauf er sagte: ‚Tue es also!' Dies bedeutet, wie ich in meinem Sinn verstand: ‚Liebe mich wirklich!' … Dann erwachte ich in einem Zittern"[210]. Bei seinem heimlichen Landgang in England hatte er sich nämlich ohne Gesundheitszeugnis beinahe den Galgen eingehandelt, wie sich daran herausstellt also ein andauernder Konflikt, der in dieser Vision unmaskiert zum Vorschein getreten war.

Wenn auch diese Vision ihn noch in Zweifel über deren Echtheit stürzte, wurde ihm mit seiner Berufungs-Vision ein Jahr später klar, dass er zuvor in den Schmelztiegel geraten war. Übrigens hatte er seine seit 1736 einsetzenden Visionen später mit den Worten deliquium (zerschmelzen) und penetratio als ‚Eindringen in das wahre Wesen der Dinge' formuliert, worüber Freud sicher einiges zu sagen gehabt hätte.

Das leitet über zu seiner postmortalen Konstellation. Zeitlebens blieb Swedenborg Junggeselle, wozu ein Ereignis seines Lebens angeführt wird, als er in jüngeren Jahren vorübergehend im Haus seines Vorgesetzten Polhem lebte und sich in eine seiner Töchter verliebt hatte. Da das Mädel noch dreizehn, vierzehn Jahre alt war, gab Polhem ihm einen schriftlichen Kontrakt, worüber seine Tochter unwillig war.

Das Mädel wurde nun so unglücklich, dass ihr erwachsener Bruder den Vertrag entwendete. Darüber wurde wiederum Swedenborg betrübt, der den Kontrakt täglich las „da er in seiner Liebe keine andere Erleichterung hatte“[211] und so den Verlust schnell bemerkte. Obwohl Polhelm ihm einen neuen Kontrakt aufsetzen wollte, verzichtete Swedenborg darauf, als ihm die unglückliche Lage der Angebeteten klar wurde. Er verließ das Haus Polhems „mit einem teuren Eide, dass er weder an Frauenzimmer denken noch jemals eine eheliche Verbindung eingehen wolle“[212]. Letztes praktizierte er zeitlebens, während er Kontakte zu Frauen mindestens in einem Fall selbst erwähnte, als er in seinem Tagebuch von einer Geliebten auf seiner Italienreise (1736–39) schrieb. Dieser Tatsache kommt möglicherweise eine größere Bedeutung zu, da er ja ab 1736 zunehmend mit visionären Zuständen zu tun hatte. Doch dürfte darüber kaum mehr Aufschluss zu erlangen sein, da – sofern er überhaupt einiges entsprechende niedergeschrieben haben sollte – sein *Tagebuch* herausgerissene Blätter aufweist! Immerhin hatte er diesem nicht für die Öffentlichkeit vorgesehenen *Privaten Tagebuch* anvertraut, „dass meine Leidenschaft für Frauen“ die stärkste seines Lebens gewesen sei. Dazu rechnen auch seine „zahlreichen erotischen Träume und Visionen“[213], die er nach E. Benz „sehr ausführlich beschreibt.“

Tatsache jedoch war, dass dieser gesamte Bereich wie ausgelöscht wurde, „dass ich nicht länger sexuelle Neigungen habe, wie ich sie mein Leben lang gehabt hatte“, „dass meine Leidenschaft für Frauen, die meine Hauptleidenschaft war, plötzlich aufhörte“[214] und er den Zustand des Paulus erreicht hatte. Diese Folge eines erlittenen Revier-Konfliktes ist kombiniert mit einem Schwund, für sein (nicht mehr vorhandenes) Revier einzutreten: „Ich wunderte mich über mich selbst, dass ich mich … nicht mehr um meine eigene Ehre kümmerte“[215].

Für ein Vierteljahr bricht sein Tagebuch dann ab, um erst am 1.3.1744 wieder, mit gehäuft notierten Angstträumen fortzusetzen.

Spätestens nach seiner Rückkehr von seiner ersten, großen Auslandsreise bekam er von seinem Vater einen ziemlichen Dämpfer versetzt durch dessen Weigerung, seine Pläne weiterhin finanziell zu unterstützen. Schon während des England-Aufenthaltes hatte der Vater, aus Argwohn, sein Sohn, den er den Namen Emanuel, d.i. ‚Gott mit uns' gegeben hatte, könne mit seiner Favorisierung der Naturwissenschaften vom Glauben abfallen, ihn daher zur Rückkehr aufgefordert, doch von ihm zur Antwort erhalten: „Ich denke nicht daran, viel vor 1715 nach Hause zu kommen"[216], also drei Jahre später! Das konnte auf beiden Seiten nicht glatt abgehen. Daraufhin kürzte ihm der Vater seine Zuwendungen, sodass es für den jungen Mann recht eng wurde. Swedenborg blieb „mit dem Vater verfeindet"[217], der vermutliche Revier-Konflikt blieb offen. Das aber betonte nur einen seit Kindestagen bestehenden Konflikt mit dem Vater, der den Jungen zeitlebens vaterödipal geprägt hatte; denn der Vater wird nach seinem Tod in den Visionserlebnissen und Träumen seines Sohnes verklärt: „in einem verklärten Lichte als Führer auf dem neuen Weg"[218] und befindet sich in der Gesellschaft der Seligen. Umgekehrt ist „er, der von seinem Vater stets unterdrückt und gedemütigt wurde, […] nun der Liebling seines Vaters im Himmel…"[219] geworden, den er nun als Interieur seiner postmortalen Bühne, glänzend rehabilitiert, immer aufsuchen konnte.

Schon in seinen wissenschaftlichen Werken lässt der Hang zu spekulativer Phantasie und umfangreichen Büchern seine weitere, mythomanische Konstellation erkennen. Überrascht liest man allerdings in einer Tagebuchnotiz vom April 1744: „Ich schlug mich selbst…"[220], was er mit Kasteiungen an der

Essensmenge fortsetzte, die zu verringern ihm offensichtlich nicht leicht fiel. Gerade diese Auseinandersetzung findet sich wieder in seiner Berufungs-Vision, wo ihn ein Engel aufforderte, „dass ich bei Tisch nicht zu sehr dem Bauche fröhnen sollte"[221].

Wie von einem riesigen Spinnennetz umgeben liefen Swedenborgs Kindheits- und Jugenderlebnisse permanent in den Fäden eines religiösen Bezugssystems, in das er sein ganzes Leben lang verstrickt blieb. Der Befreiungsschlag ins Ausland und zu den Naturwissenschaften hielt die Auswirkungen einigermaßen zurück, explodierte aber allmählich ab 1736. Gerade wenn alle Bezüge religiöse Bedeutung besitzen, kann es nicht ausbleiben, eine religiös-prämortale (religiös-postmortale etc.) Konstellation zu bekommen, die – analog zur Casanova-Konstellation bei postmortaler Konstellation – eine Variante (religiöser Wahn in manischer Betonung) darstellt. Daher geriet Swedenborg in „die allerschlimmste Täuschung"[222], von der er sich allerdings fern wähnte.

Sein ordentlich geführtes Leben bis ins hohe Alter, das frei von organischen Erkrankungen blieb und ihn noch mit achtzig Jahren acht bis zehn Bogen in fehlerloser Handschrift wöchentlich zu verfassen gestattete, attestieren eine scheinbar robuste Gesundheit. Nach kurzer Krankheit verstarb er am 29.3.1772 in London. Seine übernatürlichen Fähigkeiten schienen auch durch sein ganz ungewöhnliches telepathisches Vermögen untermauert zu werden, was selbst Kant bei der Überprüfung der von Swedenborg amtlich zu Protokoll gegebenen, zutreffenden Details beim Brand fernab in Stockholm bestätigen musste.

Der Kirchenhistoriker Ernst Benz, der die zugrundegelegte, ausführliche Biographie über ihn erstellt hat, möchte bei Swedenborg das „Hervortreten des visionären Charismas" verbunden wissen „mit einem echten prophetischen Berufungserlebnis." Denn vor allem bei seinen Theologen-Kollegen galt es, die Vorbehalte gegenüber Swedenborg auszuräumen. Wenn nun aber deutlich geworden ist, dass dessen „Berufungserlebnis“ einen ganz anderen Hintergrund offenbart, dann wird die Folgerung, die E. Benz im nächsten Satz zieht, zu einer vernichtenden Konsequenz: „Wollte man dessen Echtheit leugnen, so müsste man die Echtheit sämtlicher entsprechender Berufungserlebnisse im Bereich des Alten und Neuen Bundes leugnen“[223]. Im Unterschied zu dieser Formulierung aus seiner theologischen Sichtweise darf angemerkt werden, dass es hierbei eben nicht um ein Leugnen geht, wo die biologischen Vorgänge die seelische Selbstfabrikation der Swedenborgschen Geisterseherei belegen können.

Die Stimme seines Herrn

Auf eine zweite Person, die sich über naturwissenschaftliche Phänomene in spirituell-religiöser Hinsicht geäußert hat, Jakob Lorber, soll an dieser Stelle noch kurz eingegangen werden. Jakob Lorber (1800–1864) war ausgebildeter Hauptschullehrer, lebte aber von seiner Passion als Musiker, die er als Solist und Musikkritiker ausübte. Von dem legendären Geigenvirtuosen N. Paganini war er als Violinschüler unterrichtet worden und stand in lebenslanger Freundschaft mit Anselm Hüttenbrenner, der wiederum mit Franz Schubert befreundet war.

Am 15.3.1840, als Lorber eine erhoffte Zusage als zweiter Kapellmeister ans Triester Theater erhalten hatte, befahl ihm eine Stimme, die er vollwach „in der Gegend des Herzens"[224] wahrnahm: „Nimm deinen Griffel und schreibe!" Von da an wurde ihm täglich für mehrere Stunden bis zu seinem Lebensende eine Neuoffenbarung zum Leben Jesu diktiert, die in den restlichen vierundzwanzig Lebensjahren fünfundzwanzig Bände von insgesamt etwa zehntausend Druckseiten umfasste.

Nun hat Lorber tatsächlich einige Aussagen zur Astronomie, über Atome, Elementarteilchen etc. gemacht, wie z.B. schon im Jahr 1850 die Aussage, dass „das Licht sich mit elektromagnetischer Schnelligkeit fortbewegt"[225]. Es existieren viele solcher für den damaligen Stand der Naturwissenschaften noch nicht erreichbaren Aussagen Lorbers, die erst später bestätigt wurden. Dieses Phänomen wird als Präkognition bezeichnet. Teilweise kannte Lorber die Wörter nicht, die ihm diktiert wurden, sodass Freunde sie ihm buchstabierten „oder sie mussten sich selbst eines Wörterbuches bedienen"[226]. Es gab auch einige argwöhnische Freunde, die über seine Wissensströme ganz irdische Quellen mutmaßten, aber bei der Durchsuchung seiner Wohnung leer ausgingen. Niemand seiner Freunde nahm jemals besorgniserregende Veränderungen an ihm wahr. Die Außergewöhnlichkeit seiner naturwissenschaftlich weit vorauseilenden Angaben wie die detaillierten und bislang unbekannten Angaben über Jesu Leben im Werk Lorbers nehmen seine Apologeten als überzeugendes Argument einer Art göttlichen Imprimatur.

Selbst wenn man die naturwissenschaftlichen Voraussagen einmal als tatsächliche unterstellt, so gibt es für Lorbers Schreibzwang über biblische und weltliche Themen andere Erklärungsansätze, die auf biologische Grundlagen verweisen. So liegt seinem Zustand, der übrigens nicht einzigartig blieb, sondern von zwei weiteren Lorber-Bewunderern, Gottfried Mayerhofer und Leopold Engel, bei der Vollendung seiner Werke fortgesetzt wurde, mindestens eine Doppel-Konstellation der Revierbereiche zugrunde: die prämortale Konstellation kombiniert mit der mythomanischen. In der Praxis lassen sich ähnliche „Fähigkeiten" immerhin bei einigen wenigen Patienten studieren, die um den Preis entsprechender Konfliktereignisse blitzartig aus ihrer natürlichen Verfassung herausgerissen wurden und eine jahrzehntelange ‚spirituelle Begnadung' erfuhren, wie wir noch sehen werden. Da Lorber so viel vom „Vater" und „Herrn" schrieb, kommt wohl zusätzlich eine vater-ödipale postmortale Konstellation hinzu. Wieweit das „telepathische Fenster" *(Hamer)* auf seine naturwissenschaftlichen Präkognitionen Einfluss hatte, bleibt noch offen, zumindest besitzen seine diesbezüglichen Angaben keineswegs a priori das Siegel der Unbedenklichkeit.

Zudem haben die schon mehrfach erwähnten Geologen A. und E. Tollmann mit Wohlwollen und Aufgeschlossenheit ihren Landsmann prüfend unter die fachliche Lupe genommen. Da dies am Rande eines größeren Themas geschah, scheint das

Ergebnis nicht allzu große Kreise gezogen zu haben, sodass es hier als ein wesentlicher Beitrag vollen Raum beanspruchen darf. Das erleichtert dem Interessierten sehr die Mühen, wenn er das Riesenwerk von Lorber&Co. genauer untersuchen möchte. Die beiden Geologen Tollmann schreiben in unmissverständlicher Deutlichkeit:

„In mehreren Artikeln behandelt er auch geologische Themen, die von haarsträubender Unkenntnis und Falschmeldungen strotzen, wobei er wiederholt auch in diesen Texten zusichert, dass sie direkt vom Herrn diktiert worden sind. So hat Lorber in seiner Publikation über die Choralpe (Koralpe) in seinem Buch *Himmelsgaben* die Kalkmarmorplatten der Koralpe, die aus den Marmorschichten des Untergrundes durch die Verwitterung lose auf der Oberfläche herumliegen, von Gott als Meteore, welche bei der nachherigen Zerstörung eines größeren Planeten, welcher sich zwischen dem Mars und dem Jupiter befand, auf die schon gebildeten Alpen geschleudert worden…' erklärt.

In der Publikation über *Erdbeben und deren Ursachen* erklärt Lorber, als vom Herrn geoffenbart, die Entstehung der Erdbeben: ‚Wenn nun auf irgendeinem Punkte der Erde irgendein Menschengeschlecht zu sinnlich und materiell wird, so dass beim Sterben solcher Menschen ihre Geister… wieder in den Tod übergehen, so treten dann eben diese Geister wieder in die Tiefen der Erde zurück und werden gefesselt… wenn das lange fort und fort dauert, so wird ein solcher Punkt im Inneren der Erde nach und nach überladen. Diese Geister fangen dann an, in ihren bösen Begierden sich zu drängen, reiben und zu entzünden… als dann wird ein frieden- und ruhestiftender Engel von Mir abgesandt. Dieser öffnet die Schleusen irgendeines unterirdischen großen Wasserbehälters. Und das Wasser stürzt dann… in Blitzesschnelle hin auf einen solchen wuterglühenden Punkt der Erde… Das Wasser… löst sich in… Dämpfe auf und übt… einen so gewaltigen Stoß aus, dass an der Stelle, die sich gerade über einem solchen Punkt befindet, Berge, Städte, Märkte und Dörfer wie Spreu zusammengeschüttelt und übereinandergeworfen werden.'

Und so geht es weiter über die vulkanischen Vorgänge, über die Granitbildung etc.. Da diese Kostproben", so schließen die beiden Tollmann ihre Prüfung Lorbers ab, „explizit als direkte Mitteilungen des Herrn deklariert werden, muss man die übrigen zehntausend Druckseiten ebenso zur Seite legen, um nicht hineinzufallen – sogar wenn echte Schauungen darin enthalten wären, was wir übrigens nicht bemerken konnten"[227].

Da in diesem Fall die Qualität der Aussagen Lorbers zugleich für seine Tätigkeit als „Schreibknecht Gottes" widerlegt ist, soll es genügen, wenn ein paar ähnelnde Charakteristiken bei den beiden nächsten biographischen Miniaturen auf ihn rückverweisen.

Der Morgenstern eines Lakota

Als der amerikanische Indianerforscher John Neihardt im Frühjahr 1931 den fast erblindeten, nahezu siebzigjährigen Lakota-Krieger Schwarzer Hirsch, aus dem großen Zweig der Sioux-Stämme, wiederholt aufsuchte, konnte er nicht ahnen, welch tiefen Einblick in das Seelenleben und die Geisteshaltung eines indianischen Krankenheilers und Sehers er erhalten würde.

Der 1863 geborene Schwarze Hirsch bekam schon in frühester Kindheit die kriegerischen Auseinandersetzungen mit den weißen Militärs mit, als sein Vater mit gebrochenem Bein aus der sog. Fetterman-Schlacht (Dez. 1866) zurückkehrte. Er erlebte noch weitere Schlachten mit und gehörte zu den Überlebenden des Massakers am Wounded Knee, das den Untergang der Indianer besiegelte. Er war ein naher Verwandter von Crazy Horse und kannte die legendären Häuptlinge Sitting Bull, Red Cloud und American Horse. Als junger Mann bereiste er unter Buffalo Bill Europa, wo er innerhalb von drei Jahren England, Frankreich, Deutschland und vermutlich Italien besuchte, ohne jegliche Sprachkenntnisse teilweise auf sich allein gestellt. Den Untergang seines Volkes und dessen Verelendung in den Reservaten hatte er miterlebt, eine Situation, über die er verzweifelt war und sich selbst mit die Schuld gab, obwohl er sich nicht zu den großen Kriegern seines Volkes rechnete. Diese Schuld basierte auf dem Auftrag, den er in einer Vision als neunjähriger Knabe erhalten hatte. Als J. Neihardt zu einem zweiten Besuch kam, fasste der Oglala-Schamane zum erstenmal in seinem Leben den Entschluss, ihm, dem weißen Mann, die vollständige Vision, soweit sie für ihn in Worte zu bringen war, zu offenbaren.

Ein Zehntel seines Lebensberichtes umfasst jene für sein Leben zentrale Vision, die er während einer schweren Erkrankung, bei der er zwölf Tage lang auf Leben und Tod lag, erfahren hatte. Diese Bilder waren ihm so genau präsent geblieben, wie zu dem Zeitpunkt, als er sie geträumt hatte, „denn nichts, was ich je mit meinen Augen sah, war so hell und so klar wie das, was mein Gesicht mir gezeigt hat, und keine Worte, die jemals mit meinen Ohren gehört, waren gleich den Worten, die ich vernommen. Ich brauchte mich auf diese Dinge nicht zu besinnen; sie haben sich während aller dieser Jahre ständig selbst in Erinnerung gebracht“ [228].

Während Träume als subjektive Erlebnisse in der Zivilisation allenfalls poetische Naturen inspirieren w.z.B. Kafka oder dem Psychologen allerhand Material für seine Interpretation liefern, sodass ein ‚Träumer' zu sein kein erstrebenswertes Prädikat darstellt, bewertete die gesamte nordamerikanische Indianerkultur Träume in der Art des Jugendtraums oder der Vision mit dem „Siegel der Legalität und Autorität“ [229]. Ob bei priesterlichen Ämtern, medizinischem Wissen, der Namengebung oder Kriegszügen u.a.m., der Traum stellte eine entscheidende Orientierung für die Indianer dar.

Bei der Vision des Neunjährigen, deren grandiose Bilder Erinnerungen an die Apokalypse anklingen lassen, nimmt ihn eine Wolke auf und bringt ihn mit großer Geschwindigkeit zu den Großvätern, „keine alten Männer…, sondern die Mächte der Welt. Und der erste war die Macht des Westens; der zweite die des Nordens; der dritte die des Ostens; der vierte die des Südens; der fünfte die des Himmels; der sechste die der Erde“ [230].

Von allen wird er mit spezieller Macht für das gedeihliche Leben seines Volkes ausgerüstet. Als er zum sechsten Großvater trat, sah er: „er war sehr alt, viel älter als Menschen sind. Sein Haar war lang und weiß, sein Gesicht ganz von Runzeln durchfurcht, und seine Augen saßen tief und waren trübe. Ich sah ihn fest an, denn etwas an ihm schien mir bekannt; und wie ich ihn so anblickte, verwandelte er sich langsam und wuchs zurück in seine Jugend. Sowie er wieder zum Knaben geworden, da wusste ich, dass ich selbst es war, mit all den Jahren, die schließlich die meinen sein würden. Als er wieder alt geworden, sagte er: ‚Mein Junge, fasse Mut, denn meine Kraft soll die deine sein, und du wirst sie nötig haben, denn dein Volk wird auf Erden viel Schweres erleiden. Komm“[231]. Nun sollte er, dem der heilige Stab verliehen war, ihn in die Mitte des Kreises seines Volkes setzen und ihn zu einem schirmenden Baum zu voller Blüte aufwachsen lassen. Der älteste der Großväter verabschiedete ihn dann nach einigen weiteren visionären Szenerien mit den Worten: „Großsohn, das ganze All hast du erblickt. Jetzt sollst du mit Kraft begabt an den Ort zurückkehren, von dem du gekommen, und dort soll es geschehen, dass Hunderte geheiligt, Hunderte zu Flammen werden! Sieh“[232]!

Nachdem er zwölf Tage wie tot gelegen hatte, war er vom Medizinmann wieder zum Leben erweckt worden, völlig „gesund wie eh“[233]. Aus Furcht darüber, für wahnsinnig zu gelten, wenn er über sein Gesicht spräche, behielt er es für sich und blieb Tag für Tag sehnsüchtig: “Ich hatte nur Heimweh nach dem Ort, an dem ich gewesen“[234]. Seinen Eltern fiel das seltsame, veränderte Wesen ihres Sohnes auf und sie schickten ihm in seinem 18. Lebensjahr einen anderen Medizinmann, dem er sich nun aus „Angst, mich vor allem fürchten zu müssen“[235], anvertraute. Der riet ihm, um seine „Störung“ loszuwerden, zur rituellen Ausführung seiner Vision, denn „ein Mensch, der ein Gesicht gehabt, ist nicht imstande, dessen Kraft anzuwenden, bevor er auf Erden das Gesicht für die Menschen sichtbar dargestellt hat“[236].

Während nun gemeinsam mit seinem Stamm seine Vision so getreu wie möglich inszeniert wurde, „geschah etwas Merkwürdiges“[237]. Er erlebte eine neue Vision mit den sechs Großvätern. Nach der Ausführung des ‚Pferde Tanzes', wie seine Vision genannt wurde, fühlten sich viele Kranke wieder wohl und alle Stammesgenossen waren glücklicher – und seine eigene Furcht war von ihm gewichen.

Was ihm seitdem geblieben war: „Männer und Frauen und Kinder habe ich von Krankheit geheilt mit der Kraft, die mein Gesicht mir verliehen; meinem Volk aber konnte ich nicht helfen. Wenn ein Mann, eine Frau oder ein Kind stirbt, so hat das nicht lange viel zu bedeuten, denn das Volk lebt weiter. Es war jedoch das Volk, das hinstarb, und das Gesicht war für das Volk bestimmt, aber ich habe nichts dafür getan. Als ich noch jung war, da fühlte ich mich von der Kraft ganz erfüllt, und es schien mir, mit der Hilfe der ganzen jenseitigen Welt zusammen könnte ich alles tun. Ich hatte einen guten Anfang gemacht, um meine Pflicht gegen die Großväter zu erfüllen, aber es sollte noch viel mehr getan werden…“[238].

Er erfuhr in seinem weiteren Leben noch einige kleinere Visionen und fügte, nach langem Zögern, seinen Beitrag der ‚Geistertanzbewegung' zu, die von einem heiligen Seher der Paiute namens Wovoka ausging, mit dem Auftrag: „Lehre deinen Brüdern und Schwestern einen bestimmten Tanz, dann werden die Verstorbenen und die Bisonherden zurückkehren, die Weißen aber werden verschwinden.“ Das Ende dieser allmählich von allen Stämmen aufgegriffenen ‚Geistertanzbewegung', welche die Weißen als ernste Gefahr beunruhigte, war das Massaker am Wounded Knee, bei dem zweihundertfünfzig indianische Frauen und Kinder und hundert Männer getötet wurden.

„Und ich begreife,“ so Schwarzer Hirsch, „dass noch etwas anderes im blutigen Schlamm gestorben und vom Schneesturm begraben worden ist. Der Traum eines Volkes starb dort. Es war ein schöner Traum"[239].

Seinen „großen Fehler" und daher seine Mitschuld am Untergang seines Volkes sah er darin: „ich hatte ein sehr großes Gesicht gehabt, und ich hätte mich ausschließlich auf dieses verlassen sollen, damit es mich zum Guten führe. Aber ich folgte den minder hohen Gesichten, die sich mir gezeigt, als ich am Wounded Knee Creek tanzte. Das Gesicht von den Flammen – den Regenbogen sollte vielleicht eine Warnung sein; aber ich hatte sie nicht verstanden. Ich war nicht meinem großen Gesicht gefolgt, wie ich es hätte tun sollen; ich verließ mich auf die zwei Stöcke, die ich im geringeren Gesicht gesehen hatte. Es ist schwer, einem einzigen großen Gesicht in dieser Welt der Finsternis und der vielen wechselnden Schatten zu folgen. Unter solchen Schatten gehen die Menschen verloren"[240].

Schwarzer Hirsch lebte noch bis 1952, er war auch Bewahrer der heiligen Pfeife, die das Leben seines Stammes verbürgte, solange ihr Brauch bekannt bliebe, weswegen er ihren geheimen Brauch bekannt machte mit seinem Buch *Die heilige Pfeife.*

Den starken Bildern seiner Vision, der Kraft prophetischer Träume, der Graduierung heilender Macht und der herben Verzweiflung des weisen alten Mannes um sein Volk – diesem allen gegenüber kann man schwerlich sein tiefes Mitempfinden zurückhalten. Die monotone Zentrierung seines Lebensauftrages bei ihm wie bei J. Böhme u.v.a. besitzt eine Außerordentlichkeit, dass sie zu den seltenen Höhepunkten eines Lebens zu rechnen scheint. Als Schwarzer Hirsch erblindet war, sagte er: „Ich bin blind und sehe die Dinge dieser Welt nicht; aber wenn das Licht von oben kommt, dann erleuchtet es mein Herz, und ich kann sehen, denn das Auge meines Herzens sieht alles. Das Herz ist das Heiligtum, in dessen Mitte sich ein kleiner Raum befindet, wo der Große Geist wohnt; und dies ist das Auge. Dies ist das Auge des Großen Geistes, mit dem er alles sieht, und mit dem wir Ihn sehen. Wenn das Herz nicht rein ist, dann kann der Große Geist nicht geschaut werden, und solltet ihr in dieser Unwissenheit sterben, so kann eure Seele nicht sogleich zu Ihm zurückkehren, sondern muss durch Irrfahrten in der Welt gereinigt werden. Um die Mitte des Herzens zu kennen, wo der Große Geist wohnt, müsst ihr rein und gut sein und auf die Art und Weise leben, die der Große Geist uns gelehrt hat. Der Mensch, der also rein ist, enthält das Weltall in der Tasche seines Herzens"[241].

Diese eindrucksvolle Schilderung erinnert an die „Stimme aus der Gegend des Herzens" von J. Lorber, und dieser Ort ist in allen Geheimlehren der Welt, nur unter anderen Bezeichnungen, wohlbekannt.

Wenn man an solche ehrwürdigen Gesichte und Phänomene herantritt, kommt einem die nicht ganz einfache Aufgabe zu, das Kind nicht mit dem Bade auszuschütten, wenn man die Spreu vom Weizen trennen soll. Doch was ist Kind und was ist Badewasser in diesem Fall?

Nicht alle Visionen haben sich durch ihre Realisierung als Wahrträume oder prophetische bestätigt. So wartete J. Böhme an seinem Lebensende vergeblich auf seine „Morgenröte", als er in einem Brief schrieb: „Ich hoffe noch, es wird bald die Zeit der großen Reformation kommen… Er komme nur nach Dresden in Buchladen, er wird die neue Reformation genug sehen, welche meinem Grunde gleich siehet, was den theologischen Grund anbetrifft"[242]. Unerfüllt gebliebene, d.h. falsche Prophezeiungen jedoch reichen in Hülle und Fülle bis in die Gegenwart; eine davon scheint, zumindest in Teilen, die des Schwarzen Hirsch gewesen zu sein.

Wer mit Behutsamkeit der Würde solcher Persönlichkeiten und zugleich kritisch geschultem Blick aus den Erkenntnissen der GNM die Vorgänge jener Vision von Schwarzer Hirsch analysiert, dem schälen sich einige Besonderheiten aus den berichteten Vorgängen heraus.

Nicht aus heiterem Himmel kam er zu seinen Visionen. Denn schon als dreijährigem Knaben kamen ihm die Reden seiner Stammesgenossen zu Ohren und durch die Kriegsverletzung seines invalid gewordenen Vaters die Auswirkungen des Krieges gegen die Weißen vor Augen; „jedermann sagte, die Uaschitschun [Weißen] würden kommen und unser Land nehmen und uns auslöschen, und wir alle müssten kämpfen“[243]. Ganz besonders an eins erinnerte er sich nach jener Fettermann-Schlacht 1866: „Es muss die Furcht sein, an die ich mich vor allem erinnere. Während der ganzen Zeit durfte ich nur in der Nähe unseres Tipi spielen, und immer wieder rief meine Mutter, ‚wenn du nicht artig bist, dann werden dich die Uaschitschun holen‘ “[244].

Zu allem Überdruss machte ihm also auch noch die eigene Mutter Revier-/Schreckängste, von den Weißen geholt zu werden! Vermutlich ist dies auch für einen der doppelten Hörkonflikte verantwortlich, denn mit vier Jahren setzte bei ihm erstmals das Hören von Stimmen ein, die ohne Anwesenheit von anderen für ihn vernehmbar waren, oder er hörte, wie der Königsvogel in menschlicher Stimme zu ihm sprach.

Einige kleinere Bilder traten ihm bis zum neunten Lebensjahr vor Augen, nachdem ihn und seinem Stamm „ein Hungerwinter quälte“[245], was erneute Konflikte für den Knaben bedeutete, bis er dann so krank wurde, dass ihm die Beine versagten, die tags zuvor plötzlich geschmerzt hatten, und Arme, Beine und sein Gesicht unter Flecken anschwollen.

Zu Beginn der nun einsetzenden großen Vision erlebte er die ihm schon bekannten Gestalten, zwei Männer, die „schräg wie Pfeile [aus den Wolken] herabglitten“[246], ihn zu holen. Er wurde von einer kleinen Wolke aufgenommen und kehrte „mit großer Geschwindigkeit“ zurück in die Höhe, bis er in einer Wolkenwelt weit über der Erde mit großer, weiter “Steppe mit schneeigen Hügeln und Bergen“[247] war.

Ein typischer Reiseweg in die Höhe einer Schwebe-Konstellation, auf den der Neunjährige mitgenommen wurde, wo er „auf dem höchsten von all diesen Bergen … unter mir in der Tiefe“ den ganzen Erdkreis liegen sieht. „Und während ich dort stand, sah ich mehr, als ich sagen kann, und ich verstand mehr, als ich sah; denn ich schaute auf heilige Weise die Gestalten aller Dinge im Geiste, und die Gestalt aller Gestalten, wie sie zusammen leben müssen, gleich wie ein Wesen. Da sah ich, dass der heilige Ring meines Volkes einer von vielen Ringen war, die einen Kreis bildeten, weit wie Tageslicht und wie Sternenlicht. In der Mitte aber wuchs ein üppig blühender Baum zum Schutz all der Kinder einer Mutter und eines Vaters. Und ich erkannte all dies als heilig“[248].

Immer wieder wird Schwarzer Hirsch bei seinen Visionen in die Höhe gerissen, gelegentlich erblickte er auch ein charakteristisch prämortales Lichterlebnis: es stieg „ein merkwürdiges Licht auf – ein vielfarbiges Licht, funkelnd, mit Strahlen, die zum Himmel reichten. Dann war es vergangen, und an der Stelle, der es entsprungen, wuchs eine Pflanze …“[249].

Wie schon bei Echnaton ein *Sonnen-Hymnus* als wesentlicher Bestandteil seines lichthaften Aton-Kultes erschien, so hörte Schwarzer Hirsch während seiner großen Vision „die Sonne während ihres Aufsteigens singen, und also sang sie:

In sichtbarer Form erschein ich./Auf heilige Weise erschein ich./ Ich erfreue die grünende Erde./Ich habe die Mitte des Stammesrings erfreut./In sichtbarer Form – schaut mich an!/Die Vier- und die Zweibeiner, ich lehrte sie gehen;/Die Beschwingten in der Luft, ich lehrte sie fliegen./In sichtbarer Form erschein ich./Heilig machte ich meinen Tag“[250].

Und ebenso wie die Morgenröte zum visionären Symbol bei Jakob Böhme avancierte, war der Morgenstern bei Schwarzer Hirsch das Zeichen der Verheißung. In seinem Gesicht waren zwei Männer, „den Kopf voran wie fliegende Pfeile“, aus dem Osten gekommen, „und zwischen ihnen erhob sich der Morgenstern. Sie traten herzu, reichten mir ein Kraut und sagten: ‚Mit diesem wirst du auf Erden alles beginnen und ausführen.‘ Es war das Morgenstern-Kraut, das Kraut des Verständnisses, und sie hießen mich, es auf die Erde fallen zu lassen. Ich sah es fallen, tief, und als es die Erde berührte, begann es zu wurzeln. Es wuchs und trieb Blüten, vier Blüten an einem Stengel, eine blaue, eine weiße, eine scharlachrote und eine gelbe; und ihre Strahlen strömten aufwärts zu den Himmeln, sodass alle Geschöpfe es sehen konnten und an keinem Ort mehr Dunkel herrschte“[251].

Nachdem die große Vision von seinem Stamm rituell aufgeführt worden war, worüber Schwarzer Hirsch Erleichterung verspürte, stand er von dieser Zeit an „stets sehr früh auf, um den Aufgang des Morgensterns zu sehen.“ Manchmal in Begleitung einiger Stammesgenossen erwarteten sie sein Erscheinen und huldigten ihm untereinander mit den Worten: „Sieh den Stern des Verständnisses“[252]!

Die prämortale Konstellation allein wird diesen Vorgängen nicht vollständig gerecht. Wer die Begegnung mit den „Großvätern“ aufmerksam verfolgt hat weiß, dass die zusätzliche postmortale Konstellation sich ankündigte: In dem visionären Kampf mit einem „blauen Mann“ durchbohrte er mit seiner Speerspitze, in die sich sein Bogen verwandelt hatte, dessen

Herz, und als „die vier Reitergruppen über den Körper des Mannes [her] fielen, … lag da nur noch eine harmlose Schildkröte“ [253].

Schließlich gelangte er in ein Dorf, dessen „Platz war erfüllt von Stöhnen und Klagen um die Toten. … ich sah fast in jedem Tipi die Frauen und die Kinder und die Männer sterbend neben den Toten liegen“ [254]. Das erinnert an die grauenvollen Todesvisionen des Prinzen Siddharta, die ihn nach den vier Ausfahrten überwältigten.

Bei einer späteren kleinen Vision, die wie alle anderen im Geschehen einer epileptoiden Krise sich bei ihm einstellte, diesmal während seines Aufenthaltes in Paris, flog er über den Ozean dahin, wohin seine Eltern tatsächlich gezogen waren und ihm seine Mutter später berichten sollte, „sie habe in einer Nacht geträumt, ich sei auf einer Wolke zurückgekehrt, habe aber nicht bleiben können“ [255]. Seine telepathischen Fähigkeiten und die bei seiner Mutter nicht verloschene innere Verbindung zu ihm benötigen keine mystische Interpretation dieser Vision. Als er diese Schauung machte, habe er, so wird ihm hinterher von seinen Gastgebern berichtet, mit denen er am Frühstückstisch gesessen hatte, „in die Höhe geblickt und gelächelt … und sei dann wie tot von (seinem) Stuhl gefallen.“ „Drei Tage“, so fährt er fort, „habe ich so leblos dagelegen, nur ein einziges Mal hätte ich ganz wenig geatmet. Oft konnten sie mein Herz überhaupt nicht fühlen.“ Die mitleidende Gastfamilie und der herbeigerufene Arzt „waren überzeugt, dass ich wirklich bald tot sein werde und sie dachten bereits daran, für mich einen Sarg zu kaufen“ [256].

Mindestens die gewaltige Bradycardie des Herzens, mit manchmal nur drei bis vier Schlägen pro Minute während der drei Tage dauern könnenden epileptoiden Krise seines coronaren Herzinfarktes und einer Absence *(Hamer)*, bestätigt im

Fall von Schwarzer Hirsch die eine Komponente seiner postmortalen Konstellation patho-gnomonisch.

Zu erinnern ist, dass seine Beine ja zu Beginn der Vision auch versagt hatten; ist es da nicht zum Ende des Gesichts erstaunlich, wenn er „allein auf einer weiten Ebene (war), und meine Füße schritten auf der Erde… In weiter Ferne vor mir konnte ich das Dorf meines Volkes sehen, und ich holte kräftig aus“ [257]. Mit Siebenmeilenschritten beendet er im motorischen Größenwahn seine Vision, deren Sinn ihm „weise, schön und gut“ [258] dünkt. Dass er sich „nach allem“ als „bemitleidenswerter, alter Mann“ [259] empfand, ehrt den um das Existenzrecht seines Stammes wie aller Wesen, die eins sind, Bekümmerten als brüderlichen Menschen; wieweit ihn aber die Bilder seiner Visionen über die Wirklichkeit hinausgehoben haben, die zu erfüllen er dann naturgemäß versagen musste, von diesem tragischen Geheimnis ist nun der Schleier etwas gehoben worden.

Noch zu seinen Lebzeiten drang der Ruf des großen Sehers vom heiligen Berg ‚Morgenröte' (Arunachala), Ramana Maharshi (1879–1950), weit über die Grenzen des riesigen Landes Indien hinaus und lockte viele spirituellen Sucher, Eingeweihte und Forscher in seinen Ashram nach Tiruvannamalai in Südindien, einem der heiligsten Wallfahrtsorte Indiens, worüber der Gott Shiva selbst verkündet hatte: „Wer in fünf Meilen Umkreis vom heiligen Berge weilt, wird aller Sünden ledig und erlangt die Vereinigung mit dem Höchsten"[260]. Zu den Besuchern Ramanas gehörte der Benediktinermönch Henri Le Saux, dem der Maharshi als „Ideal eines Jñānī " (Weiser; wer Gott erfahren hat, sein Selbst verwirklicht hat)[261] galt; der persönliche Steiner-Schüler Hans-Hasso von Veltheim-Ostrau, ein Freund Krishnamurtis, der Ramana Maharshi Ende 1935 aufsuchte und schon dort wie auch fortan bei seinen eigenen Meditationen „meinen indischen Guru"[262] „so in seinem Lichtleib vor mir sitzen sehe wie ehemals in seinem Ashram"[263], auch nachdem Ramana schon verstorben war; ebenfalls im selben Jahr hatte ihm der religionswissenschaftliche Forscher Evans-Wentz einen Besuch abgestattet; der führende Eingeweihte und Vertreter des Kriya-Yoga, der Paramahansa Yogananda, suchte ihn wenige Wochen nach Veltheims Besuch auf, was teilweise filmisch dokumentiert ist, und schließlich kam noch der deutsche Indologe Heinrich Zimmer, ein Referent der Eranos-Tagungen, der sein persönlichstes Werk, das posthum (1943) erschien, Maharshi und seinem *Weg zum Selbst* gewidmet hatte.

Dem Jungen Venkataraman war seine Laufbahn als Heiliger nicht vorauszusehen gewesen. Aus einer alten Brahmanenfamilie stammend, zeigte er weder den schulischen Anforderungen gegenüber noch an religiösen Inhalten großes Interesse; einzig in sportlicher Hinsicht verschaffte er sich mit hervorragenden Leistungen in allen Disziplinen Ansehen unter seinen Mitschülern. Als Kind neigte er zum Nachtwandeln und besaß einen unerschütterlich festen Schlaf, was andere gelegentlich dazu ausnutzten, dann mit ihm ihre groben Späße zu treiben. Als er zwölf Jahre alt war, starb sein Vater, der sich ohne Studium zum Rechtsanwalt emporgearbeitet hatte und allseits, bei Behörden wie bei seinen Mitbürgern, beliebt und geachtet gewesen war. Nach diesem Verlust zog Venkataraman mit seinem ältesten Bruder zu seinem Onkel und besuchte dort die Schule.

Mit sechzehn Jahren befiel ihn im wahrsten Sinn des Wortes ein Wandlungserlebnis, das seinen Fortgang nach Tiruvannamalai, zum heiligen Berg, auslöste, wo er dann bis zu seinem Tod ständig blieb. Dieses bestimmende Erlebnis hat er mit eigenen Worten geschildert:

„Eines Tages also saß ich allein und fühlte mich keineswegs schlecht, – da packte mich jäh und unzweideutig der Schrecken des Todes. Ich fühlte, ich müsse sterben. Warum ich das fühlte, lässt sich durch nichts, was ich in meinem Körper empfand, erklären. Ich konnte es mir auch nicht erklären. Aber ich bemühte mich auch gar nicht, herauszufinden, ob meine Todesangst begründet sei. Ich fühlte einfach: >ich muß jetzt sterben< und überlegte sofort, was ich tun solle. Ich dachte nicht daran, einen Arzt oder Verwandte oder gar Fremde zu fragen. Ich fühlte: diese Frage muss ich selber lösen, hier und jetzt, auf der Stelle.

Dieser Schreck der Todesangst wandte mich nach innen. Ich sagte innerlich zu mir selbst, ohne einen Laut zu sprechen: >jetzt ist der Tod da. Was hat das zu bedeuten? Was ist das: Sterben? Mein Leib hier stirbt.< Sogleich fing ich an, meine Sterbeszene zu spielen. Ich streckte meine Glieder lang und hielt sie steif, als wäre die Totenstarre eingetreten. Ich ahmte einen Leichnam nach, um meinem weiteren Erforschen den äußeren Schein der Wirklichkeit zu leihen, hielt den Atem an, schloss den Mund und hielt die Lippen fest aufeinander gepresst, dass mir kein Laut entfahren konnte. Lass nicht das Wort >Ich< oder irgendeinen Laut dir entschlüpfen! - >Gut<, sprach ich dann zu mir selber, >dieser Leib ist tot. Starr, wie er ist, werden sie ihn zur Leichenstätte tragen; dort wird er verbrannt und wird zu Asche. Aber wenn er tot ist, – bin dann >Ich< tot? Ist der Leib >Ich<? – Dieser Leib ist stumm und dumpf. Aber ich fühle alle Kraft meines Wesens, sogar die Stimme, den Laut >Ich< in mir, - ganz losgelöst vom Leibe. Also bin ich ein >Geistiges<, ein Ding, das über den Leib hinausreicht. Der stoffliche Leib stirbt, aber das Geistige, über ihn hinaus, kann der Tod nicht anrühren. Ich bin also ein todlos >Geistiges<.

All das aber war nicht bloß ein Vorgang in meinem Denken, es stürzte als lebendige Wahrheit in Blitzen auf mich ein: ich ward es unmittelbar gewahr, ohne Überlegen oder Folgern. >Ich< war ein höchstes Wirkliches, das einzige Wirkliche in diesem Zustande, und alles bewusste Geschehen, das an meinem Leibe hing, war darauf versammelt. Dieses >Ich< oder mein >Selbst< blieb von diesem Augenblick an mit allmächtiger Anziehungskraft im Brennpunkt meiner wachen Aufmerksamkeit. Die Furcht vor dem Tode war ein für allemal vergangen. Dieses Verschlungensein ins >Selbst< hat von jener Stunde an bis heute nicht aufgehört. Andere Vorstellungen und Gedanken mögen kommen und gehen wie viele Töne einer Musik, aber dieses Ich dröhnt als Grundbaß fort, der sie alle begleitet und sich mit ihnen verbindet. Ob mein Körper mit Sprechen, Lesen oder sonst was befasst war, immer blieb ich auf dieses >Ich< versammelt“[264].

Die Folge dieses ungewöhnlichen Erlebnisses war, dass er jeglichen „Rest von Interesse“[265] an Freunden und Verwandten sowie am Lernen verlor. Ebenso grundlegend wandelten sich seine Charakterzüge: Sport und Spiele stellte er ein und blieb lieber für sich; hatte er vorher anderen, die mit ihm ihren Mutwillen treiben wollten, gezeigt, dass sie bei ihm „an den Falschen geraten waren“[266], so hatte sich jetzt alles „gründlich verändert“[267], er wurde „sanftmütig“. Auch die Lust am Essen war von der überwältigenden Erfahrung nicht unberührt geblieben: er schluckte alles, „ohne auf Geschmack, Geruch oder Güte zu merken“[268].

Was ihm aber neu erstand, war sein nun täglich sehnsüchtig vollzogener Gang zum Tempel Shivas, wo seine Seele „in Strömen von Tränen“ überfloß. Sechs Wochen später büchste er von seinem Zuhause bei dem Onkel aus und machte sich, ziemlich mittellos, auf die Reise nach Tiruvannamalai. Wie ehemals der Buddha-Anwärter, ließ er sich das Haar scheren, warf den Rest des wenigen Geldes und einige erhaltene Süßigkeiten weg, und gab sich vollständig seinen Meditationen hin, ohne auf sein Äußeres zu achten. Von Ungeziefer zerfressen, verwahrlost am ganzen Leib wie ein indisches Exemplar des *Struwwelpeter*, die Hände durch lange, gekrümmte Fingernägel unbrauchbar geworden, lebte er von Spenden und Betteleien, ein in Indien standesgemäßes Verhalten für einen Asketen. Der drei Jahre lang schweigende Venkataraman, den „seine innere Stimme“ gemahnt hatte, „seine ganze Energie und Aufmerksamkeit auf sein geistiges Leben zu konzentrieren“[269], teilte seiner nach vielen Monaten erst von seinem Aufenthaltsort Kunde erhaltenden und dann besorgt ihn aufsuchenden Mutter nach vielem Drängen auf schriftlichem Weg mit: „Gott waltet über dem Schicksal der Seelen gemäß ihrem Karma aus früherem Leben. Was nicht geschehen soll, geschieht nicht, trotz allem Mühen.

Was geschehen soll, wird geschehen; du kannst es nicht aufhalten. Darum ist das beste zu schweigen“[270].

Erst von 1916 an zog die Mutter, bald gefolgt vom jüngsten Sohn, zu Venkataraman als dessen Schüler. Um den Heiligen sammelten sich von Anfang an zunehmend Verehrer und Schüler, sodass er immer mehr in die Rolle eines spirituellen Lehrers kam. Einer seiner selbsternannten Schüler, ein bekannter Poet, verlieh ihm dann den Namen Ramana Maharshi, der „große Seher (= Maharishi) (Venkata-)Ramana“, der ihm dann blieb. „Sri Ramana fühlte sich niemals für die Menschen, die ihn besuchten, verantwortlich. Er betrachtete niemanden als seinen Schüler im eigentlichen Sinne, noch fühlte er sich als der Guru irgendeines Menschen. Die Leute kamen, warfen sich vor ihm zu Boden, vertrauten ihm ihre materiellen, psychologischen und spirituellen Probleme an, stellten ihm Fragen und erhielten bestenfalls von ihm einige Worte der Ermunterung… Und wenn er sprach, dann meist auf einer Ebene, auf der die Individualität und die Welt der māyā kaum eine Bedeutung hatte“[271].

Ramana Maharshis ‚Lehre‘ betont unablässig, sein >Ich< zu ergründen, um zum >Selbst< vorzudringen. Unter dem >Selbst< verstand er die uns überdauernde und mit allen Wesen verbundene – einzige – Realität, die unentfaltet nur ein persönliches und oberflächliches ‚Ich‘-Gefühl als Pseudo-Realität zulässt. Durch permanente Eigenbefragung: ‚Wer ist dein Ich? Wer fragt da? etc. dringt man nach Ramana Maharshi zum >Selbst< vor. „Der Mensch kann das Selbst verwirklichen, weil es hier und jetzt gegenwärtig ist. Wäre dem nicht so, sondern das Selbst durch irgendein Bemühen zu irgendeiner Zeit zu erlangen, wie Erkenntnisse erlangt werden, und wäre es neu und müsste neu erworben werden, so würde das Streben danach nicht der Mühe wert sein, denn was der Mensch in der Zeit neu erhält, wird er wieder verlieren…[272]. Selbstverwirklichung bedeutete für ihn also, „zu beseitigen, was die Offenbarung des Selbst verhindert“[273]. Als „der Weisheit letzter Schluss“ führte er aus: „Jedermann erfährt, dass er nicht aufhört zu sein, auch wenn die ganze Welt, Lebendiges und Lebloses, aufhört, da zu sein, sobald er in traumlos tiefen Schlaf versinkt, in Ohnmacht fällt oder andere Zustände erfährt, in denen das Bewusstsein schwindet. Unser eigenes Da-Sein, zu allen Zeiten und unabhängig von allem Übrigen, ist ein Ding zweifelsfreier unmittelbarer Erfahrung. So ist das eine Sein, einig und gleich für alle, unmittelbar zu erfahren in ewiger Gegenwart als unser eingeborener ursprünglicher Stand. Alles Übrige, das vorderhand als Erfahrung der Erleuchtung oder des Nichtwissens umschrieben werden kann, sind bloße Veränderungen oder Wandlungsformen an der Zuständlichkeit des Gemüts. Alle diese Erfahrungen und Erlebnisse sind unserem eingeborenen ursprünglichen Wesen völlig fremd, – das ist der Weisheit letzter Schluß“[274].

Selten hat ein ‚Erleuchteter' seinen so radikal sich auswirkenden Wandlungsprozess so präzise öffentlich gemacht, wie Ramana es tat. Darum zeigt sich sein Bericht für eine biologisch-biographische Analyse so überaus wertvoll und verdient aus diesem Grund, in aller Ausführlichkeit vorgestellt zu werden.

Zunächst unterscheidet sich Ramanas Welt von den visionären Bildern, wie sie von Schwarzer Hirsch in apokalyptischen Szenen bei seinen telepathischen ‚Astralreisen' wahrgenommen wurden. „In Blitzen“ erlebte er eine „lebendige Wahrheit… ganz losgelöst vom Leibe“[275]. Dieses Hinaustreten aus dem Leib mit aller spürbaren Leichte seiner raumlosen Ausdehnung führte ihn an einen Ort, wo er wunschlos und ohne Neigungen, wie er sie vorher verspürt hatte, „sich ins Herz der

Welt [taucht] und […] seine Liebe über das All aus[breitet]… Wer als weltverzichtender Asket seine Kleider abwirft und von zu Hause wegläuft (was er ja selber getan hatte; J.S.M.), tut es nicht, weil er die Seinen nicht lieb hat," meinte Ramana, „sondern weil seine Liebe sich auf alle anderen ringsum ausbreitet…, dass seine Liebe weit wird wie die Welt…"[276].

Im Selbst aber ist die Seligkeit; außerhalb des Selbst erleidet das Gemüt nur Angst und Kummer. Zu diesem ausbreitenden Liebe- und Seligkeitsgefühl außerhalb des Leibes kamen noch typische Lichterlebnisse hinzu, deren er mehrfach gewahr wurde; so auf dem Weg nach Tiruvannamalai, wo ihm in einer Tempelhalle eine strahlende Lichterscheinung zuteil geworden war. Neben dieser eindeutig aus prämortaler Konstellation herrührenden Symptomatik liegt die postmortale Konstellation offen zutage.

Wenn der Sechzehnjährige aus heiterem Himmel „vom Schrecken des Todes" (Schreckangst-Konflikt als ein Element der prämortalen Konstellation) gepackt wurde und meinte, sterben zu müssen, so kann dieses Erlebnis durch eine epileptoide Krise aus einem Revierprogramm mit kleiner Konfliktmasse – oder schon bei leichter Konstellation – seine Erklärung finden. Immerhin wären der Tod seines Vaters und der Wegzug von zuhause ein realistisches Konfliktpotential, das während seines Aufenthaltes bei dem wohlmeinenden Onkel möglicherweise in Lösung geraten war. Wie dem auch sei, überkam ihn dabei „Todesangst". Er wandte sich „nach innen", dialogisierte mit sich und spielte seine ‚Sterbeszene' durch. Folglich muss er durch die Panik erneut jene prämortale Konstellation aus Revier- und Schreckangst erlitten haben, sowie einen männlichen und weiblichen Revierverlust-Konflikt zugleich. Da er mindestens einen Revierverlust-Konflikt schon gehabt haben muss, dessen epileptoide Krise die „Todesangst" ja ausgelöst hatte, ist es denkbar, dass ihm der Verlust-Konflikt um den Vater auch als Vorgabe für seinen eigenen Todesfall ein biologisches Muster abgab, worin das Erlebnis schnell eingefügt wurde. Was spricht für eine derartige Version?

Erst ab diesem Zeitpunkt prägte sich ihm „die Vorstellung des väterlichen Gottes“[277] ein, die im Hinduismus fremd ist und, wie H. Zimmer glaubte, ein Relikt der Bibelstunden der Missionsschulen darstellen solle; „sie wurde zum Leitbild des Vaterlosen, als er, zu sich selbst erwacht aufbrach…“[278], was nach meiner Auffassung der Sache näher kommt. Denn in seinem Abschiedsbrief von wenigen Zeilen hatte Venkataraman sogar den verstorbenen Vater angeführt, nach dem er auf die Suche gehe, und zugleich die Rede von sich selbst in der dritten Person gehalten, dann aber, bei der Unterschrift anstelle seines Namens nur Striche gezogen, wie es bei einem, der beider Revierbereiche verlustig ging und somit kein Ichgefühl mehr zueigen hat, als ein nobody verständlich wird:

„Ich bin auf der Suche nach meinem Vater und in Erfüllung seines Gebotes von hier weggegangen. Dieser begibt sich nur auf ein edles Unterfangen. Daher soll sich niemand über dieses Ereignis betrüben. Wendet kein Geld auf, diesem nachzuforschen.

Somit --------------------“[279]

Auf spätere Autogrammbitten antwortete er den erstaunten Bittstellern: „Aber ich habe keinen Namen…“[280]. Ohne jegliches Revier und in depressiver postmortaler Konstellation, bei der „Ströme von Tränen“ beim allabendlichen Tempelbesuch aus ihm hervorquollen, zog er sich in sich selbst zurück; alles, was ihm vorher etwas bedeutete, wie etwa sein sportliches Talent und Ehrgeiz, wurde ihm nun gleichgültig. Allem Unangenehmen gegenüber war er nun mit einem Schlag „sanftmütig“

geworden, d.h. wehrlos – wenn er früher anderen gezeigt hatte, dass sie bei ihm „an den Falschen geraten“ waren, so ließ er sich nun von muslimischen Gassenjungen, „die keinen Respekt vor Hinduheiligen haben“[281], peinigen. Der ichlose Weise wehrte sich auch nicht gegen „Asseln, Ameisen, Bienen, Wespen und Moskitos“, er war voll „von Blut und Eiter“[282], er verwahrloste und verdreckte, da er noch nicht einmal seinen Leib mehr als Revier erleben konnte.

Wenn er, wie oben schon zitiert, alles, was wie Erkenntnisse „in der Zeit“ erworben werden müssen, als wertlos bezeichnete, da es folglich wieder verloren werde und nur das Selbst im Besitz sei, das von Hindernissen nur freigelegt werden müsse, so ist das nicht nur trügerisch und verlockend formuliert, aber alles andere als überzeugend, denn es widerspricht elementarer Lernerfahrungen des Menschen beim Erwerb des aufrechten Ganges und der Sprache. Es zeigt sich daran vielmehr seine fehlende Motivation und sein mangelnder Lebenssinn, für den der Revierlose eine philosophisch verbrämte Verortung anbieten kann, die bei biologisch intakten Reviereignern nicht verfängt. Ebenso aus seiner Not eine Tugend machend, fühlte er sich, wie beschrieben, nicht verantwortlich für seine Schüler und Besucher.

Ein letztes Indiz für seine postmortale Konstellation ist sein Verhältnis zu Frauen, denn Ramana konnte leben wie Paulus, in seinem gesamten Leben hatte er „keine Frau angerührt“[283].

Somit überrascht es nicht mehr, wenn einer seiner europäischen Schüler von den Augen seines Meisters schrieb, sie seien „strahlend“ gewesen, mit einem „ungeahnten Glanz“[284], ganz so, wie es bei diesen Konstellationen unweigerlich eintritt.

Als ein merkwürdiges Phänomen kann die besondere Betonung des Herzbereiches gelten, die wir schon bei Jakob Lorber und Schwarzer Hirsch kennengelernt haben.

Für Ramana Maharshi ist das >Herz< „eine höchste Stätte des Selbst<[285]. Hier ist nicht das anatomische Herz gemeint, ebensowenig eines der Lotoszentren; vielmehr wird die Lage der ‚Höhle des Herzens' auf der rechten Brustseite liegend bestimmt. Während das Ich vergänglich ist und von der Herzmitte getragen wird, ist es das "Wesen des Ich, Bindeglied zwischen Geist und Stoff zu sein; es ist ein Knoten, der Knoten urgrundhaften Nichtwissens, in den wir geschlungen sind. Dieser Knoten ist hier im Herzen. Wenn er aus eigener Kraft zerhauen wird, entdeckst du: dies ist die Mitte des Selbst"[286]. Was auch immer sonst diese Übereinstimmung dieser spirituellen Lokalisation mit Lorber und Schwarzer Hirsch bedeuten mag, sie scheint doch nur denjenigen möglich zu sein, die eine postmortale Konstellation innehaben und tatsächlich eine Art ‚Knoten am Herzen' mit ihrer speziellen Wahrnehmung empfinden können. – Das gibt Gelegenheit, um an dieser Stelle etwas über Lorber nachzutragen. Zwar wissen wir zu ihm an biographischen Ereignissen nichts Konkretes, doch fällt sehr ins Gewicht, dass bei dem vierzigjährigen Musiker anscheinend niemals eine Frau oder gar eine unglückliche Liebe erwähnt wird, was den dann zum Propheten promovierten ‚Schreibknecht Gottes' vom biologischen Gesichtspunkt her höchst verdächtig für einen Revierkonflikt oder, wie bei Paulus, für eine postmortale Konstellation macht. –

In Unkenntnis der zugrunde liegenden biologischen Konfliktereignisse, die Venkataraman zu Ramana Maharshi machten, wurde er in der dafür besonders aufgeschlossenen indischen Tradition als großer Heiliger verehrt. Gut zu seinem Schutz, hilfreich zur Linderung des mütterlichen Kummers um den wirklich verlorenen Sohn, in biologischer Sicht traurig und tragisch über diese Persönlichkeitsveränderung oder Entpersönlichung. Bei allem Mitleid für den aus seinem Lebens-Fahrzeug Katapultierten darf das nicht hindern, sagen zu müssen: es bedeutet, das Unterste zuoberst kehren, wenn diese Entpersönlichung mit all ihren Auswirkungen als gangbarer und vorbildlicher Weg für andere angepriesen wird.

Ramanas ‚Fähigkeit', seiner aktiven prä- und postmortalen Konstellation zu jeder Zeit inne zu sein, in spiritueller Terminologie Samadhi genannt, demonstrierte er täglich. Es wurde „äußerlich durch nichts Besonderes hervorgerufen, sondern trat anscheinend unkontrolliert ein und aus. Aus dem gewöhnlichen Zustand, manchmal mitten in einem Satz … ging er in Samadhi über. In diesem Zustand selber habe ich ihn … nie reden hören. Wurde aber ein angefangener Satz durch Samadhi unterbrochen, so wurde er nach Aufhören des Samadhi, solange dieses auch gedauert haben mochte, an genau derselben Stelle, ohne Wiederholung des Vorhergehenden, weitergesprochen" [287].

Von Plotin, dem mystischen Philosophen der Antike, berichtete sein Schüler und Biograph Porphyrius, er sei während der sechs Jahre, in denen er bei ihm war, „viermal zur Schau des Einen" [288] gelangt. Im Verhältnis zu Ramana Maharshi also verschwindend gering.

Bei den filmischen Szenen anlässlich des Besuchs von Yogananda beobachtet man eine Besonderheit, die auch von Veltheim bestätigt wird: „Im gewöhnlichen Wachzustand wackelte er dauernd ein ganz klein wenig mit seinem etwas zur Seite geneigten Kopf, wogegen dieses Wackeln während des Samadhizustandes ganz aufhörte" [289].

Ramana hatte also schon 1935, als Baron Veltheim ihn besuchte, einen Parkinson bezüglich seines Kopfes. Das bedeutet konfliktiv, dass ihm in der Vergangenheit gegen den Kopf geschlagen etc. worden sein muss und er in eine unfertige Heilungsphase kam, die immer wieder rezidivierte.

Tatsächlich wird man darüber bei Brunton fündig, wenn er anführt: „Als vor kurzem – (Bruntons Buch erschien 1934, J.S.M.) – eines Nachts eine Räuberbande in die Halle einbrach und sie nach Geld durchsuchte, konnte sie nichts weiter finden als ein paar Rupien in der Kasse des Mannes, der den Einkauf von Lebensmitteln besorgte. Die Räuber waren über diesen Misserfolg so aufgebracht, dass sie den Maharshi mit dicken Prügeln bearbeiteten. Der Weise ließ sich die Misshandlung, deren Spuren an seinem Körper noch lange zu sehen waren, nicht nur geduldig gefallen, sondern bat die Männer gar noch, etwas zu essen, bevor sie abzogen“ [290].

Von daher ist die Dominanz biologischer Vorgänge über spirituelle Kräfte an der Gestalt Ramana Maharshis selbst dokumentiert und er blieb, wie auch andere Mystiker und Eingeweihte, über die zugrundeliegenden biologischen Prozesse auf der eigenen biographischen Ebene völlig im Dunkeln.

Schließlich verstarb er 1950 an den Folgen eines operierten Sarkoms des linken Oberarms. Er war nicht der einzige Eingeweihte, dem es so erging: Ramakrishna starb an Krebs, ebenso Vivekananda, Krishnamurti an Pankreas-Krebs und Rudolf Steiner an Dickdarm- und Prostatakrebs, Plotin an einer mit stinkender Eiterung (Tuberkulose?) sich hinziehenden Auszehrung. Wie viele andere Spirituelle hatte Ramana Maharshi eine (prämortal) überlegene Haltung zu Krankheitsvorgängen eingenommen, indem er tatsächlich sich zu behaupten erkühnte, „dass die Methode der Selbstergründung, wenn sie strikt befolgt wird, so wie sie geboten ist: mit völliger Sammlung des Gemütes in eine einzige Spitze, imstande ist, alle Krankheitskeime zu verzehren, woher und wann immer sie entspringen“ [291]. Wenn der Meister selbst dabei zu höchster Vollendung gelangt war und offenen Auges in den Samadhi überwechseln konnte, sich aber dennoch eine bzw. mehrere Krankheiten zuzog und daran verstarb, weist dies auf seine konstruierte und unhaltbare Lehre vom Selbst zurück. Da er selbst durch seine Panik bei dem ‚Todeserlebnis’ in seiner Jugend infolge seiner zustande gekommenen Konfliktkonstellationen seelisch exkarniert war, wäre bei ihm eine Re-Inkarnation innerhalb seines Lebens angebracht gewesen, biologisch ausgedrückt, eine komplette Lösung, die aufgrund der Gleichzeitigkeit der Konflikte ohne größere Folgen geblieben wäre. Doch blieb er in der vollen Aktivität der Konflikte hängen und verlor dabei den Weg ins Leben aus den Augen, das ihm nun nur in der Utopie seines Weges zum >Selbst< als Schattenwelt übrig blieb.

Heinrich Zimmer, der die erste gründliche Darstellung dazu mit biographischem Material zu Ramana vom Standpunkt eines Indologen verfasst hatte und mit Sympathie und großem Respekt manche Weisheit des Meisters, wie ihn selbst, als konsequent einen geistigen Weg Gehenden wertschätzte, musste alles geistige Gewicht entgegenstemmen, um sich gegenüber der Anziehung der Aussagen Ramanas behaupten zu können. Auch ohne die Kenntnisse der GNM wehrte er mit gesundem Menschenverstand ab, was andere als Idol und Ideal an Ramana Maharshi verherrlichen. Er schrieb am Ende seiner Einführung: „Warum soll man der Lust, weil sie vergänglich ist, abdanken und dem Leiden zu entfliehen trachten, weil es Vergänglichkeit selber ist, - durch Verzicht auf Ich und Welt: Werkzeug und Sphäre ursprünglicher Erfahrungen? Warum die Sphäre reinen Inneseins erhöhen über die Offenbarung, die Welt, Leib und Geist ursprünglich bieten, von außen gegeben und glorreich erneuert bei Tag und bei Nacht? Ist nicht die hoffnungslose Verschlungenheit von Schmerz und Lust, von Trübe und Erkenntnis, von Wissen, das Wahn ist, und von Wahnsinn, aus dem Weisheit blitzt, – ist nicht das Leiden und die allseitige Unvollkommenheit des Daseins eine Offenbarung des Göttlichen, das die Mâyâ der Welt als ihren Schleier webt und in ihm zu greifen ist – seine Offenbarung so gut wie seine all-ein-sam kristallene Vollkommenheit es ist? Und ist eine Form der Einweihung so gut wie jene andere, wenn man sie zu begreifen vermag“[292]?

Ramana Maharshis „Weisheit letzter Schluß“ war ein Trugschluss – er selbst das erste und größte Opfer seiner >Selbst<Täuschung.

Fassen wir die in Miniaturen konzentrierten Analysen der zwölf ausgewählten Beispiele, die als Querschnitt vom Ausgang schriftlich überlieferter Kultur- und Geistesgeschichte bis ins 20. Jh. reichen, zusammen, so ergeben die behaupteten Quellen göttlicher Inspiration ein niederschmetterndes Ergebnis. Es konnte vielmehr gezeigt werden, dass in den meisten, wenn nicht allen, Fällen die Gründe dafür in ganz irdischen Bedingungen zu finden sind, wenn nämlich kollektive Konflikte durch Naturkatastrophen ausgelöst wurden oder ‚zivilisationsbedingte' bzw. individuelle Konflikte häufig schon in der Kindheit oder im Jugendalter, aber auch noch im ausgereiften Alter zu Konstellationen führten, die alle gleichartigen Phänomene mehr oder weniger stark ausgeprägt produzieren können.

Die resultierenden astralen, solaren, visionären, levitierenden (Schwebekonstellation) usw. Kennzeichen in der Menschheitsgeschichte seit der Sintflut, also nahezu seit neuntausend Jahren, wurden bislang per se als document divine bewertet mangels Kenntnissen über die biologischen Grundlagen, wie sie in der von Hamer entdeckten GNM vorliegen. Aber selbst da, wo eine Durchführung mittels biologischer Analysen und Rückschlüssen nicht eingesetzt wurde wie bei Lorber, ergab die kritische naturwissenschaftlich-geologische Untersuchung an Stichproben deren Unhaltbarkeit. Insofern entpuppte sich die Reise nach Utopia und durch Dschinnistan als eine Odysse.

Dass allerdings Echnaton als Beispiel eines Herrschers über ein Weltreich die Ausnahmeerscheinung eines prämortal konstellierten Königs gewesen wäre, darf nach den anthropologischen Fakten um den ‚großen Mann' – als dem „großen Max" mit den Spendierhosen –, als auch durch die historische Tatsache des erblichen Königtums (Dynastien) füglich bezweifelt werden. Geradezu als Hinweise auf prämortal Konstellierte auf dem Thron sind nach meiner Einschätzung manche Königsrituale anzusehen, wie die Besonderheit, den Häuptling oder König in einer Sänfte zu transportieren, – nicht um seiner Bequemlichkeit willen, was ein weiterer, dekadenter Zusatz ist – sondern um zu vermeiden, dass seine Füße den Boden berühren. Noch im frühen Mittelalter gab es an walisischen Fürstenhöfen das Amt des königlichen Fußhalters, der die Füße des Königs vom Erdboden fernzuhalten hatte, wenn dieser saß[293]. Ebenso war es kein ungehobeltes Benehmen, wenn der König seine Füße auf dem Schoß der Priesterin ruhen ließ.

Hat man den eigentümlichen Gang bei prämortaler Konstellation vor Augen, bei dem die Ferse nicht am Boden bleibt oder, wie Andreij Belyj von Rudolf Steiner beschrieb, zuletzt aufgesetzt wird, so ist es doch etwas verblüffend, diese Eigenart als königliches Brauchtum wiederzufinden. Um den Bodenkontakt mit der Ferse zu vermeiden, wurden die Absätze königlicher Schuhe erhöht und waren bei den Kelten Symbol der Königswürde. Auch die byzantinischen Kaiser ließen sich mit purpurroten Schaftstiefeln, an denen hölzerne Absätze befestigt waren, krönen. „Ähnliche Schaftstiefel wurden, so glaubt man, auch bei der Einsegnung der römischen Könige verwendet, denn sie gehörten auch zum Sakralgewand des siegreichen Generals der republikanischen Zeit, und dieses Gewand war ursprünglich ein königliches Gewand gewesen“[294]. Weiterhin berichtet Ranke-Graves, dass „die Sakralkönige […] anscheinend nicht mit den Fersen den Boden berühren [durften], sondern … auf Zehenspitzen [liefen]. Der Kothurn, der hochhackige Stiefel des Gottes Dionysos, ist nur in diesem Sinn zu verstehen, auch wenn diese

Bedeutung im antiken Griechenland mit der Behauptung getarnt wurde, dass hochhackige Stiefel den Eindruck körperlicher Größe erweckten"[295]. Über die besondere Bedeutung der ‚Achilles-Ferse' hinaus, die Ranke-Graves dabei verfolgt, erschließt sich also mit dem speziellen Fersen-Gang ein kulturgeschichtlich nicht uninteressantes Herkunftsmerkmal der ‚erhabenen' Könige.

Echnatons Beispiel zeigt wiederum auch, dass sein Vorstoß singulär geblieben war, ohne vorhandenen Zeitgeist, und somit verpuffen musste, sobald die Macht zu seiner Durchsetzung fehlte.

Zu alledem darf nicht verkannt werden, dass der Preis für die angeblich göttlicher Inspiration entsprungenen Ideen und ihrer Propheten oder Kommentatoren nicht selten mit dem Leben zu bezahlen war und ist. Allein was die dualistische Konstruktion des Gut/Böse-Prinzips in religionspolitischer Hinsicht auf dem Gewissen hat und noch heute als unselige Erbschaft in medizinischen Vorstellungen als histo-pathololologischer Befund mit „bösartig" (Malignom) überlebt hat, da Medizin im Mittelalter überwiegend nur an vatikaneigenen Universitäten studiert werden konnte und im Vorstudium Theologie Pflicht war, belegt dies ausreichend. Selbst der nur seinen theologischen Studien lebende Thomas von Aquin wollte, wie gesagt, auf das ‚läuternde Feuer' bei Ketzerei nicht verzichten. Und die von Ramana Maharshi praktizierte Selbstverleugnung und Vernachlässigung des Körpers ist mit dem Leben nicht vereinbar – ein aufgegebenes Revier fällt der Gewalt anheim. Latent oder mit offenem Feder- und Klingenstreich durchsetzen das Territorium der biologisch Revierlosen Gewaltstrukturen, die philosophisch verbrämt ansteckend auf noch in ihrer Entwicklung befindliche Jugendliche oder auch auf schon durch Konflikte empfänglich gewordene Seelen wirken.

Woher stammt diese Herzenskälte über die „Gegner“ oder die Lethargie über den eigenen Körper? Ist es die gleiche Gemütskälte, die als Verstandeskälte den Weg vorbereitet hat? Nach meiner Ansicht erklärt sie sich biologisch daraus, dass insbesonders die Revierbereiche der postmortalen Konstellation, zum Teil auch die der prämortalen, im sensorischen Rindenfeld liegen. Werden sie infolge der Konfliktprogramme besetzt, führt dies zu einer Hypästhesie dieses Bereiches, d.h. einer Taubheit bzw. Betäubung des Fühlens. Zu erinnern ist an dieser Stelle an die jeweils beim Erstkonflikt im Revier/Sex.-Bereich einsetzende Frigidität auf organischer wie psychischer Ebene. Diese sexuell-erotische Liebesunfähigkeit (Taubheit) wird bei der Konstellation zur persönlich-sozialen Unfähigkeit des Liebens mit ihren Folgen. Was die Azteken an ihren Gefangenen durch Drogen betäubten, deren Lebenswillen, um sie dann ohne allzu großen Widerstand zum Opfertisch der Exekution führen zu können, das erreicht in gewisser Weise die Konstellation genauso: Märtyrertum, Geißelzüge, Askese und Selbstverleugnung sind kardinale Tugenden in der universellen Religionsgeschichte. Im Herzrelais tritt als Folge ein ‚kaltes Herz’ auf; zugleich installiert sich kompensatorisch ein ‚kalter’ Intellekt(ualismus), der mit einer Bewusstseinsänderung einhergeht. Diese Bewusstseinsänderung wird oft deutlich erlebt und bildet gelegentlich bei Konfliktanamnesen ein festes Kriterium für stattgehabte Revierkonflikte. Daher ist es unendlich traurig, wenn bei Venkataraman, Schwarzer Hirsch, Thomas von Aquin oder bei wem auch immer eine bleibende Konstellation die Persönlichkeit verändert und die Weichen im Leben neu stellt, da der Betreffende aus seiner Bahn gebracht worden ist und nun einige Handicaps zu eigen hat, die ihm und anderen das Leben erschweren. Doch ist das Leben erfinderisch und selbst eine

‚Notreife' trägt noch Ernte ein. Wer sich mit biographischen Analysen beschäftigt, weiß, dass in Literatur, Musik, Malerei und Naturwissenschaften nicht wenige der Künstler und Koryphäen mit Konstellationen zu tun hatten. Schöpferisch zu leben wird also nicht verhindert durch eine Konstellation, die lebensfähig lässt. Was jedoch mit aller Deutlichkeit gesagt werden muss, ist die Feststellung, dass es nicht angehen kann, die ausschließlich durch Konstellationen erfahrenen ‚Inspirationen' für göttliche Wahrheiten zu halten oder auszugeben. Mit gleichem Recht wären Zorro, Tarzan oder Winnetou als historische Existenzen gerechtfertigt.

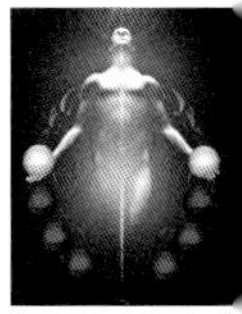

DAS DURCHKREUZTE MENSCHSEIN: MÄRTYRER UND GURU

Komplexe Konstellationen

Als die biologische Basis gewissen religiösen Verlangens und Wirkens wie der Spiritualität hat sich beim historischen Durchgang durch die Geistes- und Kulturgeschichte die anfangs beschriebene prä- und postmortale Konstellation bestätigt. Es gehört sicher zu den erstaunlichsten und am wenigsten begreiflichen Phänomenen, die dabei zutage tretende ungeheuere Schöpfungskraft, Originalität, Reichhaltigkeit und nicht abzusprechende Genialität am Werk zu sehen.

So zählt der *Sonnen-Hymnus* Echnatons zu den glänzenden Zeugnissen der Weltliteratur, seine auf Bewegung ausgerichteten künstlerischen Darstellungen sind ein einzigartiges Dokument bildnerischer Kunst. Die Macht der realisierten Vision von Schwarzer Hirsch ließ Kranke seines Volkes gesunden. Buddhas Lehre verbreitete sich – ohne Gewaltanwendung – als einziges religiöses Erzeugnis Indiens weit über die Landesgrenzen hinaus, und nicht die unbedeutendsten Kulturgrößen des Abendlandes haben sich ernsthaft von den Ideen mystischer, spiritueller Künder des eigenen Kulturkreises wie von außerhalb anregen lassen; Goethe hatte sich in seinen Frankfurter Jahren von Swedenborgs Werk inspirieren lassen, Newton wandte sich im Alter den Schriften J. Böhmes zu und von der Naturwissenschaft ab.

Der aller Erdenschwere sich entziehende Sog von >Licht und Liebe< aus einer erhaltenen prämortalen Konstellation schafft es offensichtlich, über seinen im (Doppel-)Konflikt nötigen Übersinn auch auf andere seine Betörung auszubreiten, sodass er mit seinem Evangelium „über alle segnend schwebt."

Die konkreten Schilderungen einer Jenseitswelt, wie sie von Swedenborg, Steiner etc. ausgeführt wurden, mögen nicht wenigen eine Stärkung in Form eines utopischen Ersatzreviers spenden, die selbst durch einen depressiv wirkenden Revierkonflikt in einem verzweifelten Zustand stecken.

Wiederum erscheint in dem Einfallsreichtum der mythomanischen Konstellation, die viele tonangebende spirituelle Meister mit der Fähigkeit auszeichnet, mühelos entlegenste Zusammenhänge herstellen zu können, als Zeichen spiritueller Auserwähltheit.

Woher kommt nun in allen Fällen diese Übernatürlichkeit, die vielen von uns göttlich erscheint?

Vielleicht schaut man dazu am besten auf die elementaren Fähigkeiten hin, die von einem einzigen Konfliktprogramm ausgelöst werden können. So gibt es mehrfach bezeugte Berichte, wonach Mütter, deren Kinder bei einem Verkehrsunfall unters Auto gerieten, alleine das Auto hochgehoben haben, ihr Kind zu befreien – eine sonst nicht leistbare, schier übermenschliche Kraftanstrengung, die ihnen nur durch die zur Verfügung gestellte Energie aus der konfliktiven Umschaltung auf Sympathikotonie ermöglicht wurde. Diese ungeheure Befähigung gerät bei einem Doppelkonflikt, der Konstellation, unter doppelten Strom und erzeugt eine Art Lichtbogen, modifiziert durch seinen spezifischen Übersinn: in der Biomanie steht nun ein „Turbo" *(Hamer)* an Power bereit; bei der Heldenkonstellation vermag der Tollkühne überraschenderweise einer Übermacht zu trotzen. Und Fassungslosigkeit mag sich derjenigen bemächtigen, die einem Mythomanen auf seinem atemlosen Galopp durch die entferntesten Gebiete zu begleiten versuchen, deren Zusammenhänge einem Fachmann selbst nach vielen Jahren der Beschäftigung mit dem Thema nicht in den Sinn kämen.

Das heißt also, dass die bei einem Einzelprogramm angewiesene übernatürliche Leistungssteigerung beim Doppelkonflikt vielfältig, dem spezifischen Übersinn entsprechend, souverän, hochspezialisiert und kreativ eingesetzt wird. Die dadurch erreichten Ergebnisse liegen weit über einem selbst mit intensivem Training nicht zu schaffenden Niveau und bilden daher in ihrer Außergewöhnlichkeit eine Sonderstellung.

Sind diese Grundlagen einmal in einer Konstellation wirksam, so können sich nun durch Kombination von zwei Konstellationen, also von komplexen Konstellationen, wiederum weitere Neu-Bildungen an Fähigkeiten zeigen.

Wirkt nämlich die Schwebe-Konstellation mit der mythomanischen zusammen, wie im Fall von Swedenborg, dessen spezielle prämortale Konstellation mit relgiösen Inhalten als Variante eines religiösen Wahns gelten muss, so ist das Ergebnis ein geisterfülltes Reden vor der Öffentlichkeit oder ein entsprechender Schreibzwang, was ich als >Pfingst-Konstellationskomplex< bezeichnen möchte, da „alle […] mit Heiligem Geist erfüllt [wurden] und begannen mit anderen Zungen zu reden, wie der Geist ihnen zu sprechen verlieh“[1]. Wobei das Zungenreden nicht in Fremdsprachen, sondern in der fremden Sprache des Übersinns gemeint ist.

Ist dabei eine dritte Konstellation involviert, in dem Fall die postmortale, steigert sich das Ganze à la Swedenborg in der vater-ödipalen Anbetung (postmortal), der sohnhaften Erhebung (prämortal) und der Ausgießung der heiligen Ideen über alle (Heiliger Geist) (mythoman), was ich den >Dreifaltigkeits-Konstellationskomplex< nennen möchte.

Damit ist ein ausreichendes Instrumentarium vorhanden, mit dessen Ansatz eine konkrete Einschätzung ideologischer Manifeste verfügbar ist, gleich ob es um historisches oder aktuelles Material geht.

Um anhand einer zeitgenössischen Persönlichkeit zu zeigen, dass die bei der Analyse herausgestellten Konstellationen keine willkürlichen Schemata darstellen, die bloß die Theorie bedienen, aber in praxi auf der Strecke bleiben, soll nun als Dokumentation eine autobiographische Schilderung die Lücke von Theorie ohne Praxis schließen, wobei nun auch eine CCT-Auswertung mitgeliefert werden kann.

Protokoll einer Erleuchtung

Nachdem durch das vorige Kapitel der Blick geschärft worden ist für das Verstehen und die charakteristischen biologischen Details, die zu einer einschneidenden Wandlung einer Persönlichkeit führen können, kann die an historischen Personen geübte Analyse nun endlich an einer aktuellen Biographie mit den Belegen der Hamerschen Herde quasi hautnah demonstriert werden.

Da sich Frau L.L. seit ihrem Damaskus-Erlebnis selbst nicht mehr verstehen, sondern nur noch annehmen konnte und mit ihren neuen Gaben die vor ihr plötzlich aufgetane, unvertraute Welt aufs geratewohl leben musste, ohne die Sicherheit und den Halt, den sie vorher so selbstverständlich verspürt hatte, liegt in der analytischen Erkenntnis über das biographische Ereignis jener entscheidenden Wende ihres Lebens zugleich der erste Lösungsansatz ihres Lebensrätsels enthalten.

Es folgt nun zunächst ihre originale Niederschrift jenes zentralen Geschehens nach dreißig Jahren.

Die eine Begegnung, die mein Leben völlig verändert hat

Es ist Sonntagabend. Ich will es mir gerade mit meiner Schwester und meinem damaligen Mann zum >Tatort<-Schauen gemütlich machen.

Da läutet das Telefon.

Ich gehe ans Telefon und eine mir bekannte Frau ist am Apparat.

Ich freue mich, sie zu hören und bekomme direkt mit,
dass es ihr beschissen geht.

Sie fragt mich, ob ich nicht vorbei kommen kann.

Da ich wusste, wie schwer es ihr schon gefallen sein musste, mich überhaupt anzurufen, zögerte ich nicht und versprach ihr, gleich vorbei zu kommen.

Sie wohnte ungefähr zehn km von mir entfernt.

Ich legte den Hörer wieder auf und ging ins Wohnzimmer zurück. Ich teilte meinem Mann und meiner Schwester von dem Anruf mit und beide waren nicht begeistert, dass ich nun nicht mit ihnen den Abend verbrachte.

Meine Schwester meinte: **„Muss das denn wirklich sein?“** Mein Mann brummelte etwas unzufrieden, doch ich konnte nicht anders, ich hatte dieser Frau Tage zuvor versprochen, wenn du wirklich mit mir reden willst, dann bin ich für dich da. Ich hatte ihr gesagt, dass ich nur dann mit ihr sprechen will, wenn sie auch wirklich reden will.

Das Drumherum-Reden mag ich nämlich nicht. Wenn ich schon meine kostbare Zeit verschenke, dann möchte ich auch erfahren, dass sich das Zuhören auch wirklich gelohnt hat.

Ich zog mir meine Jacke an und schaute von der Flurtür ins Wohnzimmer und wünschte meinen Lieben einen wunderbaren Abend.

Diesen Blick, ich sehe meine Lieben im Wohnzimmer sitzen, ich sehe den Raum, ich sehe ihn so, wie er damals war, noch heute total lebendig in mir.
Dieser Blick war/ist so intensiv, und ich dachte damals so vor mich hin, ist ja echt merkwürdig.
Doch ich hatte keine Zeit groß nachzudenken. Ich verließ die Wohnung, bewegte mich durchs Treppenhaus, öffnete die Haustür und ging zum Auto.
Am Elternhaus dieser Frau angekommen, besorgte ich mir, bevor ich klingelte, am Zigaretten-Automat noch eine Packung Zigaretten. Ich dachte, so zu einem gemütlichen Kaffee passt das doch gut.
Die Mutter öffnete mir die Tür und freute sich sehr, dass ich gekommen war.
Sie meinte, ich weiß auch nicht mehr, was ich mit meiner Tochter unternehmen soll. Ich verstehe sie nicht mehr. Mir ist das alles zu viel.
Ich war das erste Mal in diesem Haus und die Mutter ging mit mir nach oben, wo die Frau in ihrem Zimmer war.
Sie saß am Kopfende auf ihrem Bett und schaute, starrte mich eher an.

Ich wunderte mich, begrüßte sie und setzte mich auf ihrem Bett ans Fußende.
Ich holte meine Zigaretten raus, fand den Aschenbecher und die Mutter brachte noch frischen Kaffee und Saft ins Zimmer.
Ich kann mich nicht erinnern, ob wir dann noch etwas geredet haben oder ob das kalte Schweigen, wie Entsetzen, direkt einsetzte. Ich hatte bis dato in meinem Leben so etwas noch nicht erlebt.
Ich saß am Fußende, sie saß am Kopfende, wir schauten uns an. Wir redeten nicht, die Blicke trafen sich. Ich konnte dem Blick nicht ausweichen. Das ging einfach nicht.

Es war wie magnetisch… ohne Worte.
Wie lange dieser Blick blickte, weiß ich nicht, jedes Zeitempfinden verschwand.
Auf einmal sagte sie zu mir: **„Verschwinde! Ich weiß nicht, wozu ich jetzt in der Lage bin!“ Sie sagte weiter: „Ich spüre eine unbändige Kraft in mir, ich bin jetzt in der Lage, dich zu töten!“** Bei diesen Worten richtete sie den Oberkörper richtig auf. Wie als wenn sich etwas zum Kampf aufrichtet. Ich sah sie *(mir zittern beim Schreiben dieser Worte alle Finger. Ich kann kaum die Tasten auf der Tastatur drücken)* und konnte absolut nichts tun. Ich konnte nicht mehr aufstehen. Ich war nicht mehr in der Lage, diesen Raum zu verlassen.
Sie brüllte mich erneut an: **„VERSCHWINDE!“**
Ich sah sie einfach an. Sah ihr Gebaren, sah ihre sich ausdehnende Körperlichkeit vor mir sitzen. War wie gelähmt und nahm wahr, dass ich mich tief verwandelte. Ich regte mich nicht. Ich atmete kaum, ich sah sie an, an und an. Ich verlor sie nicht aus dem Blick. Meine Körperlichkeit versteinerte sich förmlich, ich kam mir auf einmal vor wie ein satter, großer Stein. Dieser Stein war tief lebendig, jedes Molekül spürbar.

Und auf einmal sagte ich zu ihr: **„Wenn das jetzt dein Job ist, mich zu töten, dann bitte schön. Ich kann nicht weglaufen, ich kann den Raum nicht verlassen, ich sitze hier wie versteinert. Also, dann tue es, bringe mich um, dann ist das genau das, was jetzt passieren will.“**
Die Worte, die da aus mir sprachen, waren echt merkwürdig. Was sagst du da, hörte ich mich innerlich protestieren. Dich umbringen lassen, bist du verrückt!
Doch die Worte wurden immer stärker.
Sie redeten mit der Frau.

Sie redeten und redeten.
Ich kannte solche Worte nicht. Ich kannte auch die Kraft dieser Worte nicht. Die Worte redeten und redeten.

Sie sprachen von Liebe, Liebe, Liebe und noch mehr Liebe.

Plötzlich begann die Frau zu weinen, sie weinte und weinte.

Hörte das Weinen auf, setzte das Entsetzen, das Mich-Töten-Wollen, wieder ein. Sofort begannen die Worte in mir wieder zu reden.
Ich habe keine Ahnung, wie oft sich dieser Vorgang zwischen uns wiederholte.

Manchmal dachte ich, warum hört uns denn niemand? Dieses Gebrülle muss doch gehört werden. Es war, als wenn dieser Raum wie schalldicht versiegelt war.

AM MORGEN, so gegen 6 Uhr, wachte ich am Fußende dieses Bettes auf.
Ich stutzte, wo war ich und ich schaute aus dem Fenster. **MERKWÜRDIG**, was sah ich da? Es war so hell, so viel Licht, so anders als ich Licht bislang wahrgenommen hatte. So hell/ Heller halt!

Während ich so sah, hörte ich die Worte in mir: **MEINE LIEBE, JETZT IST DEIN LEBEN EIN VÖLLIG ANDERES. JETZT GEHT ES UM DIE LIEBE:** Komisch, dachte ich, ich habe doch gar keine Zeit, ich muss doch dringend nach Hause. Was mache ich hier eigentlich?
In dem Moment erwachte die Frau. Sie lachte mich an. Freute sich und umarmte mich. **„Danke, danke, danke.**

Ich ziehe mich jetzt an, um heute die Abi-Klausur mitzuschreiben.“ Ihr Lachen, ihre Freude war unbeschreiblich für mich, doch ich hatte bis dato noch überhaupt nicht kapiert, wo ich war, was überhaupt passiert war.

Ich zog mich an, leerte noch den überfüllten Aschenbecher, verließ den Raum, das Haus und fuhr nach Hause. Ich vermute mal, ich habe die Frau auch noch zur Schule gefahren. Sie hat es wenigstens gesagt.

Ich ging an diesem ersten Neuen Tag nicht arbeiten. **DER TAG** war mehr als alle anderen Tage in meinem gelebten Leben. Ständig schaute ich mich um. Ständig auch verweilte mein Blick echt lange in der Betrachtung. Ich sah die Bäume viel intensiver. Ich sah die Menschen an mir wie in Zeitlupe vorbeilaufen. Ich sah unendlich viele Bilder in einem Moment. Es war, als würde die Welt, das Umfeld mit mir reden und in mir war es ganz, ganz still. So viel Frieden, ach all das kannte ich überhaupt nicht.

Ich muss Stunden in meinem Auto gesessen sein, das Auto und ich, wir waren EINS. Da gab es überhaupt keine Trennung mehr und ich dachte nur, **MERKWÜRDIG, MERKWÜRDIG, MERKWÜRDIG**.

Tief in mir drin war wie **NICHTS**, einfach **NICHTS**. Doch es war stimmig, es war so unglaublich liebevoll.

Was an dem Tag sonst noch war, wie es war, als mein Mann von der Arbeit kam, ich weiß es nicht. Ich kann mich an nichts außer an diese tiefe Intensität erinnern.

Ich konnte mich auch einige Tage danach noch nicht daran erinnern. Laut Kalender habe ich so ab Donnerstag wieder etwas vom Alltag mitbekommen.

Von Sonntagabend bis Donnerstag hab ich keine Ahnung, wo ich und wer ich war.

Doch dann kam eine Flut von Ereignissen über mich.
Mein Mann redete mit mir, wollte wissen, was geschehen war. Für die Arbeitswelt brauchte ich irgendwie eine Erklärung. Meine Familie hatte mitbekommen, dass da irgendetwas war... doch ich wusste mich einfach nicht zu erklären. Ich verrichtete die Hausarbeit, ich ging auch wieder zur Arbeit, ich war irgendwie da, alles ging auch irgendwie... doch in Wirklichkeit war alles anders.

Die Wahrnehmung war so intensiv, ich sah auf einmal ganz andere Zusammenhänge. Ich glaubte meinen alten Worten immer weniger, weil die Kraft der Worte völlig anders war. Ich vermied, unnötig zu sprechen, denn wenn ich zu viel redete, hörte ich oft sagen: **„Was redest du denn da für einen Blödsinn. Rede doch bitte normal mit mir."**

Mir wurde immer deutlicher, dass etwas Einschneidendes mit mir passiert war.
Ich besuchte meinen Psychologen-Freund, der mich auch vor dem Treffen gebeten hatte, mit dieser Frau Kontakt aufzunehmen.
Natürlich hatte er mittlerweile auch mitbekommen, dass es der Frau wieder richtig gut ging. Ihre alte Diagnose Stupor (innere Lähmung) war wie ausgelöscht.
Sie fühlte sich befreit, machte ihr Abi echt gut, alles war OK.

Bis auf mich!
Was war nur mit mir geschehen?
Ich erzählte meinem Psychologen von der Begegnung. Ich fragte ihn, was das für eine Wahrnehmung jetzt in mir sei. Doch er verstand das nicht, hatte auch keine Erklärung dafür und ich dachte, na ja, das verändert sich bestimmt bald wieder.

Doch das habe ich auch nur gedacht, diese Wahrnehmung ist wirklich heute, dreißig Jahre danach, noch aktiv in mir.

PAUSE

Alles änderte sich, doch die Wahrnehmung nicht.
Ich konnte nicht mehr so weiter leben wie bis zum jenem Ereignis.
Mein damaliger Mann verstand mich nicht mehr und ich konnte mich ihm in meiner Wahrnehmung nicht verständlich machen.
So wie es uns erging, so erging es mir mit meiner Familie. Meine Familie, die Familie meines Mannes und ich. Ein einziges Chaos!
Ich liebte all die Menschen und sie liebten mich. Doch ich lebte seit dem Geschehen dieser Begegnung in einer völlig anderen Welt.

Ich hatte zunächst viel Kontakt mit dieser Frau. Sie war wie eine Verbündete für mich. Erst Jahre später erkannte ich, dass sie dieses Ereignis völlig anders erlebt hat wie ich.
Sie konnte sich danach viel besser in die Welt integrieren und ich war genau dieser Welt entronnen.

Innerhalb von einem Jahr verlor ich mein gesamtes Umfeld. Ich trennte mich von meinem Mann. Ich zog mit meiner Matratze und einigen wenigen anderen Dingen in eine kleine Wohnung. Ich wollte nicht wegziehen, ich wollte mir und all meinen Mitmenschen die Möglichkeit einräumen, miteinander zu erkennen, dass wirklich alles anders geworden ist.
Manche sagten: **„Wärst du doch gestorben, so wäre es wirklich leichter für uns."** Sie hatten irgendwie recht. Ich war da, obwohl ich nicht mehr da war.

Meine Arbeit hielt sich auch nicht. Einige Monate nach dem Ereignis hatte ich eine fristlose Kündigung in der Tasche.
Mein Freundeskreis rutschte ebenfalls in großer Distanz und meine Heimat wurde mir immer fremder.
Ich richtete mich oft so ein, dass ich über Tag schlief und in der Nacht wach war.
Die Nacht war insgesamt ruhiger, denn ich spürte, dass ich wirklich Ruhe brauchte.

WAS NUR WAR DA MIT MIR GESCHEHEN???

Ich fand überhaupt keine Antwort, doch ich wusste in jeder Sekunde meines Daseins, dass wirklich alles in Ordnung war.
Mir schmolz meine gesamte Lebensgeschichte dahin und doch war es unglaublich stimmig. Diese Kraft hat mich so tief durch all diese Stürme geführt/getragen, es war wirklich unglaublich.
Auch konnte ich all den wunderbaren Menschen um mich herum nicht wirklich böse sein. Ich gestehe jedoch, dass mir sehr viele Reaktionen auch sehr weh getan haben. Ich sehe aber, dass meine Veränderung auch all diesen Menschen weh getan haben muss. Die innere Gewissheit war einfach stärker.
Die tiefe Liebe unbeschreiblich.

Niemand musste mich lieb haben, ich musste niemanden lieb haben. Nein, Liebe war das alles. Die Liebe war mein/unser aller Chaos.

Da tobte der Alltag auf der äußeren sichtbaren Schale in seiner Erscheinungsform herum, doch dieser Wellenschaum machte der tiefen Liebe in mir keinen Abbruch.
Doch es hörte nicht auf. Ich wollte doch auch wissen, was da mit mir eigentlich passiert war. Ich sprach mit einem Psychiater, doch als er mir irgendwelche Pillen verschreiben wollte, bin ich gegangen. Ich suchte, ich traf Elisabeth Kübler-Ross. Sie bot Workshops unter dem Titel >Befreiung aus der Angst<.

Viele sterbende Menschen kamen dort zusammen und was dort dann im Workshop passierte? Das kann, glaube ich, nur der beschreiben, der wirklich dort anwesend war.

Natürlich erhoffte ich mir von ihr eine Antwort auf meine brennendste Frage.
Doch auch sie hatte keine Antwort für mich. Ich war so tief enttäuscht und ich spürte ein ganz tiefes suizidales Bedürfnis.
Ich begann mein Leben aufzuräumen. Alles was ich bis dato immer aufgeschoben hatte, erledigte ich einfach. Ich fand dadurch den Umgang mit den Worten. Ich konnte auf einmal Briefe schreiben, die mir womöglich selbst am allerbesten gefielen.

Ich begann Tagebuch zu schreiben und entdeckte, dass ich mich durch das Schreiben wunderbar mit mir selbst unterhalten konnte. Das was ich früher durch die Kommunikation mit meinen Mitmenschen empfand, das empfand ich nun mit mir selbst. Das war eine unglaubliche Erleichterung.

Ich war nicht mehr allein. Ich war da und diese Wahrnehmung war da. Wir wurden/sind bis heute die allerbesten Freunde.

UND IMMER WAR EINFACH ALLES OK, SO WIE ES GERADE JETZT WAR

Trotz all der alltäglichen Schwierigkeiten, es gab wirklich keinen Grund, mich für irgendetwas in meinem Leben zu beschweren. Natürlich kam ich mit meiner Existenzangst stark in Berührung. Wenn das liebe Geld nicht mehr auf den bekannten Wegen zu einem kommt, sondern ständig für neue Überraschungen sorgt, ich könnte darüber die verrücktesten Geschichten erzählen.

Ich gehörte nun zur Randgruppe der Gesellschaft. In mir drinnen war die Welt in Ordnung, doch im sichtbaren Feld der Erscheinung war nichts mehr so, wie es mal war.
Manche sagten zu mir: **„So wie du lebst, so kann man nicht leben! Du landest auf kurz oder lang unter der Brücke!“** Diese Prophezeiungen haben mir zwar keinen Mut gemacht, doch ich dachte, mal schauen, was wirklich passiert.

Meine Mutter war völlig durcheinander. Sie bot mir an, mir in allem beim Wiederaufbau in die Gesellschaft zu helfen, doch nur mit der Bedingung, dass ich wieder zurück in mein altes Leben gehe. Doch genau das konnte ich nun wirklich nicht. Wie sollte ich diese Intensität von Wahrnehmung abschalten? Hätte ich den roten Knopf zum Abschalten gewusst, ich wäre zurückgegangen. Das Neue war unvergleichlich mit allem, was ich kannte, doch mein Körperchen hat natürlich all die wunderbaren Menschen, die Arbeit und alles sonst… auch echt vermisst.

Nun gut, ich wurde beschenkt. Ich lernte einen neuen Mann kennen. Ein echtes Geschenk! Wir lernten uns kennen und vom Tag des Kennenlernens an lebten wir zusammen. Nach gut einem Jahr wurde unsere Tochter geboren. Die Welt hat mich für ver-rückter denn je gehalten. Fast mittellos – und dann noch ein Kind! *Ich muss gerade richtig lachen.* Es war wirklich ein nicht endendes Abenteuer.

Mein Mann, der Vater meiner Tochter, war ein ganz wichtiger Begleiter in meinem Leben. Er hat mich überhaupt nicht für verrückt gehalten. Er zeigte mir in der Literatur ganz viele Hinweise auf Menschen, die genau das gesagt hatten, was ich alles in mir wahrnahm.
Ich muss vielleicht an dieser Stelle einmal anmerken, dass ich völlig unbelesen war, das Wort Meditation noch nicht mal gehört hatte, und als ein Mensch mir sagte, heute abend ist ein Interview mit Bhagwan (heute Osho) im Fernsehen, da dachte ich, schon komisch, ich hätte nicht gedacht, dass der sich für Backwaren interessiert. *Lachen!*

Wie gesagt, dieser Mann war wie ein Rettungsring für mich und unsere Tochter war die allerbeste Möglichkeit und Notwendigkeit, um mich mit ihr wieder in der Welt zu integrieren.
Heute ist meine Tochter erwachsen und wir haben wunderbar voneinander gelernt.
Ich stehe sehr satt in meiner Alltäglichkeit. Ich bin nicht unter der Brücke gelandet.

Ich habe lange Jahre mit meinem zweiten Ehemann zusammengelebt und ohne ihn wäre mir auch der Aufbau einer Selbständigkeit nicht gelungen. Mein Mann hat mein Sosein nie in

Frage gestellt, obwohl er nicht wirklich nachvollziehen konnte, wie es mir wirklich geht.
Die Kraft/die Schönheit meiner Wahrnehmung kann ich bis heute immer nur bedingt, situativ, mit einigen Menschen teilen. Die Wahrnehmung führt mich durchs Leben. Ich kann nicht anders, als ihr zu folgen. Folge ich ihr mal nicht, geht es mir Punktum beschissen. Natürlich habe ich in all den Jahren erkannt, dass es für die Menschen oft überhaupt nicht nachzuvollziehen ist, wie ich lebe. Doch es gibt wirklich interessierte Menschen, die ein starkes Bedürfnis verspüren, auch ihrer Wahrnehmung zu folgen. Die in sich mitbekommen, dass auch sie diese Kraft führt und umarmt.
Diese Tatsache wurde dann zu meiner Selbständigkeit. Menschen kamen zu mir, um von mir zu lernen. Mein Dasein berührte sie oft tief und ihre Sehnsucht, die Sprache der bewussten Liebe zu erfahren, war meine Rettung. Ich hatte echt zu tun. Viele, viele, viele Menschen…viel zu viele Menschen fanden den Weg zu mir.
Ich gab Seminare, hielt Vorträge über die Liebe, machte Einzelsitzungen und klebte förmlich am Telefonhörer fest.
Unglaublich! Die Menschen wollten so leben wie ich und ich sehnte mich so oft nach meinem alten Leben zurück. Ganz selten kann ich mal nachempfinden, wie mein Leben vor der Begegnung war. Das beglückt mich, doch ich komme nicht mehr dorthin zurück. Natürlich habe ich mein neues Leben lieben gelernt und diese tiefe Wahrnehmung, der stille Frieden in mir ist mit nichts wegzudenken.
Gott sei Dank habe ich es irgendwie geschafft, die Masse der Menschen wieder in Distanz zu bringen. Ich wollte mit all den Übersetzungen für die Menschen nicht weiter leben.
Aus meiner Wahrnehmung heraus kann ich den Menschen eine Unterstützung anbieten, die wirklich nicht zu denken ist.

Ich selbst denke die Unterstützung nicht. Sie passiert einfach.
In dem Moment der Begegnung taucht die Unterstützung einfach auf.
Ich gehe in ein Seminar, weiß wirklich im Vorfeld nichts und sobald das Seminar beginnt, die Teilnehmer beisammmen sitzen, passiert das gesamte Seminar einfach Konzepte-los.
Ich höre mir oft selber mit großen Ohren zu. Wer das nicht kennt, dem ist mir wirklich nicht möglich, das zu erklären. Ich verstehe das selber nicht, es ist nicht zu verstehen.
Doch es ist die **EINE LIEBE**, die sich in ihrer Vielfalt zeigt. Diese Liebe ist für mich das Unbeschreibliche, das Dauerhafteste, die Kraft, die nicht geboren wird, die Kraft, die niemals stirbt.

Für mich ist sie die **EINE UNSER ALLER** Quelle.

Diese Quelle hat mich in der besagten Begegnung geknutscht. Es ist wie in einem Dauerkuss mit ihr. *Schmunzeln!*

Ich lebe heute sehr zurückgezogen. Ich bin ganz viel allein. Ich habe eine gewisse Integrität wieder erreicht. Ich habe erkannt, welch kostbares Geschenk ich bekommen habe, doch wirklich glücklich bin ich nicht.

Ich weiß nicht, was die Wahrnehmung weiterhin mit mir vorhat. Ich bin einfach da und folge **IHR**.

In dieser sehr eindrucksvollen und in jeder Formulierung treffenden Schilderung, die nach drei Jahrzehnten wiedergibt, was bei L.L. noch dazu präsent ist, purzeln uns förmlich alle wesentlichen Bestandteile zum Verständnis des ihr und allen anderen unerklärlichen Vorganges entgegen: die Auslösesituation der Konflikte; die eingetretenen Konstellationen; die prompte Änderung der Wahrnehmung; das veränderte Bewusstsein; die Spaltung der Persönlichkeit in die Reste der alten und eine neue, was auch von anderen überdeutlich bemerkt wird; der jeweilige Übersinn mit seiner spezifischen Strategie; die manische Euphorie von Liebe und Einssein; aber auch das depressive Unglücklichsein über diesen tiefen Abgrund, der sie von ihrer vorigen Welt trennt.

Doch alles der Reihe nach. Bevor eine Kommentierung erfolgt, sollen noch auszugsweise Informationen aus einem Interview mit ihr das Bild vervollständigen.

Sie sind Rechtshänderin. Wann haben sie Ihre erste Periode bekommen?

Genau an meinem vierzehnten Geburtstag.

Gab es ein schwerwiegendes Ereignis ungefähr sechs Wochen vorher?

O… , ja! Da war ein Klassenwechsel gewesen, innerhalb eines Schuljahres.

Was war da das Besondere?

Ja, ich bin aus einer Klassengemeinschaft rausgefallen, weil ich mich mit mehreren Mädchen über den Lehrer beschwert habe. Hinterher wurde alles abgestritten, aber ich als einzige habe dazu gestanden. Ich habe gemerkt, du musst zu dir stehen, so ist es wirklich gewesen. Das hatte dann zur Folge, dass ich einfach die Klasse verlassen musste und die mir vertrauten Mitschüler. Ich kam dann in eine mir fremde Klasse und hab mich da nicht mehr wohl gefühlt.

Haben Sie dann keinen Fuß mehr in die Klassengemeinschaft bekommen?

Nein, ich kam mir immer wie ein Fremdkörper in der Klasse vor.

Wie waren dann die schulischen Leistungen dort?

Ich hab es einfach noch so geschafft, ich hatte keine Lust mehr zu lernen und wollte nur noch durchkommen und weg. Auch die anderen Schüler in der neuen Klasse hatten dann Vorbehalte gegen mich: ‚Das ist doch die, die diesen Stress in der anderen Klasse inszeniert hat!' Ich hatte keine Freunde mehr.

Können Sie sich erinnern, ob sie damals Phantasien hatten über ihren eigenen Tod oder stärkeres Interesse empfanden an dem Thema Sterben und Tod?

Nein… Aber zu der Zeit habe ich am Friedhof gearbeitet, ich habe mein Geld als Friedhofspflegerin gemacht. Ich war viel auf dem Friedhof, es war immer ein Zufluchtsort für mich.

Schon vor ihrer Periode?

Ja. Ich hatte einen Bruder, der gestorben war. Ich ging schon als kleines Kind viel auf den Friedhof, meinen Bruder zu besuchen.

Wurde dieser Drang danach stärker?

Ich war gerne da gewesen. Es war, als wenn ich mit den Gräbern gesprochen hab. Es war eine Welt für mich, die mir nicht fremd war.

Wie lang dauerte das an? Wann kam da eine Änderung zustande?

Also, eigentlich nach der Begegnung. Im ersten Jahr danach noch viel. Danach war ich gar nicht mehr auf dem Friedhof.

Haben Sie irgendwie damals durch dieses Schulereignis be-

merkt, dass sich Ihre Persönlichkeit, Ihre Wahrnehmung verändert hat, dass Sie auf eine andere Bahn gekommen sind mit Ihrer Entwicklung und ein anderer Mensch wurden?
Also was dann sehr deutlich war, ich hab dann angefangen Fußball zu spielen; ich saß mit Freundinnen auf einer Bank und sagte dann: ‚Laßt uns doch mal laufen, ich hab so ne Lust zu laufen!' Ich konnte laufen ohne aufzuhören. Ich konnte von jetzt auf gleich zehn Kilometer laufen.
Was damals auch passierte, den Sommer darauf, dass ich in einem Schwimmbad einen Jungen kennenlernte, es war meine erste große Liebe.
Wurde was draus?
Wir hatten viel miteinander gespielt und etwa zwei, drei Jahre viel Kontakt. Aber es war von seiner Seite und von meiner Seite nicht erlaubt. Wir haben zwar einen Tanzkurs zusammen gemacht.
Als Sie den Jungen kennenlernten, spielten Sie da schon Fußball oder war es hinterher?
Ich weiß es nicht mehr genau. Das Fußballspielen und er gehörten zusammen.
Wo war das Handicap?
Seine Eltern waren nicht mit dem vielen Kontakt zu mir einverstanden und meine Eltern nicht wirklich einverstanden, dass ich mit ihm Kontakt hatte.
Wie hat sich das geäußert?
Er konnte nicht so mit mir spielen, wie er wollte. Er musste dann irgendetwas machen, arbeiten.
War es denn eine rein platonische Beziehung?
Wir haben uns immer wieder in Nischen versteckt und geküsst. Aber dann gab es eine Situation, wo er mich eingeladen hatte und mehrere Jugendliche, Jungen und Mädchen, waren und die dann sagten: ‚Komm, wir gehen alle in dieses Zimmer.'

Das war mir unheimlich. Da bin ich abgehauen… Ich war die einzige, die abgehauen ist; ich hatte Angst. Wir hatten aber weiterhin Kontakt.
War denn die Periode in der Zeit einmal ausgefallen?
Daran kann ich mich nicht erinnern, dass sie ausgefallen wäre.
Wir gehen jetzt zu jener besagten Begegnung. Hätten Sie nicht einfach aufstehen und gehen können?
Nee, das geht gar nicht!– Ich konnte mich überhaupt nicht mehr bewegen!
Hatten Sie dabei eine Vorstellung von Ihrem Mann oder Ihrer Schwester auf Hilfe? Irgendein Impuls?
Das war schon alles viel zuweit weg.
Als sie merkten, sie kommen nicht weg, das war ja der Flucht- oder Angriffsimpuls, was war da?
Es war Panik. Es war wie total gefangen. Was passiert hier mit mir, Hilfe! Die Bewegung funktionierte nicht mehr!
Haben Sie mit Heiserkeit der Stimme zu tun seither?
Nein.
Können Sie singen?
Damit hab ich ein anderes Ding. Früher hab ich leidenschaftlich gerne gesungen, im Chor gesungen. Und ich komm aus der Kirche und irgendjemand sagt: ‚Die L.L. hört man doch aus allen raus'. Und ich hab soviel Freude am Singen gehabt. Ich wollte doch nicht auffallen, dann hab ich nicht mehr gesungen.
Ich war mal für drei Wochen in der Wüste, da hatte ich das Liederbuch >Die Mundorgel< mitgenommen. Mein Wüsten-Führer konnte nur arabisch, ich verstand das nicht. Am Abend, wenn wir gekocht hatten, holte er seine Flöte heraus und sang auch seine Lieder und ich sang mit Vorliebe meine Lieblingslieder, weil ich wusste, mich hört jetzt niemand.
Haben Sie mit Husten öfters zu tun?
Ja, ganz stark.

Können Sie lokalisieren, ob es mehr aus dem Hals oder aus der Tiefe kommt?
Wenn ich wirklich Husten habe, kommt er ganz aus der Tiefe.
Haben Sie mit Hämorrhoiden oder Empfindlichkeiten in dem Bereich zu tun?
Ich hatte einmal im Leben eine Hämorrhoide, sonst nicht.

Gibt es Träume, in denen Sie fliegen oder schweben?
Wenn es im Traum auftaucht, dann kann ich ganz bewusst fliegen, da kann ich mich irgendwo hinstellen und brauch nur die Arme zu öffnen und dann steig ich hoch.
Ist das häufig?
Einmal im Monat, würd ich sagen. Manchmal kommt es auch so drei Nächte hintereinander vor und verschwindet dann wieder für zehn Wochen.
Fliegen Sie in eine bestimmte Richtung?
Ich fliege dann einfach so wie ein großer Vogel über die Welt, nach oben oder einmal steig ich hoch und dann kann ich ganz bewusst alles sehen.
Gab es auch Träume, in denen Sie abgestürzt sind?
Nee.
Sagt Ihnen das Wort Überlegenheitsgefühl etwas Persönliches? Gibt es einen Bereich, wo Sie sich allen anderen überlegen fühlen?
Ja, in meiner Kommunikation. Also es gibt nichts, was mir begegnet, was ich nicht umsetzen oder was ich nicht aus meiner Welt verwandeln könnte, kommunikativ. Da erleb ich das. Aber das ist nicht so, dass ich damit hausieren gehe. Ich könnte sagen, das ist meine Sicherheit. Dass ich genau weiß, egal wer zu mir kommt oder Unterstützung will, ich kriege das, was mir da geboten wird an Geschichte oder … immer in eine ganz tiefe Stille verwandelt.

Sie hatten die Friedhofsgänge erwähnt, die Sie schon früh gern gemacht hatten.
Mein Bruder ist schon gestorben, bevor ich geboren wurde. Ich hab immer nach diesem Jungen gefragt.
Schon von Anfang an?
Ja. Das haben die früher schon gesagt, dass ich immer wissen wollte, wer er war. Ich hab schon als kleines Kind am Grab dieses Brüderchens gesessen.
Hat man Ihnen da mal eine sehr eindrucksvolle Geschichte über den Tod des Brüderchens in der Kindheit erzählt?
Ja, weil er verbrannt ist. Der hat in so nem Kinderwagen gesessen. Die Oma hat in einem Tauchsieder Wasser gekocht und der Kleine hat an der Schnur gezogen. Die Oma ist irgendwie wackelig gewesen, dann ist das kochende Wasser über das Köpfchen gegangen. Er ist dann an dieser Verbrennung noch in dieser Nacht gestorben. Die Oma ist dann sechs Wochen später gestorben. – Das war die Geschichte, die schwirrte immer so herum.

Diese Fähigkeit, Ideen zu haben, ohne Konzept Seminare halten zu können etc., hatten Sie das auch schon vor jener Nacht?
Nein. (lachend)
Ist das nur da, wenn Sie vor Leuten stehen?
Ja. Wenn ich gefordert bin.
Oder ist das auch da, wenn Sie zuhause alleine sind?
Das erleb ich dann nur im Schreiben.
Gibt es ein Ereignis, das mit dem Schreiben in unangenehmer Weise verbunden ist?
Nach dieser Begegnung brachen ja alle Kontakte weg, und ich wollte ja reden. Es passierte soviel in mir. Wenn ich versuchte mit jemanden darüber zu reden, dann wurde ich nicht ver-

standen: ‚Was redest du für einen Blödsinn!' und ‚Hör auf zu reden!' Und ich hatte unendliche Wahrnehmungen. Ich wusste nicht, wohin damit. Und das hörte überhaupt nicht mehr auf. Und dann hab ich gemerkt, ich hab nen Kanal, ich kann das rausschreiben; und dann hab ich monatelang übertag geschlafen und nachts geschrieben. Ich wollte nicht mehr mit den Menschen sein – ich hab mich dann ja völlig gedreht – und das ist geblieben. Das war dann das Vertrauteste.

Ich hätte mit ner Fliege sprechen können oder… Die Worte waren so lebendig, als wenn ich zwei Personen gewesen wäre und ich hätte mit einer gesprochen. Das Schreiben war immer mein Gegenüber. Es antwortete auch Dinge, die ich nicht denken konnte.

Haben Sie sich auch selber Geschichten erzählt?

Nein, es ging immer um das, was mich gerade jetzt betraf. Das war nicht, dass ich irgendeine Geschichte erfunden hab, sondern es waren oft Reaktionen aus dem Tag, die mir nachhingen oder Beschimpfungen, mit denen ich nicht klar kam. Ich hab immer von meiner Seite aus gefragt, wie soll ich damit umgehen und aus der anderen Seite bekam ich dann Antwort. Es war wie Fragen und Antworten. Mit den Antworten konnte ich dann leben, sie umsetzen. Damit hatte ich so ein Handwerkszeug, wieder neu zu gucken. Das hat mich immer ruhig gemacht.

Versiegten diese Einfälle mal, kurzfristig?

Nein! Nein.

Das würde bedeuten, dass Sie in den letzten dreißig Jahren nie mehr so stark depressiv geworden sind?

Nee, ich war irgendwie immer … In mir lebt ein ganz konstanter Friede. Ich brauch mich nur zurückziehen. Dann ist es friedlich. Aber dann hab ich auch mit niemand in der Welt mehr Kontakt.

Wie lange hatten Sie Kontakt zu jenem Mädel aus der besagten Begegnung?
Wir haben dann noch ein paar Monate zusammen gelebt. … Nachdem mein Mann und ich ein Nest gefunden hatten, wir waren ganz glücklich, sagte er nach jenem Ereignis: ‚Du bist nicht mehr die, die ich geheiratet habe, ich versteh dich nicht.' Viel Verzweiflung, von beiden Seiten aus. Ich sagte: ‚So geht das nicht!' Ich nahm eine kleine Wohnung… Nach dem Abi merkte die Frau, sie konnte auch nicht mehr zuhause leben und dann hab ich ihr gesagt: ‚Wenn du willst, kannst du bei mir wohnen.' Ja, dann haben wir miteinander gewohnt…
Wie lange haben Sie etwa zusammen gewohnt?
Es war bestimmt ein dreiviertel Jahr.
Und dann?
Haben wir uns immer mal wieder gesehen und dann wurde der Kontakt automatisch weniger, wie ich meine Tochter hatte. Nach zwanzig Jahren hatten wir noch zwei- oder dreimal Kontakt.
Nach jener Veränderung damals, was alle bemerkt hatten, auch sie selbst…
Und wie!
haben Sie sicher dutzendweise weitere ähnliche Überraschungen wie in jener Begegnung durch Ihre Mitmenschen serviert bekommen, denn die verstanden Sie ja überhaupt nicht mehr?
Es wurde nur noch verbal draufgeschlagen.
Ich vergesse nie die Weihnachten drauf. Ich hatte kaum noch Geld, und habe für alle etwas Schönes gebastelt… ich bin dann nur noch in Panik mit dem Fahrrad durch die Nacht geflüchtet – weg. Es war nur noch Angriff… Das war grausam… Alle wollten verstehen; ich konnte es nicht erklären.

Haben Sie bei Ihren Seminaren immer weiße Kleidung getragen?
Ja. …
In Ihrer früheren Niederschrift berichten Sie von Ihrem Helfer, dem ‚Erzengel Michael'. Hat der ‚Erzengel Michael' gesagt, dass er das ist, oder was ist das für ihn Spezifische?
Das passierte bei einem Zahnarzt, noch vor den Seminaren. Ich lag auf der Behandlungsliege und fang an zu weinen, ohne Grund. Es war wie ein Maulkorb. Ich hab nichts mehr rausgekriegt. …Ich weinte und spürte, wie tief verletzt dieser Zahnarzt war, ich weinte nicht über mich, sondern ich weinte über das, was ich im Gegenüber wahrnahm. Aber ich hab mich nicht getraut, das zu sagen. Sagte der Zahnarzt: ‚Ich will Sie mal umarmen, was ist mit Ihnen los?' und dann hat er mich umarmt und fing dann selber in meinen Armen an zu weinen! In dem Moment wurde es mir leichter und dann bin ich aber gegangen. Dann bin nach Hause gefahren und dann war so eine tiefe Kraft in mir: 'Du musst das sagen. Du musst lernen, das, was du wahrnimmst, zu sagen und ich helf dir dabei!' Ich: ‚Wer ist denn da, der mir hilft?' ‚Ich bin der Erzengel Michael! Ich werde dich für ne Weile begleiten und ich werde dir helfen, deine Wahrnehmung nach außen mitzuteilen.' Ich dachte, o Gott, in welchem Zirkus bin ich denn jetzt schon wieder?!
Ja, aber das blieb dann… Dann habe ich noch zwei Tage gebraucht und bin dann tatsächlich wieder zu dem Zahnarzt gefahren und habe gesagt: 'Kann ich nochmal mit Ihnen reden?' ‚Ja, ja, gerne!' ‚Ich hab nicht um mich geweint, ich hab um Sie geweint. Ihnen muss es richtig dreckig gehen?!' Oh, dann fing der an zu weinen! ‚Woher wissen Sie das?' ‚Das weiß ich auch nicht. Ich hab das wahrgenommen, ich hab das gefühlt!' Dann hat der erzählt… Bedankte sich vielfach und

wollte mich zum Essen einladen. ‚Nee, das will ich alles nicht. Ich bin nur froh, dass ich es gesagt hab.'

Und damit begann immer wieder ne Situation, wo ich in Kontakten mit Menschen so tief spürte – und versuchte mich immer wieder darum zu drücken. Aber die Menschen machten es mir immer leichter, weil sie mich dann plötzlich ansprachen: ‚Willst du mir was sagen?' ‚Ich weiß ja nicht, ob du das hören willst?!' …

Manche waren dann sehr dankbar, und wollten es hören.

Irgenwann war das weg. Irgendwann sagte die Energie: ‚Du brauchst mich nicht mehr.' Und dann hab ich sie nie wieder gefühlt.

Wie lange ist das etwa her?

Das ist so fünfzehn Jahre her, bestimmt, wenn nicht noch länger.

Und wie lange dauerte es?

Das waren ca. fünf bis sechs Jahre.

Was haben Sie mit dem Erzengel Michael zu tun? Sind Sie katholisch?

Ja, aber ich habe mich nie dafür interessiert. Ich musste erst mal nachlesen.

Das kann ich nicht glauben, dass der Erzengel Michael so ohne weiteres bei Ihnen aufgetaucht ist. Das muss eine Basis in Ihrer Kinder- oder Jugendzeit haben, also vor Ihrer Konstellation durch jene Begegnung liegen. Vielleicht hat der Erzengel Michael etwas mit der Kirche aus Ihrer Heimat zu tun o.ä.? Es wäre schön, wenn Sie das noch herausbekommen könnten!

Am nächsten Tag berichtet L.L., an diesem Morgen sei ihr – nach über drei Jahrzehnten völligen Vergessens – überraschend eingefallen, dass sie in ihrer Kindheit eine Tante gehabt habe, die gelähmt im Rollstuhl saß, und die immer gesagt habe: „Der Erzengel Michael passt auf mich auf“!

Als junge Frau gerät die rechtshändige L.L. in eine unerwartete Situation, als sie, überaus hilfsbereit, spontan eine psychisch gestörte Jugendliche aufsucht, deren massive verbalen Ausbrüche und bedrohliche Attacken sie nicht parieren kann und bei ihr eine Schreckangst-Lähmung einsetzt. „Entsetzen…, ich konnte nicht mehr aufstehen. Ich war nicht mehr in der Lage, diesen Raum zu verlassen." Wäre ein ähnlicher Vorfall in ihrem eigenen Revier/Nest eingetreten, hätte sie ihren Mann oder ihre Schwester zu Hilfe rufen können. Im fremden Revier unterblieb jedoch jede Unterstützung, „als wenn dieser Raum wie schalldicht versiegelt war." Das ist vermutlich als Inhalt für den zweiten Konflikteinschlag, der Revierangst, anzusehen.

Als bei der enthemmten Brüllerei des verstörten, jungen Mädchens schließlich noch die Tötungsdrohung erfolgt, sitzt die ohnehin schon ratlose und völlig überforderte L.L. „wie angewurzelt auf diesem Bett und […] weiß nicht, was [sie] tun soll", wie sie in einer früheren, ausführlicheren Niederschrift festgehalten hat. Dies stellt ihren Identitäts-Konflikt in dieser Situation dar.

Jetzt sind die beiden Konstellationen: eine prämortale und die mythomanische installiert. Ihr Übersinn liegt darin, aus dieser prekären Konfliktsituation einen übernatürlichen Ausweg zu finden, da der normale mit den Möglichkeiten Flucht oder Angriff versagt ist. Zudem gerät sie aus der depressiven Schreck- und Revierangst-Schockstarre in die manische Sturm-und-Drang -Verfassung, d. h. jetzt vermag sie endlich zu (re)agieren. Mit der Mythomanie setzen Einfälle an Ideen ein, die mit einem Redeschwall ‚an den Mann gebracht' werden. Das Reservoir, aus dem nun plötzlich geschöpft werden kann, stellt die prämortale Konstellation zur Verfügung: es ist im Wesentlichen das Evangelium von >Licht und Liebe<, aus dem sich alles andere wie von selbst ableitet: Frieden, Glückseligkeit, Leichte, Einssein…

Nun passiert in dieser Geschichte das Eigenartige: obwohl es zwischen den beiden Frauen hin- und hergeht mit wechselseitigem Geschrei und Zungenreden, unterbrochen von wohltuenden Pausen, die immer größer werden, erreicht diese Botschaft, die aus L.L. spricht, die Seele des verstörten Mädchens! Die Strategie des Übersinns ist aufgegangen! Der Sturm der Aggressionen ebbt ab, und beide Frauen schlafen erschöpft an Ort und Stelle ein. Am nächsten Morgen ist die Kranke dauerhaft geheilt!

Ihr bringen die heilenden Worte, die über ein Jahr noch durch den Kontakt zu L.L. erfolgen, Stabilität durch Lösung ihrer uns unbekannten Konfliktsituation. Bei L.L. jedoch geschieht das Umgekehrte, sie hat nun selbst das Kreuz der Konstellationen zu tragen.

Am nächsten Tag bemerkt sie in sich eine veränderte, fremde Wahrnehmung, die sich ihr aufgepfropft hat. „Den ganzen Tag rieb ich mir die Augen, kniff sie zu und beobachtete, was geschah, wenn ich die Augen wieder öffnete.

Was war das, was ich sah und doch nicht sah? Ich nahm etwas wahr und wusste nicht, was es war. Ich schaute mich ständig um. Ich sah die Menschen, die Hand, die Gegenstände, den Stuhl, die Straßen, die Häuser. Es war wie immer und doch sah, fühlte ich viel, viel mehr. Es war mir ein Rätsel. Ich sah, wie die Blüte lachte und ich fühlte, wie ich auf einmal im Dialog mit einem Baum stand. Ich nahm diese Kraft, die in mir war, auch in meinem Gegenüber wahr. In den Menschen, Tieren und Pflanzen und auch in den scheinbar leblosen Dingen."

Ihr Bewusstsein hat sich durch die Spaltung ihrer Persönlichkeit wesentlich verändert. Von niemanden, der sie gekannt hat, wird sie wiedererkannt. Keiner kann sie integrieren in das vorige Lebensbild von ihr – nicht ihr Mann, selbst nicht ihre Mutter, auch die Geschwister nicht. Wenn sie redet, wird sie nicht mehr verstanden oder es wird als dummes Zeug abgetan, „oft hörte ich sagen: ‚Was redest du denn da für einen Blödsinn. Rede doch bitte normal mit mir.'" Diese quälende Divergenz ist für die meisten nicht auszuhalten, sodass ihr der verständlich-unverständliche Ausspruch an die Ohren dringt: „Wärst du doch gestorben, so wäre es wirklich leichter für uns!" Sie passt nicht mehr ins System, verliert den Mann, die Familie, den Beruf, die dörfliche Gemeinschaft, in der sie sich immer beheimatet gefühlt hat. Sie wird nicht, wie Ramana Maharshi, als Heilige aufgefangen, sondern verliert ihre gesellschaftliche Existenz, alles, was zu verlieren ist, außer dem blanken Leben und entgeht nur knapp dem Dahinvegetieren unter der Brücke.

Dass es ihr aber gelingt, sich wieder etwas anderes aufzubauen, wenn auch nicht alle ihre schmerzenden Verluste zurückgewonnen werden können, ermöglichen einmal ihre neuen Gaben aus den Konstellationen und zum anderen das Verständnis eines Partners, mit dem sie dann eine Familie gründen kann. Dass er es mit einer ähnlichen Konstellation wie sie zu tun haben muss – anders wäre eine solche Beziehung nicht möglich bzw. nicht von langer Dauer –, zeigen auch seine spirituelle Verortung und kenntnisreichen „Hinweise auf Menschen, die genau das gesagt hatten, was ich (L.L.) alles in mir wahrnahm." Gemeint sind „Jesus, Buddha, Osho …. So erfuhr ich durch diese Hinweise, dass ich in meiner neuen Realität, meiner Sprache, nicht allein war."

Mit ihrer mythomanischen Gabe hält sie unvorbereitete, „konzeptlose" Seminare ab, die gefeierte Erfolge werden.

„Aus mir purzelten Anweisungen, Worte, Berührungen, Lachen, Tanzen, Weinen, Schönheiten, … und ich folgte all diesen Bewegungen." Sie verkündet das Evangelium von >Licht und Liebe<, das wie bei Echnaton auf die völlige Präsenz ausgerichtet ist: „Im Moment sein" ist eine ihrer zentralen Botschaften. Deshalb braucht und darf nichts verändert werden. Das Geheimnis der prämortalen Weisheit besteht darin, alles zu belassen, wie es ist, sich selbst aber darüber zu erheben. Das gipfelt in der Erkenntnis darüber, warum alles Leiden in der Welt ist und Gott dies zulässt: „Es ist, wie es ist, weil es so ist." Das ist ihre Sichtweise – und zugleich die Buddhas, denn sie wurzeln in dergleichen Konstellation.

Um einem Missverständnis vorzubeugen sei angefügt, dass unter dem Belassen dessen, wie es ist, keineswegs Passivität zu verstehen ist, vielmehr innere Arbeit, die wiederum im Äußeren weiterführen kann. Hat man die Szenerie L.L.s aus jener entscheidenden Begegnung vor Augen, dann sieht man, dass nur die geniale, über-persönliche Strategie des Übersinns ihr einen Ausweg verschaffen konnte, da der natürliche durch Flucht, Verteidigung oder Angriff verhindert war. Genau diese Strategie aber vermag nun von ihr, als Erbschaft aus jener Begegnung, weiterhin bei verfahrenen Situationen ihrer Mitmenschen eingesetzt zu werden.

Sogar einen personifizierten Helfer bekommt sie aus den höchsten Höhen, den hochrangigen „Erzengel Michael" – ähnlich wie Swedenborg –, der sie in ihre kommunikativen Aufgaben einweist. Dieser „Erzengel", wiederum eine biologische Komposition ihrer Konstelliertheit, geht übernatürlich schlau mit ihr um: „Er wusste immer genau, wie er meine nächste Blockierung und Begrenzung berühren konnte." Der biologische Übersinn ist eben unserer rational-digitalen Welt ‚himmelweit' überlegen!

In ihre esoterischen Seminare geht sie „in weißer Kleidung." Weshalb? Weiß ist quasi die ‚Farbe' des Lichtes, was ja ihr Evangelium ist. Alle Verklärung, alle Glorienscheine, die Gewandung des Papstes etc. sind daher weiß.

Doch auch die postmortale Konstellation, die sie ja seit ihrer Menarche mit vierzehn Jahren hat – vermutlich aber schon seit frühester Kindheit, wie ihre Friedhofsgänge nahe legen -, wird durch die vielen Revier- und sexuellen Verluste verstärkt, die nach ihrem Erleuchtungserlebnis über sie hereinbrechen, sodass sie „Am Grab meines Vaters [...] in meiner damaligen Situation einen Platz [fand], an dem ich mich aufgehoben fühlte." Daher auch ihr Drang zu der „Sterbeforscherin Elisabeth Kübler-Ross."

Ihr mythomanischer Schreibdrang ist so zwingend, dass sie rein quantitativ betrachtet seither genötigt ist, ihre Produktionen alle fünf Jahre mit einer Wagenladung voll Schriftstücken auf der Müllkippe zu entsorgen.

Das von Konstellationen durchkreuzte Menschsein von L.L. schwankt zwischen manischer Liebe und Glückseligkeit, die sie als kompensatorisches All-Eins-Sein durchdringen und depressiver „Einsamkeit", „Schmerz" und gespaltenem Unglücklichsein, („wirklich glücklich bin ich nicht"), wogegen sie sich wehrt. Aber auch sie hat ihre Jünger gefunden, denen sie mit ihren Gaben – wie Schwarzer Hirsch – ein tiefes Geschenk bereiten kann und schon bei ihrem Wandlungserlebnis die erste Gesunde macht.

Konstellationen als übernatürliche Fähigkeiten haben in alten Kulturen oftmals eine respektvolle, ja sogar mächtige Sonderstellung (Schamanentum) erlangt; Indiens Heilige sind lebendige Zeugnisse davon. So scheint unlösbar miteinander Martyrium und Liebe, Narrheit und Weisheit („Narr und Eule sein", hatte Jakob Böhme gesagt), Wunder und

Katastrophe verbunden, wie es schon Paulus selbst an sich erfahren hat.

Ihre, L.L.s, Domäne ist das Feld des Schicksals und der Beziehungen geworden, worin sie selbst am allermeisten Defizite aufweist, aber auch eine Menge Erfahrungen hat, die sie zu einer meisterlichen Übersetzerin darin für andere gemacht haben. Indem alles belassen wird, wie es ist, wird von der Strategie ihres Übersinns ‚mit Leichtigkeit' (prämortale Konstellation) und originell (mythomanische Konstellation) ein wirksames Arrangement kreiert, das ihren Klienten eindrucksvolle Erleichterung verschafft.

So kam, um ein einziges von Unmengen solcher origineller Beispiele zu erwähnen, ein über seine momentane Lebenssituation Verzweifelter zu ihr. Da sie gerade mit anderem beschäftigt war, schickte sie ihn erst mal los, einige Dinge einzukaufen, um auch etwas Zeit zu gewinnen. Nachdem er alles brav besorgt hatte, worunter auch einige Packungen Quark waren, ließ sie ihn eine Schüssel organisieren. Als das geschehen war, hieß sie ihn den Quark in die Schüssel füllen, Schuhe und Strümpfe ausziehen und den Quark mit den Füßen treten. Dabei sollte er nun ausrufen: „Alles ist Quark!" Wie von einem Blitz der Erkenntnis über seine eigenen Lebensverhältnisse getroffen, fing der Mann plötzlich zu lachen an und befreite sich beim Quarktreten aus dem Morast, der ihn herunter gezogen hatte. Eine wirkungsvolle Eulenspiegelei – mit Übersinn.

Konstellationen bringen also aus dem Stegreif eine strategische Genialität herbei, passend zum jeweiligen Übersinn. Ihre Absicht ist Rettung, Sicherung des Überlebens in einer Situation, in der Angriff/Verteidigung oder Flucht versagt haben. Diese Fähigkeiten bleiben solange erhalten, wie die Konstellationen andauern.

Was aber bei der biomanischen Konstellation unmittelbar einleuchtet, wenn der Betreffende in seiner Raserei zuweilen alles in Stücke schlägt, dass dies direkt proportional zu der von ihm empfundenen Intensität der Konfliktsituation steht, das wird meist nicht durchschaut bei der prämortalen (und mythomanischen) Konstellation. Je glückseliger, verbundener mit dem Universum und in den siebten Himmel schwebend der Rausch seiner Empfindungen zum Ausdruck kommt, desto heftiger sind ja seine Konflikte, desto ‚unglücklicher' ist er, bemessen an seiner Konfliktsituation. Dadurch, dass fast alle menschlichen Kulturen und Gruppen in diesem Fall geneigt sind, Inhalte und Gebaren dieses prämortalen Phänotypus für bare Münze zu nehmen, was kulturgeschichtlich am Beispiel Indiens, am Schamanentum oder an der Stellung des Hof-Narren gezeigt werden kann, entgingen ihnen – von bizarren Ausnahmefälle abgesehen – bis heute die ausnahmslos konfliktabhängigen Produktivkräfte der Seligkeit.

So macht diese außergewöhnliche Lebens- und Konfliktgeschichte von L.L. erst richtig nachvollziehbar, dass solche Phänomene, wie sie bei Echnaton und den anderen Personen zum Vorschein getreten sind, ohne Vorläufer und ohne Bezug zu irgendwelchen inhaltlichen Vorgängern wie ein deus ex machina (biologica) auftreten können. Und mag der Autor Echnaton, Franz von Assisi oder Schwarzer Hirsch heißen, es eint sie alle das Preisen der Sonne und des Sonnen-Lichtes in ihren hymnischen Gesängen. Ubiquitär und durch alle Zeiten reichend liegt eine frappierende Kontinuität vor, die sich jedoch aus nichts anderem als aus der gleichen, biologischen Quelle dieser Individuen speist.

Spätestens an der Biographie von L.L. wird beispielhaft erkennbar, wie ehedem die rein konfliktiv-biologisch erzeugten Phänomene aus den Konstellationen als vermeintliche übernatürliche Ereignisse durch ein komplettes Missverstehen traditionell zu einem abgehobenen, geistigen Eigenleben aufgestiegen sind, dem unwidersprochen und fast einmütige Glorifizierung gezollt wird und Vergöttlichung widerfährt. Mit ihrer Installierung wird zugleich der Glaube daran, als feste Einübung, gepflegt und gefordert. Die dann jeweils herrschende geistig-religiöse Macht erklärt, wie schon einmal gesagt, wiederum neu auftauchende, konkurrierende Ideologien zu Häresien oder ist gegebenenfalls genötigt, eine Reformation zu durchlaufen. Dass aber die verblüffenden, übernatürlichen Phänomene nicht mehr Göttliches beinhalten als die der bekannten, natürlichen Welt, erklärt sich aus den Sonderprogrammen der Konstellationen, die hochspezielle Leistungen einer Über-Sinn-Strategie darstellen. Einige dieser Phänomene zu einer direkten Aussage Gottes, zum Wort Gottes, zu erklären ist eine theologische Verirrung und Blasphemie, die erst von dem klar durchschaut werden kann, dem das ‚Getriebe der Konflikt-Biologie' unbefangene Beobachtungen und Analysen aus diesem reichhaltigen Formenkreis zugeführt hat und der dadurch die Möglichkeit erhält, sich gegen eine fünftausendjährige, präjudizierende Sichtweise zu schützen.

Es kommt wie eine sonderbare Bestätigung vor, wenn L.L. die Auswirkungen aus den Erlebnissen jener Begegnung, die sie so radikal umstülpten, intuitiv so formuliert, wie es im Titel dieser Arbeit schon vor dem Bekanntwerden mit ihr angelegt worden ist. „In der Begegnung […] bin ich in der Liebe erwacht. Sie ist für mich das Bewusstsein, die Quelle, das Göttliche."

Für L.L. gilt, dass eine denkbare Lösung für alle Konstellationen den Vorteil besitzt, kaum Konfliktmasse als Hypothek vorzufinden, weil alle einzelnen Konflikte fast gleichzeitig entstanden sind. Das könnte ihr ersehntes Leben durch Aufhebung der inneren Spaltung, die mit jenem Erlebnis einsetzte, wieder herstellen, hat sie doch bis heute den unvergessenen Abschiedsblick, wie beim Antritt zu einer großen Reise, als ein Mysterium gespeichert. Abschied und Verheißung? Das steht vorläufig auf einem anderen Blatt.

(Bei den beiden Bildern von L.L.s CCT liegt links die linke Hirnseite, rechts die rechte Hirnseite)

Auf dem **oberen Bild** markieren die beiden oberen Pfeile links den großen Hamerschen Herd des Schreckangst-Relais für den Kehlkopf.
Gegenüber ein kleiner Herd für den Revierangst-Konflikt (bronchial), der von einem ebenso großen Herd wie links umgeben ist.
Beide zusammen bilden die prämortale Konstellation.
Die drei unteren Pfeile auf der linken Bildseite zeigen den riesigen Herd für den Identitäts-Konflikt des Rektum-Relais, dessen Umfang auf dem **unteren Bild,** das eine andere Schnittebene wiedergibt, deutlicher zu erkennen ist.
Dieser, zusammen mit dem Hamerschen Herd der rechten Großhirnseite, ergibt die mythomanische Konstellation.
Das vorliegende CCT erlaubt uns quasi wie in einem Zeittunnel den Einblick, wie L.L. vor dreißig Jahren die Szenerie konfliktiv erlebt hat.
Dabei ist zu erkennen, dass der riesige Identitäts-Konflikt das massivste Erlebnis gewesen ist und die etwa gleichwertigen Konfliktmassen der prämortalen Konstellation erheblich ins Manische gewendet hat.

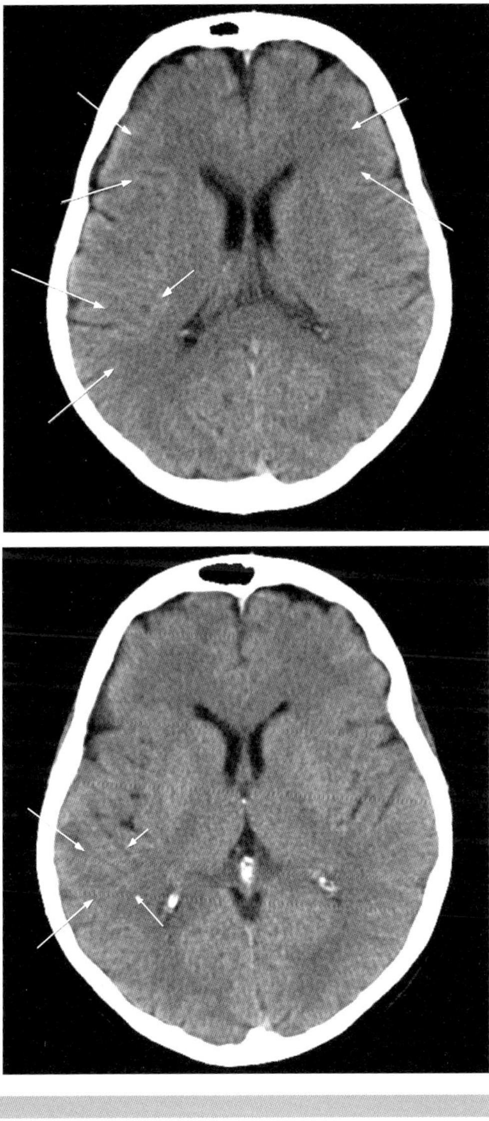

DAS ORGANON DES ALPHA UND OMEGA

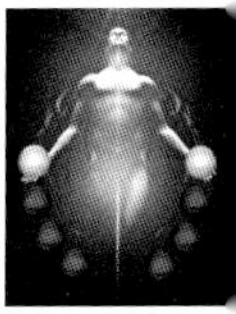

Prä-/Postmortale Religion und Religion des Lebens

Ohne Zweifel dürfte der frühen Menschheit das zum größten Staunen bringende Erleben außer ihrer eigenen Existenzerfahrung in den ohne ihr Zutun ablaufenden Lebensprozessen der Natur bestanden haben. Der vom wechselnden Rhythmus des Lichtes und Dunklen, von Wärme und Kälte, von Fruchtbarkeit und Vergehen geprägte und erkannte Zusammenhang mit der auf- und niedergehenden Sonne, den Mondphasen und den Gestirnen, auf den die frühe Menschheit unausweichlich auf der großen Bühne ihrer Welt am Himmel aufmerksam werden musste, schlug sich durch systematisch betriebene himmelskundliche Beobachtungen bis weit in die Vorgeschichte der Menschheit reichend nieder in der Förderung ihres Verständnisses für die vom Kosmos vorgegebene Ordnung für die Zeit und für ihre notwendige Orientierung im Raum (Navigation, Geographie, Maße). Die harmonische Übereinstimmung der erkenntnismäßigen und praktischen Beherrschung von Raum und Zeit dürfte eine Art paradiesische ökologische Lebenssituation ermöglicht haben, die Hesiod das „goldene Weltalter" nannte, wo die Menschen „himmlische Häuser bewohnten" und wohl auch ihre göttlichen Mächte nicht vergaßen, denen sie Dankopfer an Früchten und Getreide brachten, die ihre alleinige Nahrungsgrundlage waren.

Einen heftigen Einbruch erfuhr dieser Zustand erst durch eine Naturkatastrophe wie die des erwähnten GAU der Kometeneinschläge ca. um 7500 v.d.Z., wodurch bei den Überlebenden des Infernos die grauenvollen Erlebnisse in dauerhaften

Konstellationen erhalten blieben und nun depressive Schuldzuweisungen an sich selbst infolge sündigen Betragens sowie zwingende Hörigkeit nach oben zum zornigen Super-Boss installierten. Der aus Angst unablässig visierte Sternenhimmel mit den Planeten war nun überfrachtet mit daraus geborenen Vorstellungen einer ‚theologisch'-magisch interpretierten Astrologie, die nun ihre Opfer an Menschen und Tieren mit Evidenz einforderte, wie eine dafür bereitgestellte Priesterschaft durch versöhnende Rituale und Zeremonien die zürnenden Götter scheinbar zu besänftigen verstand. Dieser Austreibung aus dem Paradies entsprach als frühest fassbare geschichtliche Stufe die der Chaldäer. Hesiod nannte als zweites das „silberne Weltalter", in dem die nun aufgetretenen Kollektiv-Konflikte bewirkten, dass durch Reifestopp „das Kind hundert Jahre [wuchs] und spielte töricht herum bei der Mutter, der teuren, drinnen im Hause."

Während dieser Zeit vollzog sich nun der Schritt, ihren großen Stadtfürsten und Heerführern zum Ruhm und Dank nach ihrem Ableben einen Platz unter den Göttern am Götterhimmel zu reservieren, der ihnen Unsterblichkeit verschaffen sollte. Diese chaldäische Praxis breitete sich aus und findet sich im Iranisch-Persischen im Namen des Zoroaster wieder, wie übers Mittelmeer gebracht bei den Minoern und Mykenern in ihren Wanaktes. Die Gewalttätigkeiten dieses Geschlechtes weist Hesiod dem „erzenen Weltalter" zu.

Danach tritt nach Hesiod das Geschlecht der Heroen auf mit olympischen Göttern, die in der vorhomerischen Zeit noch völlig vom Menschen geschieden waren, auch wenn sie bestimmte Menschen zu ihren Lieblingen wählten oder sie zum Spielball ihrer Neigungen machten.

Von da an war es eine Frage der Zeit, wann der umgekehrte Schritt getan wurde, die Erhöhung des Menschen nicht durch

ein Versetzen an den Himmel erst nach seinem Tod, sondern schon zu seinen Lebzeiten durch die Herabkunft und Inkarnation eines Gottes, der in ihm einwohnte. Dies geschah am eindrücklichsten in der ägyptischen Kultur in der Person des Königs, an dem „kein Glied frei von einem Gotte ist“[1] – am schärfsten ausgeprägt bei Echnaton in seinem Dogma des exklusiven Anspruchs auf den Gott. Zeitlich nicht weit davon entfernt griff auch Moses diese Idee auf. Diese typisch orientalische Vorstellung brach sich dann Bahn im Buddhismus und Christentum mit den jeweils konfessionell modifizierten Aussichten auf himmlische Unsterblichkeit für jedermann, scheinbar als mehr oder weniger demokratisches Element (jedoch rein missionarische Propaganda), sei es durch strenge Meditationsübungen (Hinayāna-Buddhismus), Aussprechen eines der vielen Namen des Gottes (Mahayāna-Buddhismus), „allein durch Glauben“ (Paulus), durch „Gnade“ und „Prädestination“ (Augustinus) oder durch „Nachfolge“ (Thomas von Kempen). Hesiod hat dieses „rettungslos im Unheil“ liegende, aktuelle Weltalter das „eiserne“ genannt. Seine Menschheit wird getilgt werden, „wenn bei der Geburt ihr Haar an den Schläfen ergraut ist“ , d. h., wenn die Foeten schon so von Konflikten belastet sind, dass sie dann mit dem Eintritt der Geburt entwicklungsunfähig geworden sind – außer vielleicht, die Menschheit lernt noch rechtzeitig, diese „eisernen Regeln“ der Biologie mit denen des Himmels wieder in Einklang zu bringen.
Dies allerdings konnte bei all den analysierten Persönlichkeiten und Phänomenen gerade nicht vorgewiesen werden!

Soweit bei allen angeführten Persönlichkeiten dann genau zu sehen war, kamen die für ihr Wirken wegweisenden Konstellationen „zufällig“ durch ihre Lebensbedingungen zustande. Das war für die Eingeweihten der in der Antike verbreiteten religiösen Mysterienkultur anders. Sie basierte in ihren

Einweihungsriten auf künstlich beigebrachten Konflikterlebnissen, ähnlich wie sie bei den schon erwähnten Pubertäts-Initiationsriten noch bis in die Jetztzeit erhalten geblieben sind. „Durch Maßnahmen, die wir im einzelnen nicht mehr kennen", schreibt A. Schütze über die in allen Mysterien geübten Praktiken, „wurde der Schüler in einen der Ohnmacht oder dem tiefen somnambulen Schlaf ähnlichen Zustand versetzt. Der Schüler wurde wirklich bis an den Rand des Todes gebracht, vermutlich unter Zuhilfenahme von Medikamenten (gemeint sind Drogen, J.S.M.) einerseits und unter Anwendung von folterartigen Schmerzen andererseits, die wie in einem Schock das Leib-Seele-Geist-Gefüge mit seinem normalen Bewusstsein auseinandersprengten"[2]. Bis auf diesen methodischen Unterschied stimmen so die religionsstiftenden Bedingungen bei den Verkündern wie bei ihrer Gemeinde in ihrer Genese alle überein, weshalb vom konfliktanalytischen Standpunkt aus betrachtet sie sich in ihren Inhalten und Mustern weitgehend ähneln müssen, wenn sie auch zu verschiedenen Zeiten und an den verschiedensten Orten der Erde – auch mit ihren Einseitigkeiten und ideologischen Alleinvertretungsansprüchen – aufgetreten sind. Wieweit ihre zeitlichen Dimensionen zurückreichen, lässt sich an den erwähnten Verschlingungs-Ritualen, die auch in Eurasien und Nordamerika unter dem Namen der Wolfsbünde verbreitet waren, in etwa abschätzen. Sie finden sich bis ins Jungpaläotithikum hinein überliefert. Die dabei zugrunde liegende seelische ‚Stirb und Werde'-Prozedur hat der schon öfter angeführte Ethnologe Werner Müller als konstitutiven Bestandteil der altsteinzeitlichen Höhleneingänge in Südwest-Frankreich erkannt und so mit dem Erscheinen des Cro-Magnon-Menschen auf der geschichtlichen Bühne vor ca. 30 000 Jahren verknüpft[3].

Die ernüchternde Bestandsaufnahme der Musterbeispiele verlangt nun zu fragen, ob denn überhaupt reine Quellen erschließbar sind, die wiederum zum Göttlichen führen? Dazu allerdings gibt die eingangs erwähnte geistreiche Definition des mittelalterlichen Meisters von der Kugel, deren Mittelpunkt überall und deren Umfang nirgends ist, nicht viel her. Der von Thomas von Aquin gesetzte Grenzstein der Gotteserkenntnis, den er aber gleichwohl im nächsten Atemzug zu übertreten keine Skrupel hatte, gilt es dabei endlich ernst zu nehmen. Wie Thomas hatte vor ihm schon Plotin ähnliches behauptet, wenn er sagte, von Gott können wir „nur sagen, was er nicht ist; was er aber ist, können wir nicht sagen“ [4]. Wenn auch er dann in mystisch-philosophischer Weise, genauer gesagt in intellektuell-spiritueller Weise, nähere Angaben zu machen in der Lage war und sein Schüler Porphyrius in seiner Biographie über ihn gleich eingangs schrieb: „er glich einem Manne, der sich schämt, im Leibe zu sein“ [5], dann spätestens wiederholt sich bei ihm das bekannte Konstellations-Thema in scheinbar unerschöpflicher Variation. Einen Kredit einzuräumen auf Spekulationen jenseits davon, was Gott ist, kann bei der Basis negativer Theologie wie bei der biologischen Bedeutung prä- und postmortaler Konstellationen nur als eigene Bankrotterklärung verbucht werden. Hinsichtlich der negativen Theologie besteht der Kunstgriff jener Gottesgelehrten darin, das Nicht-wissen-können-von-Gott durch die Annahme und Kanonisierung von Schriften als geoffenbartes göttliches Wort zu unterlaufen, um damit den faktisch resultierenden Agnostizismus oder die zumindest radikale negative Theologie abzuschwächen und umgehen zu können. Doch trifft dies nicht für alle menschlichen Versuche zu, sich eine Gottheit vorzustellen?

Die undogmatischen polytheistischen Göttervorstellungen, die ohne Rivalität und Religionskriege nebeneinander bestehen konnten, waren menschliche Schöpfungen im Sinne anthropomorpher Analogien, über die schon in der Antike von Xenophanes, 6. Jh. v.d.Z., gespottet wurde: „Doch wenn die Ochsen und Rosse und Löwen Hände hätten oder malen könnten mit ihren Händen und Werke bilden wie die Menschen, so würden die Rosse rossähnliche, die Ochsen ochsenähnliche Göttergestalten malen und solche Körper bilden, wie jede Art gerade selbst ihre Form hätte“ [6]. Unter diesem Gesichtspunkt kann mit Recht behauptet werden: „Wir brauchen nicht an Thor, Freya, Baldur, Apollon oder Odin zu glauben. Es waren personifizierte Weltanschauungsprinzipien“ [7]. Neben den biologisch generierten Gottesvorstellungen, die im vorigen Kapitel im Mittelpunkt gestanden haben, also eine weitere Quelle eines personifizierten Reiches der Ideen und Prinzipien.

Doch hatten nicht auch diese für ihr Entstehen notwendige Inhalte oder haben diese als Axiom keine Hinterfragbarkeit mehr? Das natürliche Wunder der architektonisch wie ästhetisch so kunstvollen Bälkchenstruktur des Knochens (Spongiosa), der teleologisch ausgerichtete stärkere Knochenaufbau in der entsprechenden Reparaturphase (pCl-Phase) der Konfliktheilung, das nicht intellektuell fassbare Phänomen der Ko-Evolution bei bestimmten symbiotischen und auch parasitären Beziehungen wie z.B. der Pflanzengallen (Galläpfel), von Barsch und Putzerfischen, zwischen Meerschildkröte und Schiffshalter etc. bringt vielleicht auch unseren dominierenden Intellekt zum ehrfürchtigen Staunen. Der Mensch jedoch durchbricht den bei anderen Lebewesen anzutreffenden Kreislauf natürlich aufeinander abgestimmter Bedingungen, was ihm das Wort des Kynikers Bion eingebracht hat, die Natur sei „die Mutter der Tiere und die Stiefmutter des Menschen“[8]. Im Gegensatz zu den nächststehenden Tieren geht der Mensch nicht in Reflexen, Instinkten, AAM, biologischen Sonderprogrammen, Hormonstoffwechsel etc. vollständig auf. Würde er das, so könnte er sein Leben fraglos leben. Er ist jedoch auf Überlegung und Entscheidung angewiesen, nachdem er eine äußerst lange Jugendzeit unter dem Schutz und der Förderung seiner Eltern benötigt hat, sodass er also als Individuum ständig Grenzen physischer, psychischer oder geistiger Art zu überschreiten genötigt ist.

Würde beispielsweise einem rechtshändigen Mädchen aufgrund natürlicher Ereignisse (Katastrophe) oder künstlich (Erziehung, Missbrauch etc.) in früher Kindheit ein sexueller Konflikt zugefügt, so verändert sich seine Psyche zum Maskulinen (hormonell), zugleich damit ansatzweise seine Anatomie: es bilden sich (breite) gerade Schultern und ein enges Becken aus und es erfolgt kein Periodeneintritt mit elf Jahren. Sollte nun, nach einem Zweitkonflikt, der die Periode gegebenenfalls auslösen kann, eine Schwangerschaft des Mädchens eintreten, so verfährt die Natur gnadenlos mit der werdenden Mutter und dem Kind. Mit den Austreibungswehen, die das Kind frustran durch den zu engen Geburtskanal pressen wollen, erschöpft die nicht gebären könnende Schwangere sich und das Kind zu Tode.

Der wahre menschliche Impuls, beider Leben retten zu wollen, bewirkt den chirurgischen Eingriff des Kaiserschnittes, der nun doppeltes Leben schenkt. Dies ist eine echte Kulturleistung; die gedankenlose Anwendung dieser Technik, um eigennützige Planungen nicht vom berechneten Geburtstermin durcheinanderbringen zu lassen, hingegen ist die Gefahr der Zivilisation. Der Eingriff in die Natur, die das Maß vorgibt, hat immer seinen Preis und stellt einen nur von Menschen systematisch eroberten Zusatz dar. Die so von der Natur gesetzten Grenzen für eine un-natürliche Entwicklung werden vom Menschen notwendigerweise überschritten, ja es kennzeichnet ihn geradezu (z.B. der Gebrauch des Feuers). Deshalb ist Natur und Bios in all ihren Erscheinungen geniales Konstruktionsprinzip der Gottheit, deren Handschrift zwar ehrfurchtsgebietend immer besser gelesen werden kann, doch als Handlungsgrundlage und zur Orientierung eben nicht ausreicht. Daher kann der Mensch nur im eigenen Handeln und Miterleben/Empfinden Göttliches erfahren – nicht aus vermeintlichen Offenbarungen jener, die sich von der Stimme ihres Herrn in ihrem eigenen, undurchschauten Apparat angerufen fühlen und somit das „Nicht-wissen-können-von-Gott" unterlaufen.

Nachdem im Frühjahr 1961 der erste Astronaut seine erfolgreiche Weltraumfahrt durchgeführt hatte, kursierte Jahre darauf in intellektuellen Kreisen der Sowjetunion folgender Witz: Chruschtschow lässt Gagarin nach seinem Raumflug zu sich kommen und fragt ihn unter vier Augen, ob er im All Gott begegnet wäre. Gagarin bejaht die Frage. Darauf Chruschtschow: „Ich wusste es, sagen Sie es aber bloß nicht weiter!" Kurze Zeit später begegnet Gagarin dem Papst, der ihm dieselbe Frage stellt, worauf Gagarin verneint. Darauf antwortet der Papst: „Ich wusste es, sagen Sie es aber bloß nicht weiter!"

Über den köstlichen Humor hinaus enthält das Ganze allerdings auch die Wahrheit, dass so, wie sich der Dogmatiker, gleich welchen Glaubens, Gott vorstellt und sanktioniert, da kein Gott „zu sehen" ist; dass aber auch da, wo die Existenz Gottes bestritten wird, ein gewaltiger Irrtum vorliegt. Paradox formuliert ließe sich mit Krishnamurti sagen: „Der religiöse Mensch ist etwas ganz anderes als der Mensch, der einen religiösen Glauben hat. Sie können nicht religiös und zugleich ein Hindu, ein Moslem, ein Christ, ein Buddhist sein.

Ein religiöser Mensch sucht überhaupt nicht, er kann nicht mit der Wahrheit experimentieren. … Im geistigen Zustand des religiösen Menschen gibt es keine Furcht und daher keinerlei Glauben, sondern nur das, <u>was ist – was tatsächlich ist</u>"[9]. Wie sich dieser Realismus mit dem anstehenden Anliegen verbinden lässt, soll im Folgenden aufgezeigt werden.

Der vermeintliche Anfang der Philosophie und die Gotterfahrung bei den Griechen

Zu einer der grundlegenden Voraussetzungen, den reinen Quellen des Göttlichen näherzukommen, gehört das Staunen über die Natur und ihre Phänomene, über Geschehnisse und menschliche Handlungen. Plato sowohl als sein Schüler Aristoteles setzten das Staunen, das Sichverwundern, an den Anfang der Philosophie, bei der das staunende Gemüt zum Nach-Denken der Schöpfung geführt wird. Mächtige Gegenspieler sind nicht allein das ‚kalte Herz' einer durch die Zivilisation intellektualisierten Hirndominanz, sondern auch die mit grellen Sensationen gefütterte Masse Mensch. Jedenfalls ist dies ursprüngliche Staunen gründlich verloren gegangen und sein Potential schon während der intellektuellen griechisch-hellenistischen Ära zurückgedrängt worden. Vermutlich liegen die Wurzeln für das Phänomen des ursprünglichen Staunens noch weit vor Plato und Aristoteles, die es genetisch der Philosophie voransetzten und es damit aus dem religiösen Kontext lösten.

In der vorhomerischen Zeit, also etwa am Ende des ‚dunklen Zeitalters', gibt die Verwendung des Wortes theós, das erst viel später die Bedeutung ‚Gott' erhält, wichtige Hinweise in der gesuchten Richtung. Bevor die Benennung theós, als grammatikalisches Masculinum, in der griechischen Sprache auftrat, war sie als Neutrum vorhanden und hat sich „nur in zusammengesetzten Wörtern erhalten, deren erstes Glied thes lautet"[10]. Als Neutrum meint es ein Geschehen. Wie kein anderer unter den Göttern repräsentierte Zeus für jene Griechen am stärksten diese Form des Geschehens. Dass er in Indien als Dyaus-pita, bei den Germanen als Ziu (Tiu), bei den Römern als Diespiter (Jupiter) bekannt war, was durch den Begründer

der vergleichenden Sprach-, Mythen- und Religionsforschung, Friedrich Max Müller allgemeiner Wissensstand wurde, erhellt, was dieses Geschehen meinte. ‚Dies', lateinisch, heißt ‚der Tag', ‚das Tageslicht'; ‚dyau' im Indischen ‚Himmel', bzw. Dyaus von Sanskrit diosin = leuchten. Ursprünglich also dürfte damit ‚das Aufleuchten' *(Herbert Zimmermann, 1924)* des Tages/am Himmel gemeint gewesen sein, später dann ‚der Erleuchter'. Vom sinnlichen Aufleuchten führt dann der Weg des Himmelsgottes bis zum „Aufleuchten auch im Erkennen und Denken"[11] der Menschen. Wo kann dies Aufleuchten anders geschehen als im ergriffenen Staunen?! Das wird auch unterstützt von der Auffassung Hermann J. Dörrs, die griechische Theateraufführung infolge der Silbe ‚the' als ein dem Gott geweihtes Kultspiel zu deuten und somit das „Schau"-Spielhaus ursprünglich als Erlebnisort göttlicher Auferstehungskräfte anzusehen, wo das Ereignis des Staunens in Verknüpfung mit Peripetie und Katharsis kultisch zur An-Schauung gebracht wurde.

Später wird dann das Aufleuchten, das – auch durch Gedanken – ans Licht Tretende, das nun einen neuen Glanz erhält und endlich „das Licht, das den Raum unserer Lebenswelt erfüllt und belebt, selbst ans Licht [tritt]"[12], den Griechen zum Gott Apollon, Inbegriff des Schönen und des Maßes wie des Kosmos und der „nie irrende Wahrheitskünder, der die Menschen zur Erkenntnis führt"[13].

Dass die ursprünglich sinnliche Veranlassung des Aufleuchtens auch im eigenen Inneren erlebt oder integriert wurde, lässt sich auch an analogen Vorgängen belegen. Wenn im griechischen Text des *Neuen Testamentes* von pneuma gesprochen wird, ist keineswegs damit ‚Geist' gemeint, wie es üblicherweise übersetzt wird, sondern ganz konkret ‚Wind, Hauch'[14]. Auch bei den kanadischen Algonkin-Indianern und den Athapasken ist deren ‚Großer Geist' ein „Geist wie Sonne, Mond und Sterne"[15], womit deutlich wird, „welch unglückliche Übertragung des indianischen mentu (manitu) das Wort ‚Geist' darstellt, denn mentu verknüpft sich … mit sinnlichen Erscheinungen, nicht mit geistigen, d.h. raum- und ortlosen Sachverhalten“[16].

Zum Wesen des obersten Gottes gehört, wie bei den Griechen, das Licht. Der Gottesname Yakista bei den Athapasken hat in der Vorsilbe ya = Himmel bzw. yakkrey = Nordlicht. „Eben diese Verbindung von Hochgott, Licht und Sonnenaufgang muss original sein, da sie auch bei den südlichen Algonkin erscheint…“[17]. Wenn der Gottesname bei den Sioux Wakan-Tanka mit ‚Großes Geheimnis' oder ‚Große Macht' übersetzt wird, so darf, wie W. Müller es tut, der erhellende Satz des Philologen Wilamowitz-Möllendorf angeführt werden: „Zu einem Begriff betet kein Mensch“ – zumindest nicht zu abstrakten Begriffen. Sowenig aber, wie ein Mensch zu einem bloßen Begriff betet, soviel kann sich ändern, wenn damit ein beeindruckendes Geschehen, eine Empfindung wachgerufen wird. In diesem Fall hat man es als Quelle nicht mit einer Personifikation oder ‚Über-Sinn'licher Leistung, sondern mit einem „Urphänomen“ *(W.F. Otto)* zu tun, wie unsere hehren Begriffe Liebe, Freiheit, Gerechtigkeit „ursprünglich mythische, göttliche Gestalten sind“[18]. Wakan-Tanka besitzt eben einen „kosmischen Leib und körperliche Eigenschaften“[19]. Welche körperlichen Eigenschaften dabei gemeint sind, darauf hat Jutta Voss hingewiesen, wenn sie anführt, dass alle Initiationsriten um das Blut kreisen. „In Polynesien und bei den Sioux heißt >Tabu<: geheiligt oder menstruierend. Die Indianer Dakotas sagen dazu >Wakan<, und das bedeutet: wunderbar, menstruierend, spirituell“[20].

Diese Ursprungslage besonderer sinnlicher Erfahrungen dürfte – ob nun bei den Griechen oder Indianern, wie selbst der klassische Philologe W.F. Otto sich nicht scheute, beide in seinem Fragment Die *Bahn der Götter* als Vorbild nebeneinanderzustellen – im Laufe der Zeit sowohl bei sog. unzivilisierten Völkern wie z.B. den Indianern, als auch in der Zivilisation zu einem Transponieren des äußeren Lichterlebnisses, des ‚Aufleuchtens' ins innere Lichterleben der Mystiker, Schamanen, Medizinmänner geführt haben, die damit in den Rang einer göttlich gesiegelten „Legalität und Autorität" *(W. Müller)* gerückt wurden, da ihre biologischen Bedingungen unerkannt blieben! Als sich die Megakatastrophe des Impakts zutrug, wird sich zweifellos an die bedrohlichen Erfahrungen des heranbrausenden siebenköpfigen Kometenschweifes das unmittelbare dämonische Erleben eines über-natürlichen Ereignisses als „Urphänomen" bei den Beobachtern eingestellt haben und zugleich schon infolge der schreckhaft-überwältigenden, existenzbedrohenden Situation eine andere Wahrnehmung in Form einer Personifizierung höherer Mächte eingetreten sein. Ob sogar diese menschheitliche Vorerfahrung dafür gesorgt hat, dass ‚das Aufleuchtende', ‚das Tageslicht' eine so hohe Wertschätzung bei der überlebenden Menschheit erhielt nach der nuklear verursachten Winternacht, wenn nun mit schöner und beruhigender Regelmäßigkeit der Tag/Nacht-Rhythmus wie sichtbare Atemzüge die Erde und den Kosmos neu belebte, scheint ein gewichtigeres Argument abzugeben, als bloß aus der gleichmäßig wiederkehrenden Tag/Nacht-Abfolge ein plötzliches Bewusstwerden des Aufleuchtens zu konstruieren.

Ein weiterer sprachgeschichtlicher Hinweis kommt von der Feststellung, dass es im Altgriechischen keinen Vokativ zu theós gab, also keine Anrufungsform, wie sie Kult und Gebet erforderlich machen *(Jacob Wackernagel, 1943).* Dafür, und das stellte Wilamowitz-Möllendorf fest, war es vor Homer natürlich, das Wort ‚Gott' selbst als Prädikat zu verwenden, was unserer Vorstellung, ‚Gott' an Subjektstelle zu formulieren und ihm Prädikate anzufügen im Sinn von „Gott ist gütig, Gott ist weise“ etc., vor den Kopf stößt. Als Beispiel gilt der Satz aus der *Helena*-Tragödie des Euripides: „O Götter! Denn auch das ist Gott, wenn es sich ereignet, dass Freunde sich erkennen“[21]! Ein lateinisch überliefertes Textbeispiel stammt von Plinius d. Ä., eine Übersetzung des Mäander betreffend: „Es ist Gott dem Menschen, wenn man dem anderen hilft“[22]. Kerényi schloss aus der Form, warum kein Vokativ gebildet wurde: „Ein göttliches Ereignis wird wohl mit Ecce deus! Theós! – im Nominativ begrüßt, aber nicht angeredet im Vokativ“[23].

Alle Erscheinungen, bei denen etwas aufleuchtete, sinnlich wie im Denken, deren Größe allerdings deutlich im Abstand zum Menschen war und ein „Übermächtiges“ *(K. Held)* meinte, konnten in allen Lebensbereichen ein Göttliches hervorrufen und so benannt werden, wie bei dem im Hochgefühl der Liebe Schwelgenden oder auch in tiefster Betrübnis und Liebeskummer Leidenden beide Zustände in der Göttin Aphrodite wurzeln.

Sowenig nun diese Voraussetzung zu keinem kanonisch abfragbaren und dogmatisch in Besitz nehmbaren Gott geführt hatte, sondern religiöses Verhalten „das Natürlichste“ war, drückte der Inhalt des Wortes religio „ursprünglich nur Achtsamkeit“ aus[24].

Und genausowenig wie religiöse Vorstellungen notwendigerweise zu einem Gut/Böse-Dualismus führen müssen, wie es die reichhaltige, weil lebensvielfältige vorklassische Götterwelt der Griechen darstellt, ebensowenig findet sich bei den Delawaren, einer Algonkin-Abstammung, eine (jenseitige) Macht des Bösen[25]. Schlechtes, böses Tun ist bei ihnen ausschließlich im sozialen Verhalten real und der Betreffende ist dadurch vom Paradies ausgeschlossen. Im Gegensatz dazu steht die Auffassung der Irokesen, die erstaunlicherweise wie im extremen Zoroastrismus der Iraner, einen Kampf zweier feindlicher Mächte, des Hellen mit dem Dunklen, von Gut und Böse, von Oben und Unten als Motor ihrer mythischen Geschichte annehmen[26].

Aus all dem scheint mir schlüssig hervorzugehen, dass die Begründung der Philosophie, die Platon und Aristoteles dem Staunen zusprechen, ursprüngliches Gut der religiösen Erfahrung darstellte. Der Grund für dieses Reklamieren des Staunens für die Inauguration der Philosophie liegt meiner Meinung nach eben in der neu eingetretenen Situation, die durch die der epileptoiden Krise analogen Phase aus dem vorangegangenen ‚dunklen Zeitalter' hervorgegangene neue Bewusstseinslage gebracht hatte. Es bedurfte als Zeiterfordernis eines neuen *Organons* mittels einer intellektuellen Philosophie, die aber nichts ohne die Taufe durch das Ursprüngliche auszurichten vermochte. Als solche bot sich das im religiösen Bereich wirksame Staunen an, während die Religion selbst und die Mythologie ausgeschieden wurden und der Kritik der griechischen Naturphilosophen anheimfielen[27]. Eine ähnliche Lage besteht auch heute und die elementare Tragkraft des Staunens, die sich nach Platons und Aristoteles' rationalem Ansatz schnell weiter intellektuell-spirituell verflacht hat, muss nun wieder belebt werden.

Der heutigen Zeit liegt allerdings die nur durch philologische Aufmerksamkeit zutage geförderte Gotteserfahrung der vorhomerischen Griechen, ihre Art des ursprünglichen Staunens wie auch die völlig anders geartete Erlebnisweise der indianischen Kultur unerreichbar fern; was außer ihrem historischen Wert kann aktuell den Menschen wieder die Erfahrung des ursprünglichen Staunens bringen? Anders als bei den genannten Kulturen widersetzt sich heutzutage einer natürlichen Erfahrung die technokratische Beherrschung der Natur, wie sie unseren modernen Alltag und unsere Lebensgewohnheiten prägt und daher kaum mehr ein Zugang eröffnet werden kann. Verschärft wird das durch die Industrialisierung des sozialen Lebens, ganz besonders durch die eingreifenden Veränderungen standardisierter Kommunikations- und Mediengewohnheiten, deren Technologien und Inhalte zwar auch eine Art Staunen machen können, doch bedienen sie sich ephemerer Sensationen. Ein Heranführen an das ursprüngliche Staunen, das zum Nach-Denken führt, wird wohl nur ermöglicht werden, wenn das hermetische Weltbild, das von uns Besitz ergriffen hat, von uns wieder geöffnet werden kann. Dazu kann der Sinn für Schönheit *(A. Portmann)* verhelfen, die symbiotische Vernetzung alles Lebens darauf hinweisen und das Geheimnisvolle des Offenbaren uns anrühren. In unmittelbarer Nähe dieser Begeisterung durch das Staunen liegt, was wie ein Gegenbild zum Konfliktgeschehen beschrieben werden kann. Es ist – ähnlich zunächst den Konfliktkriterien – unerwartet und existentiell (mich selbst betreffend); dann jedoch, im Unterschied, nicht hochakut-dramatisch sondern eher in Jubel versetzend, und auch nicht isolativ sondern integrativ. Dieses herausragende Erleben kommt in der heutigen Gesellschaft ganz profan nur noch beim Siegestreffer einer Fußball-Nationalmannschaft auf. Hinlänglich bekannt erscheint es in der Verliebtheit, wenn auch nachträglich zum romantischen Gefühl degradiert. Am schönsten formuliert findet es sich bei Schiller, wenn er die Freude als schönen Götterfunken bezeichnet, der eben dann im einzelnen Menschen zündet und Millionen Menschen umschlingen will. Doch wie kann die griechische Erbschaft in Schillers Ode aktualisiert werden?

Methodisch durchführbar wäre dies zunächst hauptsächlich in allen naturwissenschaftlichen Lebensbereichen, sofern eben darin der Bezug zu Schönheit, Ordnung, sinnvoller Gerichtetheit zu erkennen ist, dann auch in den Künsten als gestalteter

Ausdruck kosmischer wie psychischer Muster, wobei eine vorbildliche Persönlichkeit des Lehrers nicht wenig ausschlaggebend ist.

Wer den von Hamer seit 1994 entdeckten archaischen Sinn der biologischen Sonderprogramme in ihrer entwicklungsgeschichtlichen Tragweite versucht hat nachzuvollziehen, den wird dieser wundervolle Zusammenhang, auch wenn er für unsere Lebensbedingungen obsolet geworden ist, ganz konkret zu einer anderen Haltung hinsichtlich einer ‚Erkrankung' führen können: angstfrei und ohne jeglichen Anteil eines ‚bösartigen' Geschehens. Das ist ein konkreter Weg, den Zugang wieder entdeckt zu haben. Die Enge (= Angst) eines geschlossenen, kampfbetonten Modells ist durchbrochen und setzt gebundene Energien frei, die sonst destruktive Wirkung gezeitigt hätten. Die praktische und sorgfältige Umsetzung der in der GNM vorliegenden Erkenntnisse verhindert jegliche schematische Routine und führt unerschöpfliche Gelegenheiten herbei zum Zünden von „Götterfunken" wie den des Staunens; dass wir uns dabei auch selber näher kommen, versteht sich von selbst: … „Je mehr du fühlst ein Mensch zu sein,/Desto ähnlicher bist du den Göttern"[28].

Neben diesem riesigen Feld, das zu bearbeiten jedem anheimsteht, sollen noch einige weitere naturwissenschaftliche Vorgänge erwähnt werden, die uns Tore öffnen können, um zu den reinen Quellen vorzudringen.

Zwischen 1876–83 veröffentlichte Freiherr Albrecht von Herzeele, ein Apotheker aus Freienwalde, in vier kleinen Studien die Ergebnisse seiner systematischen Experimente und chemischen Analysen an Pflanzensamen und -keimlingen. Unter speziellen Versuchsbedingungen auf Porzellanschalen mit Glasabdeckungen der freiliegenden Wurzeln wurden die Samen mit destilliertem Wasser begossen! Im Vergleich zum mineralischen Aschengehalt des Ausgangs-Samenmaterials zeigten die Analysen der Keimlinge eine deutliche Zunahme des Mineralgehaltes, was Lavoisiers Gesetz der Erhaltung der Stoffe widersprach.

Herzeele hingegen fühlte sich zu der Auffassung gedrängt, „dass es nichts Unorganisches gibt. Die Natur schafft nicht zuerst das Gefäß, um dann die Pflanzen hineinzustellen. Gefäß und Pflanze sind zugleich entstanden. Der Boden besteht aus den in der Pflanze enthaltenen unverbrennlichen Stoffen, weil diese Stoffe von den Pflanzen hervorgebracht worden sind und werden“[29]. „Also nicht der Boden bringt die Pflanzen hervor, sondern die Pflanzen den Boden“[30].

Herzeele führte seine weiteren, mehrhundertfachen Versuche fort, indem er anstelle des destillierten Wassers bestimmte Lösungen mit speziellem Salzgehalt verwendete. Überraschenderweise zeigte sich bei Lösungen mit Phosphorsäure zwar eine Abnahme der Phosphorsäure der Lösung, aber keine Zunahme an Phosphor bei den Keimlingen – frappierenderweise aber nahm deren Schwefel-Aschengehalt zu! Entsprechend fand er eine Reihe von Stoffen, die von der Pflanze bei Zugabe einer solchen Lösung gebildet wurden: aus Kohlensäure Magnesium, aus Magnesium Kalk, aus Kalk Phosphor, aus Phosphor(säure)

Sulfur! Herzeele als Fachmann war sich dieser „Gesetzwidrigkeit“ zur chemischen Lehrmeinung voll bewusst, bedeutete sie doch, dass „der Unterschied zwischen organischen und unorganischen Stoffen… hinfällig geworden“[31] war und es im Gegensatz zum Dogma der Chemie von den unveränderlichen Elementen des Periodensystems nun doch „zusammengesetzte und verwandlungsfähige Elementarstoffe“[32] gab, deren Entstehung „ein alltäglicher Vorgang“[33] ist.

Allerdings war sich über die Tragweite seiner Untersuchungsergebnisse auch die naturwissenschaftliche, herrschende Lehrmeinung im Klaren, sodass Herzeeles Publikationen aus den Bibliotheken verschwanden und ein verschollenes Exemplar erst durch den Chemiker Rudolf Hauschka nach fünfzig Jahren wiedergefunden und -veröffentlicht wurde. Hauschka prüfte selbst etwa über ein Jahrzehnt Herzeeles Versuche nach und fand, dass dessen Behauptungen „im großen und ganzen wissenschaftlich haltbar sind“[34]. Er ergänzte allerdings, dass sich nicht nur eine Zunahme, sondern auch Abnahme der Mineralsubstanz gezeigt habe, sodass die Pflanze „sowohl Substanz aus einer übermateriellen Sphäre erzeugt, als auch ihre Substanz unter Umständen wieder in einen unmateriellen Zustand überführt“[35].

Von 1950–70 untersuchte ebenfalls Professor Pierre Baranger vom Polytechnikum in Paris und Institutsleiter des Biochemischen Labors die Angaben Herzeeles. In Tausenden von Analysen und kritischen Einwänden standhaltenden Versuchsbedingungen bestätigte er Herzeeles Behauptung, dass Pflanzen bei bestimmten Bedingungen in der Lage seien, die Erzeugung vorher nicht in der Umgebung vorhandener Stoffe vorzunehmen. Er stellte fest: „Ich verstehe, dass man nach dem Fehler, dem Irrtum sucht, der alles, was wir gefunden haben, umwenden könnte. Aber bisher hat man nichts erreicht.

Die Phänomene liegen vor: Die Pflanzen wissen die Umwandlung der Elemente zu vollbringen. Das Skandalöse ist Tatsache geworden" [36].

Wie schon bei Herzeele wurde auch in seinem Fall das Skandalöse zur Tatsache: im Mai 1959 versagte ihm die Französische Akademie der Wissenschaften, seine Ergebnisse zu publizieren und bis über seinen Tod im Jahr 1970 hinaus fand sich kein wissenschaftliches Forum dazu bereit [37].

Wandlung und Entstehung der Elemente sind also nicht dilettantische Spekulationen alchemistischer Esoteriker, sondern die Alchemie der Stoffe ist als alltäglicher Vorgang bei pflanzlichen Organismen wissenschaftlich reproduzierbare Realität. Hier wird die Transsubstantiation, die intellektualistische Theologen über Jahrhunderte in hitzige Auseinandersetzungen und für sie bedrohliche Position zu der Auffassung der dogmatischen Kirche gebracht hat, als erstaunliches Phänomen ansichtig gemacht und eröffnet neue Wege für die Physiologie aller Organismen. Denn den von Herzeele beabsichtigten, aber nicht mehr ausgeführten Schritt von den Pflanzen zu den Tieren und zum Menschen auszuweiten, haben unabhängig von ihm russische Physiologen unternommen. Sie konnten nachweisen, dass die Fähigkeit, den freien Stickstoff der Luft zu binden, nicht nur einigen Bodenbakterien zukommt, sondern allgemein auch den Pflanzen, die daraus Eiweiß bilden. Eine der Arbeiten stammte 1970 von dem Physiologen Wolski: *Die Bindung von Stickstoff durch Pflanzen und Tiere.* Zusammen mit der Ärztin Schatalova wurde in einem Experiment festgestellt, dass die sonst mit – aus dem Nahrungseiweiß stammenden – Stickstoff angereicherte Ausatmungsluft menschlicher Probanden bei vegetarischer Ernährungsweise reduziert war [38] ! D.h. also, dass bei Vegetariern der Stickstoff zur Eiweißsynthese Verwendung findet. I.M. Setschenow, ebenfalls Physiologe, wies mit seinen Untersuchungen nach, dass im arteriellen Blut weit mehr Stickstoff enthalten ist als im venösen, woraus gefolgert werden kann, „dass der atmosphärische gasförmige Stickstoff vom Organismus absorbiert wird“ [39] und für den Eiweißaufbau zur Verfügung steht. Nach Wolski nimmt der menschliche Organismus täglich über die Atemluft 18 g Stickstoff auf, was ausreicht, um die Menge von 112 g Eiweiß im Körper zu produzieren [40]! Wie zu sehen, ist auch die derzeit herrschende Lehrbuch-Physiologie und -Biochemie durch dogmatische Erkenntnisgrenzen von der dynamischen Sichtweise einer wandlungsfähigen, offenen und miteinander in schöpferischen Beziehungen agierenden Natur hermetisch abgeschlossen. Nicht Statik, Unveränderlichkeit und der Kampf aller gegen alle, bei dem angeblich nur die Besten überleben sollen, sind die tragenden Elemente des Lebens, sondern sinnvolle biologische Leistungen, nicht starr determinierte Stoffwechselprozesse und symbiotische Beziehungen sind die erstaunlichen Lesarten der Natur, von der sich daher tatsächlich wieder sagen lässt: auch das ist Gott, dies Wunderbare zu erkennen!

Dass auf Abbau Aufbau folgt und umgekehrt, wurde in der Medizin von Hamer als Qualität der unterschiedlichen Konfliktphasen nachgewiesen und im Stoffwechsel der Erde von A. Francé-Harrar gründlich aufgezeigt. Insofern ist auch das letzte Rätsel, das des Todes, einer Beantwortung nähergerückt, was schon Goethe aus seiner eigenen naturwissenschaftlichen Forschung heraus zu der Erkenntnis führte: „Der Tod ist ein Kunstgriff der Natur, viel Leben zu haben!“ Viel konkreter, als in spirituellen Träumereien phantasiert wird, ist die natürliche Welt vom Wunder des Geheimnisvollen und Schönen, der Kooperation und Wandlung durchdrungen.

In der biologischen Fähigkeit zur schöpferischen Wandlung der Stoffe, wie sie der von mir hier verwendete Begriff der Transsubstantiation in diesem Fall hervorheben soll, liegt eine der großen Themenstellungen naturwissenschaftlicher Aufgaben, die zu dem anvisierten Ziel hinführen können.

Ein zweites Thema, das nahezu komplett ausgeführt vorliegt, beschreibt die von Hamer aufgedeckten und in seiner GNM beschriebenen biologischen Konfliktabläufe als maßgebende Muster in der Zeit, was der sogenannte Hamer'sche Kompass bei Krankheit und Heilung, Persönlichkeit und Charakter, Sexualität und Schwangerschaft, in Biologie und Biographie als graphische Formel wiedergibt. Hier liegt das tiefste Verstehen für die eigene Persönlichkeitsentwicklung vor, das keiner Schablone oder Routine verfallen kann und einen individuellen Zugang zu dem Geheimnis des eigenen Lebens ermöglicht.

Ein drittes, noch in den Anfängen befindliches Thema, betrifft die biologische Wirkung der Psyche in den Raum. Dieser noch wenig aufgehellte Zusammenhang wurde meist als magische Praktik, parapsychologisches Phänomen oder zufällige Begebenheit (miss)verstanden. Für diesen dritten Bereich sollen, ohne weitere Kommentierung, zwei Beispiele angeführt werden.

„W.G. Tandy, Straßenbaukommissar von Topeka, Kansas, veröffentlichte im >Osborne County Farmer< vom 20.1.1916 eine Sammlung wahllos zusammengestellter Stammtisch-Zyklongeschichten, die er einleitend kommentiert: ‚Ich glaube grundsätzlich alles, was man mir über einen Zyklon erzählt, seit ich folgendes Erlebnis hatte: Oben in Nebraska wurde eines Tages ein Farmer beim Pflügen vom Blitz erschlagen. Er hinterließ eine Witwe mit vielen Kindern, von denen keines groß genug war, um die Arbeit fortzusetzen. Auf dem Rückweg vom Begräbnis bemerkten wir eine große, trichterförmige schwarze Wolke. Wir sahen, wie der Zyklon den Pflug erfasste und ihn, eine tiefe Furche hinter sich herziehend, durch den Acker zog. Am Ende des Ackers drehte sich der Wind und riss den Pflug zurück, erneut eine schnurgerade Furche ziehend. Das Spiel wiederholte sich, bis der ganze Acker gepflügt war'"[41].

Wem dieser Bericht zu dick aufgetragen scheint, dürfte an nachfolgendem Erlebnis weniger Bezweifelbares finden. Der österreichische Heimatdichter Peter Rosegger hat es, ebenfalls 1916, in seinen Erinnerungen veröffentlicht, als er auf den Tod seines Freundes, des Dichters und Philosophen Robert Hamerling im Jahr 1889, zu sprechen kam. Hamerling hatte, wie Rosegger erst später nach der Testamentseröffnung überrascht erfahren sollte, ihm seinen Siegelring vermacht, der einen Talisman besonderer Herkunft enthielt. Rosegger schrieb: „Nicht unerwähnt kann ich ein merkwürdiges Zeichen lassen, welches am Morgen des 13. Juli, genau um die Stunde seines Todes, in Krieglach geschehen ist. Dort vor den Fenstern meiner Stube steht eine Gruppe junger Weißbirken. Dieselben waren wie immer so auch zu dieser Zeit frisch grün gewesen. Plötzlich, am Morgen des 13. Juli, waren an diesen Birken fast alle Blätter gelb und fielen in großer Menge ab. Mehrere dieser Blätter trug der Morgenwind zum offenen Fenster herein. Auf dem Tische lag neben anderen Büchern Hamerlings neues Buch: *Stationen meiner Lebenspilgerschaft*, das er mir wenige Tage früher zugeschickt. In diesem Buche blätterte der Wind und schlug jene Seite auf, wo von dem Siegelring mit dem Talisman die Rede ist. Ich warf vorübergehend einen Blick darauf, ohne eine Ahnung zu haben, dass mir hier der letzte Gruß meines großen Freundes angekündigt worden. – Wenige Stunden später erhielt ich die Todesnachricht.

Die gelben Blätter waren zur Erde gefallen, die Birken grünten wieder und blieben frisch bis in den späten Herbst. Viele meiner Ortsgenossen haben die seltsame Naturerscheinung an diesen Bäumen mit Verwunderung gesehen, keiner hat sie erklären können“ [42] .

In der Antike entstand ein Humanismus, der, vor allem dann im Römischen Reich unter Cicero, ein Bildungsideal meinte, um dem Staat, als res publica, politisch und ethisch gebildete Bürger zuzuführen. So wenig war übriggeblieben von dem ehemaligen Verständnis des Potentials der ‚humanitas', als des „voll entfaltete[n] Menschsein[s] des Menschen"[43]. Das Wiederaufleben des Humanismus in der Renaissance brachte hauptsächlich nur für den Bildungsstand eine um antike Stoffe erweiterte Bildungshöhe (‚humanistae').

Das wirkliche Anliegen, das im Menschen liegende Potential voll zu entwickeln, unter den elementaren Konditionen des ursprünglichen Staunens, das zum Nach-Denken führt, zusammen mit den Erkenntnissen über die archaische Biologie, deren naturwissenschaftliche Grundlagen in der GNM von Hamer vorliegen, nenne ich daher ‚archaischer Humanismus'. Es geht nicht bloß um unsere unbestreitbaren antiken Elemente der Kultur, die allerdings zu kurz greifen und schon ganz spezifische Eigenschaften und Ausrichtungen ausweisen, wie es sich am Beispiel des ursprünglichen Staunens und seiner Fortsetzung in der antiken Philosophie genauso zeigen ließ wie an den aristotelischen Begriffen zur Wirkung der Tragödie. Sondern es geht um das Ganze unserer archaischen Wurzeln, die erst durch Erkenntnis und Verwirklichung den Menschen zu seinem vollen Menschsein auf Dauer verhelfen können.

Indem so unter Einbeziehen unserer biologischen Realität eine persönliche wie soziale Gestaltung im humanistischen Sinn angehbar wird, kann die vordringliche und vornehmste Verpflichtung der conditio humana erfüllt werden.

Diese Aufgaben sind nicht über austauschbare Bildungsprogramme institutionell zu lösen. Dann endlich könnten manche religiösen Bilder zu Wahrbildern werden, wenn nach langem Umherirren auf der Wanderschaft durch die Wüste falscher Weltbilder und der Fata Morgana illustrer Gottesvorstellungen endlich das ‚gelobte Land' betreten werden kann. Nur waren es nicht vierzig Jahre überlieferter Kulturgeschichte, sondern knapp zehntausend Jahre Wüstenwege, deren letzte fünftausend Jahre überlieferter Kultur- und Geistesgeschichte heftige Korrekturen notwendig machen. Dabei verbinden sich, ohne in ihren unterschiedlichen Ansätzen voneinander wissen zu müssen, in ihrer Wirksamkeit, die zu diesem Ziel unterwegs sind; dass die Richtung zu korrigieren ist, darüber besteht bei vielen Einsicht. Und um der Utopie des ‚gelobten Landes' endlich den realen Ort zuzuweisen, wird es kein Geschenk eines Paradieses sein können, sondern die stets zu erfüllende Anforderung eines Geschehens, das im Alltag immer neu zu bewältigen ist.

Den Schatz, den die Erkenntnisse der GNM dafür bereitstellen, als den „Bergungsort für den Keim des Neuen"[44] zu sehen, der biblischen ‚Arche' ähnlich – oder der (Bundes-)Lade, die im Dionysoskult ‚Kiste' genannt wurde –, ist ein weiteres Wahrbild. Dass der weitaus größte Teil des Dekalogs, wie gezeigt wurde, nur aus der Biologie zu verstehen ist, stellt seine wahre Größe heraus; dass allein die GNM als der biologische Schlüssel zum Verständnis diese alten Urkunden aufzuschließen in der Lage ist, autorisiert sie daher zur Einlösung derselben. Dann könnte endlich das jetzige Tohuwabohu, das über uns verhängt ist und ‚Durcheinander; Finsternis' bedeutet, auch zur ‚Entfaltung des Schönen' führen[Anm. 7].

Die ‚arche' ist vorhanden – zu ihrer Umsetzung gehört das Anliegen des ‚archaischen Humanismus', der aus den Erkenntnissen der GNM heraus ein reicheres und volles Leben ermöglichen kann, denn er ist nicht ein Bildungsprogramm, keine philosophische, politische oder ideologische Weltanschauung, sondern ein Impuls des Lebens. Der Impuls des Lebens - für den diese oder eine andere Bezeichnung selbst Schall und Rauch ist, sofern er verstanden und gelebt wird. Daran wird sich zeigen können, ob diese archaischen Quellen rein sind und eine reifere Menschheit auch mehr Gottesnähe erreichen kann, dass sie wie einst die Griechen in ihrem Erleben gewahr werde: das ist der Gott.

NACHWORT

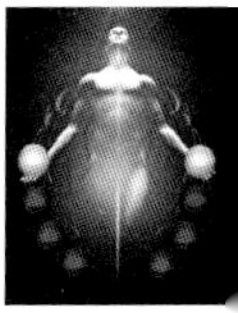

Am Anfang war... ?

...Gott und seine Schöpfung. Im Geiste der Schöpfung und des Lebens erlaubt uns die schöpferische Natur, unsere Biologie, in extremen Ausnahmesituationen mit entsprechend sinnvollen Sonderreaktionen im Sinne des Lebens zu reagieren. Das Buch von Johann Siegfried Mohr ist ein beeindruckendes Werk mit einer völlig neuen Betrachtung unserer Entwicklung und unserer Götter. Es ist das Resultat akribischer Recherche und tiefer Kenntnis des Menschen.

Waren für Naturvölker zerstörende und aufbauende Naturkräfte noch die elementaren Götter, so entstand mit unserer Kultur auch eine Kultur der Ängste, die durch Sprache, Musik, Bilder und Schrift als kollektive Erfahrung kultiviert wurde und wird. Ängste, in der Natur der Schutz für unser Leben, und dramatische, hormonell eingebrannte individuelle Erfahrungen wurden und werden für ganze Gruppen und über ganze Generationen hinweg generalisiert. Ängste in der Natur dagegen sind Ausnahmen und nur von kurzer Dauer und sollen uns nachhaltig vor diesen Situationen schützen und warnen. Solcherart positive Ängste und Wahrnehmungen werden von der Biologie nicht fortgeschrieben und erhalten. Es ist Normalität für unser Überleben, dass alles positiv ist.

Erst durch die technische Entwicklung der CT Scanner ab 1972 konnten strukturelle Reaktionsmuster im Gehirn sichtbar nachgewiesen werden. Dr. med. R.G. Hamer entdeckte 1980 diese DHS® (benannt nach seinem Sohn Dirk Hamer Syndrom), die erstmals einen Blick in unseren Kopf und den Organbezug zu unserer Seele zuließen. Schockartige Ereignisse (DHS®) können biologisch sinnvolle Sonderprogramme (SBS®) auslösen, die eine optimale Anpassung an unsere natürliche Umwelt bewirken und übermächtige Konfliktereignisse in unserer Umwelt widerspiegeln.

Die „Abdrücke" schockartiger Reaktionen im Gehirn beweisen kausale Zusammenhänge und lassen Rückschlüsse auf unsere Natur, unsere Mitmenschen und unser Umfeld zu. Ausnahmslos, bei jedem Menschen und bei jedem Säugetier.

Unsere Vorfahren (und Naturvölker) kannten Naturgefahren und Naturgötter, schaffende und zerstörende. In diese Flussgötter, Berggötter, Wassergeister und Jagdgeister wurden individuelle Ängste projiziert, die von Angstbetroffenen kultiviert, erweitert und gesammelt wurden. Aus den „Betroffenen" gingen und gehen die Kasten der Priester, Propheten und Spirituellen hervor. Sie mahnten von nun an und verbreiteten Angst und Schrecken für Menschen, Stämme, Ethnien, Völker, Kontinente, heute global.

Während es vor dem „Religiösen", das erst seit ca. 10.000 Jahren in der Geschichte auftritt, nur ursprüngliche Ängste und entsprechende Traumata gab, sich aber ab dieser Zeit ein eigener Kult des Göttlichen, der Religionen, Priesterschaften und Kirchen usw. entwickelte, konnten nun direkte oder indirekte „göttliche Muster" entstehen bzw. bewusst erzeugt und gepflegt werden. Bei einem doppelten Angst-Trauma-Muster, bei dem es um die Versorgung geht, wurde unter religiösem Einfluss aus der natürlichen Schwebe-Konstellation die „Sakrale-Konstellation." Jetzt war es möglich, speziell religiöse Ängste und Berufungen zu erzeugen, die sich direkt auf den sakralen, spirituellen Hintergrund beziehen, diese zu beschreiben, zelebrieren und zu kultivieren. Damit haben wir uns keine Struktur wissender Gottzugänglicher geschaffen, sondern ein Diktat unter einem SBS® mit religiösem Spin stehender „Übermenschen mit übermächtigen Angstzwängen". In den seltensten Fällen haben Menschen direkten Zugang zu den Göttern, die meisten sahen Tempel nur von außen, sonst nur über diese Mittelsmänner, Priester und Gelehrten des Sakralen.

Für nicht in der erhabenen Sakralen-Konstellation stehende Menschen müssen die Erzählungen und Botschaften der Menschen mit dem SBS dieser Sakralen-Konstellation wie eine Fügung, wie die Stimmen des Göttlichen geklungen haben. Wie aus den Quellen des Göttlichen.
Neuartige, kulturelle, und soziologische Situationen entstanden und wuchsen zu modernen Superzivilisationen. Neue Götter entstanden und damit neue Leiden und persönliche Konflikte und Kriege. Unsere biologischen Grundstrukturen blieben bis heute erhalten und damit die in allen Mythen und Zeiten überlieferte übermächtige, kollektive Angst vor Sintflut und Katastrophen jeglicher Art.

In unserer modernen Welt entstanden neue Ängste und Bedrohungen, die die Natur nicht kennt, wie z.B. Verkehrsunfälle, Radioaktivität, Supergifte, Kriege etc., auf die unsere Biologie aber mit erstaunlicher Logik reagiert und uns handeln lässt und uns in dieser Super-Mega Welt überleben lässt.

Wir könnten durch dieses Buch aus unserer Geschichte lernen, wie Gott und Geist einander erschufen, ja sogar bedingten.

Wir könnten aus unserer Vergangenheit lernen, wie uns Gott und wie wir unsere Wahrnehmung von Gott geschaffen haben. Wir könnten lernen, wie die Schöpfung, die wunderbare Biologie mit ihren bewährten archaischen Mustern, uns handeln und reagieren lässt, auch in unserer neuen Welt.

Wir könnten an diesen evolutionären Mustern lernen und ablesen, was uns Konflikte, Krankheiten und Fehlverhalten bringt, was unsere Partnerschaften zerbrechen lässt, unser Gemeinschaftsleben auseinanderdriften lässt und uns naturentfremdet.

Wir könnten hier eindrucksvoll an diesen mächtigen Mustern der Vergangenheit, die schon unsere Götter erschufen, ablesen, wie unsere Zukunft, und somit die Zukunft des gesamten Planeten aussehen wird. Wir könnten unsere Geschichte und unsere Götter verstehen, wir könnten die Entstehung der Götter und ihr Tun verstehen.

Dieses Buch ist eine Mahnung und eine Hilfestellung an uns Menschen im Hinblick auf unsere Götter. Unsere Geschichte erschuf Götter und vergaß sie wieder, doch unsere biologischen Ängste blieben, besonders die, die wir uns selbst erschaffen und erhalten haben.

Die hier neu entdeckten kulturellen und ethnologischen Erkenntnisse der Peripetie (Umschlagen des Glücks/Unglücks) sind hilfreich, um die Zukunft zu verstehen. Auch Volkswirtschaftler und Herrschende könnten davon lernen.

Wir müssen uns auf das, was uns geschaffen hat und was uns schützt, unsere unfehlbare Biologie besinnen. Sie wird unsere

Zukunft bestimmen, ob wir wollen oder nicht, ob wir uns ihr anpassen oder nicht.
Glauben und vertrauen wir doch der Schöpfung, die alles erschaffen hat.

Lernen wir von ihr.
Die Erde und die Natur werden ohne uns Menschen und ihre Probleme und Ängste auskommen, die Götter auch?

Thomas Becker

ANHANG

VERWEISE UND ANMERKUNGEN

EINLEITUNG

1. zit. n. Flasch, 29
2. zit. n. Heinsohn/Steiger, 128
3. s. Schirmer, 146
4. Bernard, 62

WELTGESCHICHTE UND KULTURLEISTUNGEN

1. Schmökel, 25 und 70
2. Papke, 203
3. Needham, 331
4. s. Gruber/Kersten, 75–83
5. Straube, 11
6. Fischer, 1920, 13
7. s. Papke, 20
8. Tollmann, 1993, 294
9. ebd., 227
10. ebd., 228
11. ebd., 227
12. Duerr, 2011, 222
13. ebd., 223
14. ebd., 223
15. ebd., 223
16. ebd., 690, Anm. 40
17. zit. n. Spanuth, 102
18. zit. n. Spanuth, 86
19. zit. n. Spanuth, 101
20. alles zit. n. Spanuth, 186
21. Meier, 80
22. Duerr, 2011, 690 Anm. 40
23. ebd., 223
24. Zangger, 121
25. cf. Zangger, 122
26. Rothermund, 21
27. Schlingloff, 245
28. ebd., 246
29. Göttner-Abendroth, 135
30. Hamblin, 140 f
31. ebd.
32. ebd.
33. Stacul, 532
34. Heinsohn, 231; Horken, 251
35. ebd., 103f
36. Heinsohn, 112

37. Lamb, 171
38. zit. n. Glockner, 132
39. Aristoteles, 104
40. Tollmann, 1993, 102 f
41. Ranke-Graves, 448
42. ebd.
43. cf. Voss; König
44. Tollmann, 1993, 103
45. s. Harris, 148
46. zit. n. Meier-Seethaler, 157
47. Papke, 92 f
48. zit. n. Papke, 200
49. s. ebd. 71 ff
50. zit. n. Schütze, 127
51. Duerr, 2011, 92
52. ebd., 546
53. s. Voss, 56–61
54. s. d. ebd., 62 ff
55. König, Kp. 2 und 3
56. Papke, 25
57. Gruppe, Griech. Mythol. zit. n. Fischer, 1920, 27
58. Jesaja 51,9/Hiob 26,13
59. 1993, 448
60. s. Lindtner, 244
61. Tollmann, 1993, 208
62. s. Meier/Zschweigert, 216
63. Mellaart, 368
64. Graeser, 14
65. Francé-Harrar, 399
66. ebd., 411
67. zit. n. Held, 28
68. zit. n. Diels, 14
69. alles zit. n. Diels, 25–31
70. Held, 26
71. Schadewaldt 1956
72. cf. Schadewaldt, 113 f
73. zit. n. Waldschmidt, 323
74. zit. n. Waldschmidt, 363
75. ebd., 317
76. ebd., 357–363
77. Harris, 184
78. s. Tollmann, 1993, Anm. 262
79. zit. n. Werfring, 120
80. cf. ebd., 135
81. Mason, 368
82. cf. Fuchs, 422
83. Aristoteles, 362
84. ebd., 363
85. ebd., 353
86. Hamer, 2004, 47

BIOLOGISCHE GRUNDMUSTER

1. Aristoteles, 31
2. Müller, 1961, 187
3. May, 306
4. 14,1/53,2
5. Campbell, 1992, 41
6. zit. n. di Nola, 27 f
7. z. n. Tollmann, 1993, 106
8. ebd., 172
9. s. ebd., 172 f
10. ebd., 449
11. Hediger, 1990, 88 f
12. Campbell, 1991, 139 f
13. zit. n. ebd., 120
14. Hediger, 1980, 326
15. ebd.
16. ebd., 30
17. s. Hediger, 1990, 364 ff; 326 ff

UTOPIA UND DER WEG NACH DSCHINNISTAN

1. Hawkes, 62
2. Lurker, 15
3. Brunner, 217
4. Lanczkowski, 16 ff
5. Helck, 107
6. ebd.
7. Bonnet, 62
8. ebd.
9. ebd., 65
10. ebd.
11. Krauß, 35
12. Götter Pharaonen, 11
13. Van de Walle, 47
14. Barocas, 86
15. alle Hymnen zit. n. Abraham
16. s. Assmann, 258 f
17. Aldred, 201
18. Hornung, 1971, 244
19. ebd., 245
20. Bonnet, 63
21. Aldred, 248
22. Äg. Mus., 98
23. Hornung, 2005, 95
24. Assmann, 49
25. Aldred, 272

26. zit. n. Assmann, 52
27. Freier/Grunert, 102
28. Ägyp. Mus., 98
29. cf. Stierlin, 132/
Ägyp. Mus. 98/
Götter Pharaonen, 35
30. 132
31. Aldred, 243
32. ebd., 212
33. s. Hornung, 2005, 50 ff
34. ebd., 52
35. ebd., 75
36. Krauß, 38
37. Hegglin, 76
38. Krauß, 36
39. Hornung, 1971, 243 f
40. Bonnet, 67
41. Krauß, 42
42. Krauß, 49
43. z. n. Krauß, 47
44. Assmann, 50
45. s. Hengge, 355–359
46. zit. n. Hornung, 2005, 79
47. zit. n. Durant, 192;
s. Hornung, 2005, 55
48. Papke, 157
49. Hengge, 158 und 170
50. Tollmann, 1993, 238 f
51. zit. n. Wickler, 53 f
52. Numeri, 12,8
53. Exodus, 3,12
54. cf. Fischer, 1920, 12
55. Exodus, 34, 29–35
56. Copplestone, 203
57. s. Röhrich, Kapitel Horn
58. Exodus, 2, 13–14
59. Exodus, 2,15
60. 7,23 und 7,30
61. Hengge, 45
62. ebd., 51
63. ebd., 54
64. 1. Chronik, 13,3
65. Fischer, 1917, 62
66. s. Hengge, 322 ff
67. 13. Felsenedikt,
zit. n. Schlingloff, 229
68. zit. n. Gruber/Kersten, 94
69. 1. Felsenedikt, ebd., 96
70. zit. n. Schlingloff, 229
71. Percheron, 69
72. s. Lindtner, 99
73. s. Gruber/Kersten, 97
74. ebd., 98
75. ebd., 238 f
76. zit. n. Beckh, 41
77. Beckh, 53
78. zit. n. Percheron, 29 f
79. zit. n. Gruber/Kersten, 21
80. Apg. 9,3
81. Galater 2,20
82. Römer, 3,28
83. cf. Römer 4,25
84. Lindtner, 224
85. ebd.

86. Matth. 10, 16
87. Lotos-Sutra, 79
88. ebd., 81
89. ebd., 82
90. ebd., 82
91. ebd., 57
92. ebd., 69
93. ebd., 69 f
94. ebd., 72
95. ebd., 59
96. ebd., 66
97. ebd., 81
98. ebd., 80
99. ebd., 82
100. Lindtner, 83
101. Apg. 9,3–9,9
102. 2. Korinther 12,7
103. 1. Korinther 15,8
104. Bock, 70
105. 2. Korinther 12.2–4
106. 2. Korinther 11,24–25
107. Galater 1,15 f
108. Benz, 218
109. 1.Korinther 7,7
110. Tollmann, 1993, 133
111. Simoni, 179
112. ebd., 183
113. s. Soisson 127
114. s. Simoni, 180
115. s. Schwarzer Hirsch, 1962, 119/145
116. s. Davies 208 f
117. Harris, 144
118. ebd., 145 f
119. Lamb, 225
120. zit. n. Pieper, 1957, 29 f
121. zit. n. Pieper, 1957, 30
122. zit. n. Chesterton, 48
123. ebd., 64
124. ebd., 66
125. Pieper, 1958, 179
126. Chesterton, 44
127. zit.n. Pieper, 1957, 17
128. Röhrich, 600
129. zit. n. Duerr, 2002, 634, Anm. 2
130. Chesterton, 39
131. Pieper,1957, 14
132. Th. v. Aquin, I., 12,5
133. Quint, in: Meister Eckehart, 15
134. Ruh, 109
135. s. Schirmer, 82
136. Porete, 32 f
137. Glockner, 352
138. Meister Eckhart, Traktat 6
139. ebd., Tr. 3
140. ebd., Tr. 21
141. ebd., Predigt 35
142. zit. n. Schirmer, 128
143. ebd., 129
144. Ruh, 171
145. ebd., 169
146. Fickert, 231 f

147. zit. n. Ruh, 180
148. zit. n. Meister Eckhart, 454
149. ebd., 449
150. Kunisch, 38, Anm. 1
151. zit. n. Wehr, 15
152. zit. n. ebd., 18
153. zit. n. ebd., 20
154. Böhme, 19,8
155. ebd., 19,9
156. Bloch, 70
157. zit. n. Wehr, 26
158. ebd., 27
159. ebd., 36
160. ebd.
161. Böhme, 13,31
162. ebd., 13,32
163. ebd.,13,49
164. Bloch, 71
165. Böhme 10,27
166. zit. n. Ehmer, 299
167. zit. n. Wehr, 15
168. Böhme, 13,2
169. ebd., 13,8
170. ebd., 20,2; ähnlich 19,79
171. ebd., 19,9
172. zit. n. Bloch, 74
173. Bloch, 72
174. zit. n. Wehr, 41
175. zit. n. Wehr, 44
176. zit. n. Benz, 13
177. Benz, 15
178. zit. n. Benz, 168
179. zit. n. Benz, 166 f
180. Ganong, 648
181. ebd., 576
182. Benz, 24
183. zit. n. Benz, 197
184. zit. n. Benz, 198
185. zit. n. Benz, 151
186. Swedenborg, V. Jüngst. Ger., 16
187. ebd., 12
188. zit.n. Benz, 159
189. Waldemar, 15
190. zit. n. Benz, 163
191. zit. n. Waldemar, 14
192. zit. n. Benz, 191
193. zit. n. Benz, 179
194. Benz, 51
195. Waldemar, 14
196. zit. n. Waldemar, 14 f
197. zit. n. Benz, 189
198. zit. n. Benz, 186
199. Waldemar, 13
200. Benz, 218
201. zit. n. Benz, 218 f
202. zit. n. Benz, 219
203. zit. n. Benz, 221
204. Benz, 222
205. Benz, 222
206. zit. n. Benz, 223
207. zit. n. Benz, 175
208. zit. n. Benz, 28

209. Benz, 29
210. zit. n. Benz, 181
211. zit. n. Benz, 100
212. zit. n. Benz, 101
213. Benz, 194
214. zit. n. Benz, 176
215. zit. n. Benz, 176
216. zit. n. Benz, 52
217. Benz, 78
218. Benz, 174
219. Waldemar, 18
220. zit. n. Benz, 192
221. zit. n. Benz, 206
222. zit. n. Benz, 164
223. zit. n. Horn, 11
224. zit. n. Eggenstein, 1997, 20
225. zit.n. Eggenstein, 2005, 42
226. Eggenstein, 1997, 21
227. Tollmann, 1998, 66 f
228. Schwarzer Hirsch, 1962, 41
229. Müller, 1961, 200
230. Schwarzer Hirsch, 1962, 26
231. ebd., 29
232. ebd., 38
233. ebd., 41
234. ebd., 41
235. ebd., 111
236. ebd., 137
237. ebd., 116
238. ebd., 122f
239. ebd., 178
240. ebd., 166
241. Schwarzer Hirsch, 1990, 227
242. zit. n. Wehr, 43
243. Schwarzer Hirsch, 1962, 15
244. ebd., 19
245. ebd., 19
246. ebd., 24
247. ebd., 24
248. ebd., 37
249. ebd., 127
250. ebd., 39
251. ebd., 37
252. ebd., 120
253. ebd., 31
254. ebd., 31
255. ebd., 153
256. ebd., 152
257. ebd., 39
258. ebd., 139
259. ebd., 139
260. zit. n. Zimmer, 21
261. Le Saux, 168/201
262. Veltheim, 377
263. ebd., 303
264. zit.n. Zimmer, 23 ff
265. ebd., 25
266. ebd.
267. ebd.

268. ebd., 26
269. Brunton, 333
270. zit.n. Zimmer, 47
271. Le Saux, 136
272. zit. n. Veltheim, 279
273. Ramana, 203
274. zit. n. Zimmer, 223
275. zit. n. Zimmer, 24
276. zit. n. Zimmer, 108 f
277. Zimmer, 19
278. ebd.
279. zit. n. Zimmer, 31
280. Veltheim, 260
281. Zimmer, 40
282. ebd.
283. Veltheim, 163
284. Brunton, 182
285. zit. n. Zimmer, 122
286. zit. n. ebd., 128
287. Veltheim, 262
288. zit. n. Held, 260
289. Veltheim, 261
290. Brunton, 337 f
291. zit. n. Zimmer, 84
292. Zimmer, 66
293. cf. Ranke-Graves, 360
294. ebd., 386
295. ebd.

DAS DURCHKREUZTE MENSCHSEIN – MÄRTYRER UND GURU

1. Apg. 2,4

DAS ORGANON DES ALPHA UND OMEGA

1. zit. n. Lurker, 73
2. Schütze, 110
3. Müller, 1982, 139 f
4. zit. n. Weischedel, 85
5. zit. n. ebd., 82
6. zit. n. Diels, 19
7. Hamer, 2012, 16
8. zit. n. Aristoteles, 207, Fußn. 1
9. Krishnamurti, 103
10. Kerényi, 196
11. Kerényi, 198
12. Held, 79
13. dtv-Lex., 110
14. Lindtner, 55
15. zit. n. Müller, 1961, 187
16. ebd., 187
17. ebd.
18. Otto, 1993, 73
19. Müller, 1970, 272
20. Voss, 30
21. zit. n. Otto, 1963, 153
22. zit. n. Kerényi, 211
23. ebd., 212
24. Kerényi, 194
25. s. Müller, 1961, 197 f
26. ebd., 211
27. cf. König, 349
28. Goethe, Zahme Xenien
29. zit. n. Hauschka, 302
30. zit. n. ebd., 305
31. zit. n. ebd., 316
32. zit. n. ebd., 312
33. zit. n. ebd., 305
34. Hauschka, 39
35. ebd., 19
36. zit. n. Heusterberg, 151
37. cf. Biberian, 16
38. Schatalova, 56 f
39. ebd., 148
40. ebd., 149
41. Stammel, 25
42. Rosegger, 123f
43. Held, 203
44. Fischer, 1917, 119

ANMERKUNGEN

Anm. 1 Die Bezeichnung Chaldäer wird hier grundsätzlich für die mindestens seit dem 4. Jahrtausend v.d.Z. im ganzen Zweistromland ansässige Bevölkerung verwendet.

Anm. 2 Allerdings heißt es auf einer in Ninive gefundenen Tontafel aus der Palastbibliothek des assyrischen Königs Assurbanipal (669–627 v.d.Z.): „Ich las die kunstvoll geschriebenen Tafeln in schwer verständlichem Sumerisch und dunklem Akkadisch, das schwer zu entziffern ist. Ich hatte meine Freude am Lesen von Steinen, die aus der Zeit vor der Sintflut stammen" (zit.n. Papke, 28 f)(Unterstreichung J.S.M.).

Anm. 3 Die Antwort auf die Frage, warum dann das Gilgamesch-Epos nicht auch in den zwölf Tierkreis-Bildern entsprechenden zwölf Teilen konzipiert wurde, blieb Papke schuldig.

Anm. 4 Lediglich bei der Feier ihrer Thesmophorien (desmoi = verweste Schweinereste), am Ende der Dürrezeit, wenn die Erde für die neue Aussaat gepflügt wurde, wurden die vor vier Monaten während der Skira, am Anfang der Dürrezeit, lebendig in eine Felsspalte, in der Schlangen hausten, geworfenen Ferkel, die inzwischen verwest waren, in einem rituellen Festakt wieder heraufgeholt. Dabei wurde großer Lärm veranstaltet, um die Schlangen zu vertreiben. Nach einem Zeremoniell der auf einem Altar liegenden Überreste streute man diese, mit Getreidesaatkörnern und Granatapfelkernen vermischt, auf die Felder, um deren Fruchtbarkeit zu fördern (Voss, 223 f; Duerr, 1985, 206 f).

Anm. 5 Die fünf Eigenschaften: Körper, Wille, Vorstellung, Gefühl und Bewusstsein (nach Lindtner, 348) bzw. Körperlichkeit, Sinnesempfindungen, Vorstellungen/Bewusstsein, Gestaltungen (= Fähigkeiten), Gedanken/Erkenntnissen (nach Mylius, 29), als buddhistisches Modell der Natur des Menschen. Der Buddhismus verneint die Existenz einer ewigen Seele und kennt daher keine Leib-Seele Einheit der menschlichen Natur.

Anm. 6 Zu Buddhas vielen Namen: „Sein persönlicher Name war Siddharta (>der sein Ziel erreicht hat<); weil seine Familie sich dem vedischen Seher Gọtama verbunden fühlte, wurde er meist Gaụtama (Abkomme des Gotama) genannt; da er aus dem Geschlecht der Shakyas stammte, heißt er auch >Shakyasinha< (Shakya-Löwe) oder Shakyamuni (Einsiedler der Shakyas); die Ehrentitel >Buddha< (der Erwachte), >Bhagavat< (der Erhabene), >Tathagata< (der Vollendete, d.h. einer, der den von ihm gewiesenen Weg auch selbst gegangen ist) erhielt er nach gewonnener Erleuchtung, vorher wird er im buddhistischen Schrifttum meist als >Bodhisattva< (für die Erleuchtung bestimmtes Wesen, zukünftiger Buddha) bezeichnet“ (Glasenapp, 67).

Anm. 7 Tohuwabohu bedeutet in der gematrisch (normierter Zahlenwert der Buchstaben) gelesenen defektiven Form >Durcheinander, Finsternis<, in der vollen (plene) Form >Entfaltung des Schönen< (s. Fischer, 1918, 51, Fußn. 1).

LITERATURVERZEICHNIS

Abraham, Karl: Amenhotep IV. (Echnaton)
in *Neurose und Genialität*,
Frankfurt a.M 1971

Ägyptisches Museum in Kairo,
Vaduz 1978

Aldred, Cyril: Echnaton,
Bergisch Gladbach o.J.

Aristoteles: Hauptwerke,
Stuttgart 1979

Assmann, Jan: Moses der Ägypter,
Frankfurt a.M. 2004

Barocas, Claudio: Ägypten,
Luxembourg 1974

Beckh, Hermann: Buddha und seine Lehre,
Stuttgart 1958

Benz, Ernst: Swedenborg,
Zürich 1969

Bernard, Paul: Mit Worten heilen,
Hamburg 2000

Die Bibel,
Freiburg 1968

Lutherübersetzung,
Stuttgart 1999

Biberian, Jean-Paul: Biological Transmutations:
Historical Perspective,
Marseille 2012

Bloch, Ernst: Vorlesungen zur Philosophie der Renaissance,
Frankfurt a.M. 1972

Bock, Emil: Paulus,
Stuttgart 1981

Böhme, Jakob: Aurora,
Frankfurt a.M./Leipzig, 1992

Bonnet, Hans: Reallexikon
der ägyptischen Religionsgeschichte,
Berlin 2000

Brunner, Hellmut: Die Unterweltsbücher in den
ägyptischen Königsgräbern, in *Leben und Tod
in den Religionen*,
Darmstadt 1980

Brunton, Paul: Von Yogis, Magiern und Fakiren,
München o.J.

Campbell, Joseph: Mythologie der Urvölker,
Basel 1991

ders.: Schöpferische Mythologie,
Basel 1992

Chesterton, G.K.: Der stumme Ochse,
Freiburg/Basel/Wien 1960

Copplestone, Trewin: Michelangelo,
Fränkisch-Crumbach 2005

Davies, Nigel: Die Azteken,
Gütersloh o.J.

Diels, Hermann: Die Fragmente der Vorsokratiker,
Hamburg 1957

dtv-Lexikon der Antike: Religion/Mythologie, Bd. 1 u. 2,
München 1970

Duerr, Hans Peter: Sedna oder die Liebe zum Leben,
Frankfurt a.M. 1985

ders.: Die Tatsachen des Lebens,
Frankfurt a.M. 2002

ders.: Die Fahrt der Argonauten,
Berlin 2011

Durant, Will: Der alte Orient und Indien,
Frankfurt a.M./Berlin/Wien 1981

Eckart, Wolfgang: Geschichte der Medizin,
Berlin/Heidelberg 1990

Eckehart, Meister: Deutsche Predigten und Traktate,
hrsg. u. übers. v. Josef Quint,
München 1969

Eggenstein, Kurt: Der Prophet Jakob Lorber,
Bad Kreuznach 1997

ders.: Der unbekannte Prophet Jakob Lorber,
Bietigheim 2005

Ehmer, Manfred: Weisheit des Westens,
Königsförde 2001

Fickert, Barbara: Die Offenbarung heute,
Freiburg 1978

Fischer, Oskar: Der Ursprung des Judentums
im Lichte Alttestamentlicher Zahlensymbolik,
Leipzig 1917

ders.: Orientalische und griechische Zahlensymbolik,
Leipzig 1918

ders.: Auferstehungshoffnung in Zahlen,
Leipzig 1920

Francé-Harrar, Annie: Die letzte Chance für eine Zukunft ohne Not,
Kirchberg/Jagst 2008

Freier, Elke/Grunert, Stefan: Eine Reise durch Ägypten,
Berlin 1984

Fuchs, Theodor: Vom Götterstreit zum Kampf der Ideologien,
Stuttgart 1987

Ganong, W.F.: Physiologie,
Berlin/Heidelberg/New York 1972

Garcia, Luis Pericot: Maya und Azteken,
in *Kulturgeschichte der Welt*,
Braunschweig 1966

Glasenapp, Helmuth von: Die nichtchristlichen Religionen,
Frankfurt a.M. 1957

Glockner, Hermann: Die europäische Philosophie von den
Anfängen bis zur Gegenwart,
Stuttgart 1960

Götter Pharaonen, Ausstellungskatalog
o.O. 1978 f

Göttner-Abendroth, Heide: Das Matriarchat II, 2,
Stuttgart/Berlin/Köln 2000

Graeser, Andreas: Die Vorsokratiker,
in *Klassiker der Philosophie*, hrsg. V. Otfried Höffe, Bd. 1,
München 1981

Gruber, Elmar R./Kersten, Holger: Der Ur-Jesus,
München 2000

Hamblin, Dora Jane: Die ersten Städte,
o.O. 1973

Hamer, Geerd Ryke: Krebs und alle sog. Krankheiten,
Alhaurin el Grande 2004

ders.: Wissenschaftliche Tabelle
der Germanischen Neuen Medizin,
Alhaurin el Grande 2007

ders.: Die Archaischen Melodien,
o.O. 2012

Harris, Marvin: Kannibalen und Könige,
München 1995

Hauschka, Rudolf: Substanzlehre,
Frankfurt a.M. 1981

Hawkes, Jacquetta: Bildatlas der frühen Kulturen,
München 1984

Hediger, Heini: Tiere verstehen,
München 1980

ders.: Ein Leben mit Tieren,
Zürich 1990

Hegglin, Robert: Differentialdiagnose innerer Krankheiten,
Stuttgart 1966

Heinsohn, Gunnar/Steiger, Otto:
Die Vernichtung der weisen Frauen,
München 1990

Helck, Wolfgang: Ägypten – Land der Pharaonen,
in *Kulturgeschichte der Welt*,
Braunschweig 1966

Held, Klaus: Treffpunkt Platon,
Stuttgart 1990

Hengge, Paul: Die Bibel Korrektur,
Wien/Stuttgart 1979

Herzeele, von A.: Einige Tatsachen aus denen die Entstehung der unorganischen Stoffe abgeleitet werden kann,
Berlin 1876

ders.: Die vegetabilische Entstehung des Phosphors und des Schwefels,
Berlin 1880

ders.: Die vegetabilische Entstehung des Kalks und der Magnesia nebst einer vorläufigen Mitteilung über die Entstehung des Kalis und des Natrons,
Berlin 1881

ders.: Weitere Beweise für die vegetabilische Entstehung der Magnesia und des Kalis,
Berlin 1883

Hesiod: Die fünf Weltalter, in *Antike Geisteswelt II*,
München 1967

Heusterberg, Karl-Heinz: Die biodynamische Behandlung urologischer Krankheitserscheinungen,
Heidelberg 1972

Horken, H.K.: Ex nocte lux,
Tübingen 1996

Horn, Friedemann: Emanuel Swedenborg,
Zürich 1975

Hornung, Erik: Der Eine und die Vielen,
Darmstadt 1971

ders.: Echnaton,
Düsseldorf 2003

Kerényi, Karl: Antike Religion,
Wiesbaden 1978

König, Marie E.P.: Am Anfang der Kultur,
Frankfurt a.M./Berlin 1981

Krauß, Rolf: Tutenchamun zwischen Revolution
und Restauration, in *Tutenchamun*,
Mainz 1980

Krishnamurti, Jiddu: Einbruch in die Freiheit,
Frankfurt a.M./Berlin 1991

Kunisch, Hermann (Hrsg.): Eckhart · Tauler · Seuse,
Ein Textbuch aus der altdeutschen Mystik,
Hamburg 1958

Lamb, H.H.: Klima und Kulturgeschichte,
Hamburg 1994

Lanczkowski, Günter: Heilige Schriften,
Stuttgart 1956

Le Saux, Henri: Das Feuer der Weisheit,
Bern/München/Wien 1979

Lindtner, Christian: Geheimnisse um Jesus Christus,
Süderbrarup 2005

Lotos-Sutra, übers. v. Margareta von Borsig,
Freiburg i.B. 2004

Lurker, Manfred: Symbole der alten Ägypter,
Weilheim 1964

Mason, Stephen F.: Geschichte der Naturwissenschaft,
Stuttgart 1961

May, Karl: ‚Ich',
Bamberg 1976

Meier, Gert: Die deutsche Frühzeit war ganz anders,
Tübingen 1999

Meier, Gert/Zschweigert, Hermann:
Die Hochkultur der Megalithzeit,
Tübingen 1997

Meier-Seethaler, Carola: Ursprünge und Befreiungen,
Frankfurt a. M. 1992

Mellaart, James: Die präurbane Zeit, in
Illustr. Weltgeschichte der Archäologie,
Bonn 1980

Müller, Werner: Die Religionen der Indianervölker
Nordamerikas, in *Die Religionen des alten Amerika*,
Stuttgart 1961

ders.: Glauben und Denken der Sioux,
Berlin 1970

ders.: Amerika – die Neue oder die Alte Welt,
Berlin 1982

Needham, Joseph: Wissenschaft und Zivilisation in China, Bd.1,
Frankfurt a.M. 1984

Das Neue Testament, Archetypum Graecum, Vulgata latina,
Germanica Lutheri et Anglica Authentica,
Zürich 1981

Di Nola, Alfonso: Der Teufel,
München 1990

Otto, Walter F.: Die Wirklichkeit der Götter,
o.O. 1963

ders.: Theophania,
Frankfurt 1993

Papke, Werner: Die Sterne von Babylon,
Bergisch Gladbach 1989

Percheron, Maurice: Buddha,
Hamburg 1958

Pieper, Josef (Hrsg.): Thomas von Aquin,
Hamburg-Wandsbek 1957

ders.: Hinführung zu Thomas von Aquin,
München 1958

Porete, Marguerite: Der Spiegel der einfachen Seelen,
Wiesbaden 2011

Ramana, Maharshi: Gespräche des Weisen vom Berge Arunachala,
Interlaken 1984

Ranke-Graves, Robert von: Die weiße Göttin,
Berlin 1981

Roeder, Günther (Hrsg.):
Urkunden zur Religion des Alten Ägypten,
Jena 1915

Röhrich, Lutz: Lexikon der sprichwörtlichen Redensarten,
Freiburg 2001

Rosegger, Peter: Gute Kameraden,
Leipzig 1916

Rothermund, Dietmar: Grundzüge der indischen Geschichte,
Darmstadt 1976

Ruh, Kurt: Meister Eckhart,
München 1989

Schadewaldt, Wolfgang: Der Gott von Delphi,
Frankfurt 1990

Schatalova, Galina: Wir fressen uns zu Tode,
München 2002

Schirmer, Eva: Mystik und Minne,
Berlin 1984

Schlingloff, Dieter: Indien – Wunderland zwischen Illusion und Wirklichkeit, in *Kulturgeschichte der Welt*, Braunschweig 1966

Schmökel, Hartmut: Zweistromland – Ursprung ältester Hochkulturen, in *Kulturgeschichte der Welt*, Braunschweig 1966

Schütze, Alfred: Mithras, Stuttgart 1960

Schwarzer Hirsch: Ich rufe mein Volk, München 1962

ders.: Die heilige Pfeife, Göttingen 1990

Simoni, M.: Die Mythologie der Mittelamerikaner, in *Mythen der Völker* Bd. III, hrsg.v. P. Grimal, Frankfurt/Hamburg 1967

Soisson, Pierre/Janine: Das Leben der Azteken im alten Mexiko, Genève 1978

Spanuth, Jürgen: Atlantis, Osnabrück 1982

Stacul, Giorgio: Indien, in Illustr. Weltgeschichte der Archäologie, hrsg. V. Leone Fasani, Bonn 1980

Stammel, H.J.: Der Cowboy, Bd. 1, Reinbek b. Hamburg 1976

Stierlin, Henri: Baukunst der Pharaonen,
Paris 1992

Straube, Ingrid: Die Quellen der Philosophie sind weiblich,
Aachen 2001

Swedenborg, Emanuel: Homo maximus, Einf. v. E. Benz,
Weilheim/Obb. 1962

ders.: Vision und Ekstase, Ausw. u. Einl. von Charles Waldemar,
München 1959

ders.: Vom Jüngsten Gericht,
Zürich o.J.

Thomas, von Aquin: Summa theologica, 1.Bd.,
Salzburg/Leipzig 1934

Tollmann, Alexander und Edith: Und die Sintflut gab es doch,
München 1993

dies.: Das Weltenjahr geht zur Neige,
Wien/Köln/Weimar 1998

Veltheim-Ostrau, Hans-Hasso: Der Atem Indiens,
Hamburg 1955

Die vier edlen Wahrheiten, hrsg. V. Klaus Mylius,
Stuttgart 2006

Vieyra, M.: Die Mythologie der Sumerer, Babylonier und
Hethiter, in *Mythen der Völker*, Bd. 1, hrsg. v. P. Grimal,
Frankfurt a.M./Hamburg 1967

Voss, Jutta: Das Schwarzmond-Tabu,
Stuttgart 2006

Van de Walle, B.: Die Mythologie der Ägypter, in: Mythen der Völker Bd. 1, hrsg. v. Pierre Grimal,
Frankfurt a.M./Hamburg, 1967

Waldschmidt, Ernst (Hrsg.): Das Catusparisatsutra, Teil III,
Berlin 1962

Was ist Gott? Das Buch der 24 Philosophen,
(übers. u. komment. v. Kurt Flasch),
München 2011

Wehr, Gerhard: Jakob Böhme,
Reinbek 1971

Weischedel, Wilhelm: 34 große Philosophen in Alltag und Denken,
München 1980

Werfring, Johann: Der Ursprung der Pestilenz,
Wien 1999

Wickler, Wolfgang: Die Biologie der Zehn Gebote,
München 1977

Zangger, Eberhard: Die Zukunft der Vergangenheit,
München 2001

Zimmer, Heinrich: Der Weg zum Selbst,
Düsseldorf/Köln 1976

BILDNACHWEISE UND DANKSAGUNG

Autor und Verlag bedanken sich bei allen Verlagen, die freundlicherweise ihre Abdruckgenehmigung der Abbildungen erteilt und diese teilweise auch zur Verfügung gestellt haben:

S. Brant, Das Narrenschiff – Philipp Reclam jun. Verlag GmbH
Der Teufel – Scala Gruppe
Ansicht auf das Großhirn – aus: Benninghoff, Drenckhahn, Anatomie Band 2, 16. Auflage 2004, © Elsevier GmbH, Urban & Fischer, München

Der Verlag hat sich bemüht, sämtliche Bildrechte und ihre Inhaber zu ermitteln. Für Bildmaterial, deren Rechtsinhaber nicht erreichbar waren, bitten wir diese, sich an den Verlag zu wenden.

Non tam pro verbis post textum meum quam de studiis feminarum virorumque naturae in loco apud Lacum Venetae Romano Iuveni, qui est catalysator huius operis gratias ago.

Mein herzlicher Dank gilt Dr. phil. Ruprecht Volz für sein persönliches Engagement beim Korrekturlesen des Textes und für die druckfertige Beschaffung der ausgewählten Bilder. Er hat mit seiner gründlichen Art und seinen exzellenten Fähigkeiten einiges zur Verbesserung der Lesbarkeit und des Schriftsatzes beigetragen.

Die in einigen Fällen zähen und schier unüberwindlichen Hindernisse um die Bildrechte hat Frau Bettina Lanka unermüdlich über manche originellen Umwege zu umgehen gesucht.

Für das ihr zugefallene harte Brot möge das Dankeschön an dieser Stelle ein klein wenig entschädigen.

Meiner Frau danke ich für die Aufmerksamkeit, mit der sie mein Manuskript durchgesehen hat und die daranknüpfenden verständnisvollen Gespräche, die zu mancher Klärung beitrugen.

Für die ungewöhnliche Sorgfalt und Qualität der herausgeberischen und verlegerischen Behandlung des Manuskriptes bis zum fertigen Buch möchte ich Dr. Stefan Lanka herzlich danken. Dass er den Inhalt des Buches und seine Aufmachung zum eigenen Anliegen gemacht hat, ist mir die schönste Anerkennung dafür.

Ohne die großartigen Erkenntnisse von Dr. Ryke Geerd Hamer wäre mir der Schlüssel zu den hier vorgetragenen Ideen nicht zugefallen. Daher sei es mir gestattet, mich an dieser Stelle weit über Pflicht und Schuldigkeit hinaus bei ihm ganz besonders zu bedanken, wenngleich die gezogenen kultur- und religionsgeschichtlichen Folgerungen allein von mir zu vertreten sind.